A CIDADE PERDIDA DO DEUS MACACO

DOUGLAS PRESTON

A CIDADE PERDIDA DO DEUS MACACO

TRADUÇÃO **CRISTINA ANTUNES**

VESTÍGIO

Partes deste livro foram publicadas originalmente na revista *The New Yorker* © 1997, 2013 Splendide Mendax, Inc.; bem como na revista *National Geographic* e seu website © 2015, 2016 Splendide Mendax, Inc.

Copyright © 2017 by Splendide Mendax, Inc. Fotografias cortesia do autor, exceto quando indicado.

Copyright da tradução © 2019 Editora Vestígio

Título original: *The Lost City of the Monkey God – A True Story*

Todos os direitos reservados pela Editora Vestígio. Nenhuma parte desta publicação poderá ser reproduzida, seja por meios mecânicos, eletrônicos, seja via cópia xerográfica, sem a autorização prévia da Editora.

EDITOR RESPONSÁVEL
Arnaud Vin

EDITOR ASSISTENTE
Eduardo Soares

ASSISTENTE EDITORIAL
Pedro Pinheiro

PREPARAÇÃO
Eduardo Soares

REVISÃO
Pedro Pinheiro

CAPA
Diogo Droschi

DIAGRAMAÇÃO
Guilherme Fagundes

Dados Internacionais de Catalogação na Publicação (CIP)
(Câmara Brasileira do Livro, SP, Brasil)

Preston, Douglas J.

A Cidade Perdida do Deus Macaco / Douglas Preston ; tradução Cristina Antunes. - 1. ed. -- São Paulo : Vestígio, 2019.

Título original: The Lost City of the Monkey God – A True Story.

ISBN: 978-85-54126-08-7

1. Arqueologia 2. Cidades e vilas antigas - Mosquitia (Nicarágua e Honduras) 3. Cidades extintas - Mosquitia (Nicarágua e Honduras) 4. Índios da América Central - Mosquitia 5. Mosquitia - História 6. Mosquitia (Nicarágua e Honduras) - Civilização 7. Mosquitia (Nicarágua e Honduras) - Descrição e viagem 7. Preston, Douglas J. - Viagens I. Antunes, Cristina. II. Título.

19-23267   CDD-972.85

Índices para catálogo sistemático:
1. Mosquitia : História 972.85

Maria Alice Ferreira - Bibliotecária - CRB-8/7964

A **VESTÍGIO** É UMA EDITORA DO **GRUPO AUTÊNTICA**

São Paulo
Av. Paulista, 2.073 . Conjunto Nacional
Horsa I . 23º andar . Conj. 2310-2312
Cerqueira César . 01311-940 São Paulo . SP
Tel.: (55 11) 3034 4468

Belo Horizonte
Rua Carlos Turner, 420
Silveira . 31140-520
Belo Horizonte . MG
Tel.: (55 31) 3465 4500

www.editoravestigio.com.br

*Para minha mãe,
Dorothy McCann Preston,
que me ensinou a explorar.*

SUMÁRIO

1. Os Portões do Inferno — 9
2. Em algum lugar nas Américas — 15
3. O diabo o havia matado — 19
4. Uma terra de selvas implacáveis — 27
5. Um dos poucos mistérios remanescentes — 33
6. O coração das trevas — 46
7. O peixe que engoliu a baleia — 59
8. *Lasers* na selva — 67
9. Algo que ninguém havia feito — 72
10. O lugar mais perigoso do planeta — 81
11. Território inexplorado — 95
12. Não há coincidências — 113
13. Ponta-de-lança — 121
14. Não colha as flores — 132

15. Mãos humanas	148
16. Estou afundando	157
17. Um lugar de feitiçaria	169
18. Pântano	180
19. Controvérsia	192
20. A Caverna dos Crânios Brilhantes	204
21. O símbolo da morte	222
22. Eles vieram para murchar as flores	230
23. Lepra branca	245
24. Os Institutos Nacionais de Saúde	261
25. Uma espécie isolada	271
26. A Cidade do Jaguar	283
27. Nos tornarmos órfãos	301
Agradecimentos	315
Fontes e bibliografia	317

CAPÍTULO 1
"OS PORTÕES DO INFERNO"

NAS PROFUNDEZAS DE HONDURAS, numa região chamada La Mosquitia, encontram-se alguns dos últimos lugares inexplorados da Terra. Mosquitia é uma área vasta, sem lei, que cobre cerca de 51.500 quilômetros quadrados, uma terra de florestas tropicais, pântanos, lagoas, rios e montanhas. Os primeiros mapas a rotulavam como *Portal del Infierno*, ou "Portões do Inferno", de tão ameaçadora que parecia. A área é uma das mais perigosas do mundo, e por séculos frustrou todos os esforços feitos para penetrá-la e explorá-la. Mesmo agora, no século XXI, centenas de quilômetros quadrados da floresta tropical de Mosquitia permanecem não investigadas cientificamente.

No coração de Mosquitia, a selva mais densa do mundo cobre cadeias implacáveis de montanhas, algumas com cerca de 1.600 metros de altura, cortadas por desfiladeiros íngremes, com cachoeiras elevadas e torrentes estrondosas. Alagado por mais de três mil milímetros de chuva por ano, o terreno é regularmente varrido por inundações e deslizamentos de terra. Contém poças de areia movediça que podem engolir uma pessoa viva. A camada de vegetação rasteira é infestada de serpentes mortais, onças-pintadas e arbustos com espinhos cravados que rasgam a carne e as roupas. Em Mosquitia, um grupo de exploradores experientes, bem equipado com facões e serras, consegue viajar de três a quatro quilômetros por dez brutais horas por dia.

Os perigos de explorar Mosquitia vão além dos impedimentos naturais. Honduras tem uma das maiores taxas de homicídios do mundo. Oitenta por cento da cocaína da América do Sul destinada aos Estados Unidos é enviada através de Honduras, a maior parte dela via Mosquitia. Os cartéis de drogas comandam grande parte do campo e das cidades vizinhas. O Departamento de Estado dos Estados Unidos atualmente proíbe que o pessoal do governo viaje para Mosquitia e para o estado vizinho de Gracias a Dios "devido a informações confiáveis de ameaças contra os cidadãos americanos".

Esse terrível isolamento tem provocado um curioso resultado: durante séculos, Mosquitia tem sido o lar de uma das lendas mais persistentes e tentadoras do mundo. Em algum lugar desse deserto intransponível, diz-se, repousa uma "cidade perdida" construída de pedra branca. Ela é chamada de *Ciudad Blanca*, a "Cidade Branca", também conhecida como a "Cidade Perdida do Deus Macaco". Alguns afirmaram que a cidade é maia, enquanto outros disseram que um povo desconhecido e agora desaparecido a construiu milhares de anos atrás.

Em 15 de fevereiro de 2015, eu estava em uma sala de conferências no Hotel Papa Beto em Catacamas, Honduras, ouvindo uma palestra com instruções. Nos dias que se seguiriam, nossa equipe programava voar de helicóptero para o interior de um vale inexplorado, conhecido apenas como Alvo Um, nas profundezas das montanhas do interior de Mosquitia. O helicóptero nos deixaria às margens de um rio sem nome, e ficaríamos por nossa conta para improvisar um acampamento na floresta tropical. Ele se tornaria nossa base enquanto explorávamos o que acreditávamos serem as ruínas de uma cidade desconhecida. Seríamos os primeiros pesquisadores a entrar naquela parte de Mosquitia. Nenhum de nós fazia ideia do que realmente veríamos no solo, envolto em selva densa, numa imensidão intocada que não via seres humanos desde quando se podia lembrar.

A noite caiu sobre Catacamas. O chefe da logística da expedição, de pé na frente da sala de reuniões, era um ex-soldado chamado Andrew Wood, conhecido como Woody. Um antigo sargento no Serviço Aéreo Especial (SAS) britânico e soldado da Guarda Real, Woody era um especialista em guerra e sobrevivência na selva. Ele abriu as instruções dizendo-nos que seu trabalho seria simples: nos manter vivos. Woody havia convocado aquela sessão para se certificar de que estávamos cientes dos vários perigos que poderíamos encontrar ao explorar o vale. Queria que todos nós – até mesmo os líderes da expedição – entendêssemos e concordássemos que sua equipe de ex-SAS estaria encarregada nos dias em que estivéssemos na selva: seria uma estrutura de comando semi-militar, e seguiríamos suas ordens sem contestação.

Era a primeira vez que nossa expedição se reunia em uma sala, uma equipe bastante heterogênea de cientistas, fotógrafos, produtores de filmes e arqueólogos, além de mim, um escritor. Todos nós tínhamos uma experiência amplamente variada em habilidades na selva.

Woody discutiu o tema segurança, em seu conciso estilo britânico. Tínhamos que ter cuidado antes mesmo de entrar na selva. Catacamas era uma cidade perigosa, controlada por um violento cartel de drogas; ninguém deveria sair do hotel sem uma escolta armada. Deveríamos manter nossas bocas fechadas sobre o que estávamos fazendo ali. Não deveríamos conversar sobre o projeto enquanto pudéssemos ser ouvidos pelos funcionários do hotel, ou deixar papéis que se referissem ao trabalho nos nossos quartos, ou fazer chamadas de celulares em público. Havia um grande cofre disponível na sala de armazenagem do hotel para documentos, dinheiro, mapas, computadores e passaportes.

Quanto aos perigos que enfrentaríamos na selva, as serpentes venenosas estavam no topo da lista. A ponta-de-lança (*fer-de-lance*), ele disse, é conhecida nestas partes como *barba amarilla* ("barba amarela"). Os herpetólogos a consideram a rainha das víboras. Ela mata mais pessoas nas Américas do que qualquer outra cobra. De hábito noturno, é atraída por pessoas e por movimento. É agressiva, irritável e rápida. Suas presas podem esguichar veneno a quase dois metros, e elas conseguem penetrar até na mais grossa bota de couro. Às vezes, pode atacar e, em seguida, perseguir e atacar novamente. A cobra geralmente salta quando ataca, golpeando a região acima do joelho. Seu veneno é letal; se não matar você diretamente por uma hemorragia cerebral, pode muito bem matá-lo mais tarde por sépsis. Se você sobreviver, o membro que foi atingido provavelmente terá que ser amputado, devido à natureza necrotizante do veneno. Estávamos indo, disse Woody, para uma área onde os helicópteros não podem voar durante a noite ou dependendo das condições do tempo; a retirada de uma vítima de picada de cobra pode demorar dias. Ele nos disse que devemos usar nossas perneiras de Kevlar contra cobras em todos os momentos, inclusive – especialmente – quando nos levantamos à noite para fazer xixi. Ele nos advertiu a sempre pisar antes em cima de uma tora para depois pisar no solo; nunca devemos colocar os pés no ponto cego de qualquer coisa. Foi assim que seu amigo Steve Rankin, produtor do Bear Grylls, foi mordido quando estavam na Costa Rica explorando uma locação para uma série de TV. Apesar de Rankin estar usando perneiras contra cobras, a ponta-de-lança, que se escondia no lado oposto da tora, o atingiu em sua bota abaixo da proteção; as presas atravessaram o couro como manteiga. "E aqui está o que aconteceu", disse Woody, mostrando seu iPhone, que passou de mão em mão. Exibia uma imagem aterrorizante do pé de Rankin enquanto passava por cirurgia. Mesmo com o tratamento antiveneno, o pé necrosou e a carne morta teve que ser retirada dos tendões e do osso. O pé de Rankin foi salvo, mas um pedaço de sua coxa teve que ser enxertado para cobrir a ferida aberta.[1] O vale, Woody continuou, parecia ser um habitat ideal para a ponta-de-lança.

---

[1] A fotografia é facilmente localizável na internet, para aqueles leitores com estômago forte.

Eu dei uma espiada nos meus compatriotas: a alegre atmosfera do grupo no início do dia, com cervejas na mão, ao redor da piscina do hotel, tinha se evaporado.

Em seguida veio uma palestra sobre os insetos causadores de doenças que poderíamos encontrar, incluindo mosquitos[2] e moscas de areia, bichos-de-pé, carrapatos, barbeiros, escorpiões e formigas-bala, cuja mordida causa uma dor equivalente à de ser atingido por uma bala. Talvez a doença endêmica mais terrível de Mosquitia seja a leishmaniose mucocutânea, às vezes chamada lepra branca, causada pela picada de uma mosca de areia infectada. O parasita *Leishmania* migra para as membranas mucosas do nariz e dos lábios da vítima e as come, criando, por fim, uma enorme ferida dolorosa onde costumava ser seu rosto. Ele enfatizou que era importante aplicar o repelente DEET (Diethyl Toluamide) da cabeça aos pés, regularmente, borrifando também nossas roupas e cobrindo completamente o corpo depois do anoitecer.

Falou-nos sobre escorpiões e aranhas entrando durante a noite em nossas botas, as quais deveriam ser guardadas de cabeça para baixo em estacas enfiadas no chão e sacudidas todas as manhãs. Ele contou das ferozes formigas vermelhas que abundavam no sub-bosque e que, ao menor tremor de um ramo, cairiam como chuva, entrando pelo nosso cabelo, descendo pelo pescoço e mordendo como loucas, injetando uma toxina que exigiria uma imediata evacuação. Olhem com cuidado, avisou ele, antes de colocar a mão em qualquer ramo, galho ou tronco de árvore. Não empurre a vegetação densa ao deus-dará. Além de esconder insetos e cobras arborícolas, muitas plantas têm espinhos e pontas que podem arrancar sangue. Devemos usar luvas

---

[2] O nome Mosquitia não se deriva do inseto; ao contrário, ele vem de um povo ribeirinho próximo, uma mistura de ancestrais índios, europeus e africanos que, séculos atrás, adquiriram mosquetes (*mosquetes em espanhol*) e ficaram conhecidos como os povos Miskito, Mosquito ou "mosquetes". Alguns, no entanto, dizem que o nome é originário de uma língua indígena.

na selva, de preferência do tipo de mergulho, que protege melhor contra os espinhos. Avisou-nos como era fácil se perder na selva; muitas vezes era uma questão de vagar a apenas três ou cinco metros de distância do grupo. Sob nenhuma circunstância alguém deveria ser autorizado a deixar o acampamento por conta própria ou se afastar do grupo enquanto estiver no mato. Em cada viagem que fizermos a partir do acampamento base, disse ele, seremos obrigados a levar uma mochila com um kit de suprimentos de emergência – comida, água, roupas, repelente, lanterna, faca, fósforos, capa de chuva – sob a suposição de que nos perderemos e seremos forçados a passar a noite nos abrigando sob algum tronco gotejante. Ganharíamos apitos, e tão logo pensássemos que podíamos estar perdidos, deveríamos parar, emitir um sinal de socorro, e esperar para ser resgatado.

Eu prestei atenção. Prestei mesmo. No conforto da sala de conferência, parecia claro que Woody estava simplesmente tentando nos assustar, oferecendo um excesso de cautela para os inexperientes membros da expedição quanto às condições na vida selvagem. Eu era uma das três únicas pessoas na sala que tinham realmente sobrevoado o Alvo Um, o vale extremamente remoto em que estávamos entrando. Do ar parecia um paraíso tropical banhado pelo sol, e não a selva perigosa, úmida, infestada de doenças e de serpentes que Woody imaginava. Nós ficaríamos bem.

CAPÍTULO 2
"POSSO DIZER APENAS QUE FICA EM ALGUM LUGAR NAS AMÉRICAS"

A PRIMEIRA VEZ que ouvi falar da lenda da Cidade Branca foi em 1996, quando a National Geographic me designou para escrever uma história sobre os antigos templos do Camboja. A NASA tinha acabado de utilizar um DC-10 para sobrevoar várias áreas de selva do mundo transportando um sistema de radar avançado para determinar se ele poderia penetrar a folhagem a fim de revelar o que estava escondido embaixo dela. Os resultados foram analisados no Jet Propulsion Laboratory da NASA em Pasadena, Califórnia, por uma equipe de especialistas em sensoriamento remoto – ou seja, análise de imagens da Terra feitas a partir do espaço. Depois de analisar os dados, a equipe encontrou as ruínas de um templo do século XII, até então desconhecido, escondido na selva cambojana. Eu me encontrei com o líder da equipe, Ron Blom, para obter mais informações.

Blom não era o estereótipo de um cientista: era barbudo, musculoso e em boa forma, usava óculos de aviador e um chapéu de Indiana Jones. Ganhou fama internacional por descobrir a cidade perdida de Ubar, no deserto da Arábia. Quando perguntei a Blom em que outros projetos ele estava trabalhando, ele me revelou uma série de missões: mapear as rotas do comércio de olíbano pelo deserto da

Arábia, rastrear a antiga Rota da Seda e mapear os locais da Guerra Civil na Virgínia. Ele explicou que combinando as imagens digitalizadas em diferentes comprimentos de onda de luz infravermelha e radar, e depois "espionando os dados" com computadores, eles agora eram capazes de ver 15,5 metros abaixo das areias do deserto, espreitar por entre as copas das árvores e até mesmo anular faixas e estradas modernas para revelar trilhas antigas.

As trilhas antigas eram interessantes, mas fiquei particularmente fascinado com a ideia de que essa tecnologia poderia descobrir outras cidades perdidas como Ubar. Quando perguntei a ele sobre isso, Blom de repente se tornou evasivo. "Deixe-me apenas dizer que estamos olhando para outros lugares."

Os cientistas são péssimos em dissimulação: eu soube imediatamente que ele estava encobrindo algo grande. Eu o pressionei mais, e ele admitiu finalmente que "poderia haver um lugar muito importante, mas não posso falar sobre isso. Estou trabalhando para uma entidade privada. Assinei um acordo de confidencialidade. É baseado em lendas de uma cidade perdida. Posso dizer apenas que fica em algum lugar nas Américas. As lendas sugerem uma área geral e estamos usando dados de satélite para localizar alvos".

"Você a encontrou?"

"Eu não posso dizer mais do que isso."

"Com quem você está trabalhando?"

"Eu não posso revelar essa informação."

Blom concordou em transmitir meu interesse a seu misterioso empregador e pedir-lhe que me ligasse. Ele não podia prometer que a pessoa de fato entraria em contato.

Inflamado pela curiosidade sobre a possível identidade dessa "cidade perdida", liguei para vários arqueólogos da América Central que conhecia, que me ofereceram suas próprias especulações. David Stuart, então diretor assistente do Programa de Inscrições Hieroglíficas de Corpus dos Maias, no Museu Peabody de Harvard, e um dos que contribuíram para a decifração dos glifos maias, me disse: "Conheço muito bem essa área. Parte dela é quase inexplorada pelos arqueólogos. Os nativos sempre me contavam sobre os locais que viram enquanto caçavam na floresta – grandes ruínas com esculturas. A maioria dessas histórias é verdadeira; essas pessoas não têm razão para mentir". Nos próprios textos maias, acrescentou ele, também há referências tentadoras a grandes cidades e templos que não têm correlação com nenhum local conhecido. É uma das últimas áreas da Terra onde uma verdadeira cidade pré-colombiana pode estar escondida, intocada por séculos.

O maianista de Harvard, Gordon Willey (hoje falecido), imediatamente trouxe à tona a lenda da Cidade Branca. "Eu me lembro de que, quando estava em Honduras, em 1970, se falou de um lugar chamado Ciudad Blanca, lá atrás, bem longe da costa. Foi uma conversa de bar dos exibicionistas casuais de sempre, e eu pensei que provavelmente se tratasse apenas de alguns penhascos de calcário." No entanto, Willey ficou intrigado o bastante para querer dar uma olhada. "Mas nunca consegui uma autorização para entrar lá." O governo hondurenho raramente emite licenças arqueológicas para explorar essa selva, de tão perigosa que ela é.

Uma semana depois, o empregador de Blom me ligou. Seu nome era Steve Elkins e ele se descreveu como um "cinegrafista, um homem curioso, um aventureiro". Ele queria saber por que diabos eu estava interrogando Blom.

Eu disse que queria fazer uma pequena reportagem para a *New Yorker* sobre sua busca pela lendária cidade perdida – o que quer que ela fosse. Ele relutantemente concordou em conversar, mas somente se eu não identificasse o local ou o país em que ela se encontrava. Extraoficialmente, ele finalmente admitiu que estavam, de fato, procurando pela Ciudad Blanca, também conhecida como A Cidade Perdida do Deus Macaco. Mas ele não queria que eu revelasse nada disso no meu artigo para a *New Yorker* até que ele tivesse uma chance de confirmar isso *in loco*. "Diga apenas que é uma cidade perdida em algum lugar da América Central. Não diga que é em Honduras, ou estaremos ferrados."

Elkins tinha ouvido as lendas sobre a Cidade Branca, tanto indígenas quanto europeias, que descreviam uma avançada e opulenta cidade com extensas redes de comércio, nas profundezas das montanhas inacessíveis de Mosquitia, intocadas por séculos, tão imaculadas quanto no dia em que foram abandonadas; seria uma descoberta arqueológica de enorme importância. "Nós pensamos que usando imagens espaciais poderíamos localizar uma área-alvo e identificar locais promissores" para uma posterior exploração em terra, explicou Elkins. Blom e sua equipe haviam se concentrado em uma área de cerca de um quilômetro quadrado, que ele rotulou como Alvo 1 ou A1, onde parecia haver grandes estruturas feitas pelo homem. Elkins recusou-se a dar mais detalhes.

"Não posso dizer mais nada a você, porque esses dados de imagens espaciais podem ser adquiridos por qualquer pessoa. Qualquer um pode fazer o que nós fizemos e se apropriar do crédito. O local também pode ser saqueado. Tudo o que nos resta fazer é ir até lá, o que planejamos fazer nesta primavera. Até lá", acrescentou ele, "esperamos ter algo para anunciar ao mundo".[3]

---

[3] O pequeno artigo que escrevi para a *New Yorker* foi publicado nas edições de 20 e 27 de outubro de 1997.

CAPÍTULO 3
"O DIABO O HAVIA MATADO POR SE ATREVER A OLHAR PARA ESTE LUGAR PROIBIDO"

Majestade Mais Sagrada: – ...Eu tenho relatos confiáveis de províncias muito extensas e ricas e de poderosos chefes que as governam... [Eu] verifiquei que se situam a oito ou dez dias de marcha a partir dessa cidade de Trujillo, ou melhor, entre cinquenta e sessenta léguas. Tão maravilhosos são os relatórios sobre esta província particular, que mesmo considerando em grande parte ser exagero, excederá o México em riquezas, e o igualará na grandeza de suas cidades e aldeias, a densidade de sua população e a política de seus habitantes.

EM 1526, HERNÁN CORTÉS escreveu este relatório, sua famosa "Quinta Carta" ao imperador Carlos V, enquanto estava a bordo de seu navio ancorado na Baía de Trujillo, na costa de Honduras. Historiadores e antropólogos acreditam que este relato, escrito seis anos depois da conquista do México por Cortés, plantou as sementes para o mito da Ciudad Blanca, a Cidade do Deus Macaco. Dado que o "México" – quer dizer, o império asteca – tinha uma riqueza surpreendente e uma capital de pelo menos 300 mil habitantes, sua afirmação de que a nova terra era ainda maior é notável. Os índios a chamavam de Terra Antiga de Solo Vermelho, escreveu ele, e sua descrição vaga colocou-a em algum lugar nas montanhas de Mosquitia.

Mas, na época, Cortés estava envolvido em intrigas e teve que lutar contra a rebelião de seus subordinados, nunca chegando a embarcar numa busca pela Terra Antiga de Solo Vermelho. As montanhas irregulares claramente visíveis da baía podem tê-lo convencido de que uma jornada como aquela seria assustadora. No entanto, sua história ganhou vida própria, assim como os contos do El Dorado persistiram na América do Sul durante séculos. Vinte anos depois da Quinta Carta, um missionário chamado Cristóbal de Pedraza, que se tornaria o primeiro bispo de Honduras, afirmou ter viajado pelas profundezas da selva de Mosquitia em uma de suas árduas jornadas missionárias, onde se deparou com uma visão surpreendente: de um alto despenhadeiro, ele se viu olhando para uma grande e próspera cidade que se estendia pelo vale de um rio. Seu guia indígena lhe disse que os nobres daquela terra faziam suas refeições em pratos e taças de ouro. Pedraza, porém, não estava interessado em ouro, e seguiu em frente e nunca entrou no vale. Mas seu relatório subsequente para Carlos V alimentou a lenda.

Pelos trezentos anos seguintes, geógrafos e viajantes contaram histórias sobre cidades em ruínas na América Central. Nos anos 1830, um nova-iorquino chamado John Lloyd Stephens ficou obcecado com a possibilidade de encontrar aquelas cidades perdidas nas profundezas das florestas tropicais da América Central, se de fato elas existissem. Conseguiu obter uma nomeação diplomática como embaixador para a efêmera República Federal da América Central. Chegou a Honduras em 1839, exatamente quando a república estava desmoronando com a violência e a guerra civil. Em meio ao caos, viu uma oportunidade (ainda que perigosa) de pôr-se a caminho por conta própria para procurar aquelas misteriosas ruínas.

Ele trouxe consigo um excelente artista britânico, Frederick Catherwood, que levou na bagagem uma câmera lúcida para projetar e copiar cada detalhe minúsculo do que pudessem encontrar. Os dois viajaram por semanas através de Honduras com guias nativos, perseguindo rumores de uma grande cidade. Nas profundezas do interior finalmente chegaram a uma vila miserável, hostil e dominada por mosquitos, chamada Copán, nas margens de um rio perto da fronteira guatemalteca. Descobriram pelos moradores locais que do outro lado do rio existiam de fato templos antigos, habitados apenas por macacos. Quando alcançaram o rio, viram na margem oposta uma parede de pedra cortada. Depois de cruzar a correnteza no lombo de mulas, subiram uma escadaria e entraram na cidade.

"Subimos por grandes degraus de pedra", escreveu Stephens mais tarde, "em alguns lugares perfeitos, e em outros derrubados por árvores que tinham crescido entre as fendas, e chegamos a um terraço, cuja forma era impossível distinguir, devido à densidade da floresta em que estava envolvido. Nosso guia abriu caminho com um facão [...] e avançando através da mata fechada, nos deparamos com uma coluna de pedra quadrada [...] O lado da frente tinha a figura de um homem, curiosa e ricamente vestido, e o rosto, evidentemente um retrato, solene, severo e bem ajustado para suscitar terror. O verso tinha um desenho diferente, distinto de tudo que já tínhamos visto, e os lados estavam cobertos com hieróglifos".

Até esse momento de descoberta, a imagem que a maioria dos norte-americanos tinha dos índios vinha das tribos caçadoras-coletoras sobre as quais haviam lido ou com as quais tinham se encontrado ao longo da fronteira. A maioria via os habitantes aborígenes do Novo Mundo como índios selvagens seminus que nunca haviam conquistado nada que se aproximasse do que se designava "civilização".

As explorações de Stephens mudaram tudo isso. Foi um importante momento na história, em que o mundo percebeu que civilizações estupendas surgiram de forma independente nas Américas. Ele escreveu: "A visão desse monumento inesperado dissipou de uma vez por todas e para sempre de nossas mentes qualquer incerteza com relação ao caráter das antiguidades americanas [...] provando, como registros históricos recém-descobertos, que as pessoas que outrora ocuparam o continente da América não eram selvagens". Os povos – chamados os

Maias – que haviam construído uma extensa cidade de pirâmides e templos, e que cobriram seus monumentos com escrita hieroglífica, haviam criado uma civilização tão avançada quanto qualquer outra da Antiguidade do Velho Mundo.

Stephens, um bom empreendedor americano, prontamente comprou as ruínas de Copán do proprietário local por cinquenta dólares e fez planos (mais tarde abandonados) de desmontar os edifícios, carregá-los em barcaças e transportá-los até os Estados Unidos para servirem de atração turística. Durante os poucos anos seguintes, Stephens e Catherwood exploraram, mapearam e registraram antigas cidades maias do México até Honduras. Eles nunca se aventuraram dentro de Mosquitia, entretanto; talvez dissuadidos pelas montanhas e selvas muito mais desanimadoras do que qualquer coisa que já haviam experimentado no reino maia.

Eles publicaram um trabalho em dois volumes sobre suas descobertas, *Incidents of Travel in Central America, Chiapas and Yucatán* [Incidentes de viagem na América Central, Chiapas e Yucatán], apinhados de histórias emocionantes de ruínas, bandidos e viagens brutais à selva, e profusamente ilustrados com as gravuras esplêndidas de Catherwood. Seu livro se tornou um dos maiores sucessos de venda de não ficção de todo o século XIX. Os americanos ficavam emocionados com a ideia de que o Novo Mundo tivesse cidades, templos e antiguidades colossais que rivalizavam com as do Velho Mundo, equivalentes às pirâmides do Egito e às glórias da Roma antiga. O trabalho de Stephens e de Catherwood estabeleceu a fábula das cidades perdidas na mente americana e introduziu a noção de que as selvas da América Central devem ter muito mais segredos esperando para serem revelados.

Em pouco tempo, os maias se tornaram uma das mais estudadas culturas antigas no Novo Mundo, e não apenas por cientistas seculares. A Igreja de Jesus Cristo dos Santos dos Últimos Dias identificou os maias como uma das dez tribos perdidas de Israel, os Lamanitas, como relatado em *O Livro do Mórmon*, publicado em 1830. Os

Lamanitas deixaram Israel e navegaram para a América por volta de 600 a.C.; *O Livro do Mórmon* conta que Jesus apareceu aos Lamanitas do Novo Mundo e os converteu ao Cristianismo, e descreve muitos eventos que ocorreram antes da chegada dos europeus.

No século XX, a Igreja Mórmon enviou um número de arqueólogos bem financiados para o México e para a América Central a fim de tentar confirmar as histórias por meio de escavações no local. Apesar de isso ter resultado em pesquisas valiosas e de alta qualidade, também se provou difícil para os próprios cientistas; enfrentando claras evidências que refutavam a visão mórmon da história, alguns dos arqueólogos acabaram perdendo sua fé, e alguns dos poucos que expressaram suas dúvidas foram excomungados.

O império maia, que se estendia do sul do México até Honduras, parecia terminar em Copán. As vastas montanhas da selva ao leste de Copán, especialmente em Mosquitia, eram tão inóspitas e perigosas que pouquíssima exploração – e ainda menos arqueologia – ocorreu ali. Vislumbres de outras culturas, não maias, pré-colombianas, estavam sendo identificados a leste de Copán, mas essas sociedades desaparecidas também permaneceram intangíveis e pouco estudadas. Até que ponto ao leste e ao sul de Copán se estendeu a influência maia também foi difícil determinar. No vácuo, cresceram rumores fascinantes sobre cidades ainda maiores e mais ricas – talvez maias, talvez não – escondidas naqueles bosques impenetráveis, histórias que assombravam igualmente arqueólogos e caçadores de tesouros.

No início do século XX, essas histórias e rumores tinham se fundido em uma única lenda, de uma sagrada e proibida Ciudad Blanca, um rico tesouro cultural ainda a ser encontrado. O nome provavelmente se originou dos índios pech (também conhecidos como paya) de Mosquitia; antropólogos coletaram histórias de informantes pech sobre um *Kaha Kamasa*, uma "Casa Branca" que diziam estar além de uma passagem nas montanhas nas cabeceiras de dois rios. Alguns índios a descreviam como um refúgio aonde seus xamãs se retiraram para escapar dos invasores espanhóis, e nunca mais foram vistos. Outros dizem que os espanhóis, de fato, entraram na Cidade Branca, mas foram amaldiçoados pelos deuses e morreram ou desapareceram na floresta, perdidos para sempre. No entanto, outras histórias indígenas a descrevem como uma cidade trágica, derrubada por uma série de catástrofes; os habitantes, vendo que os deuses estavam zangados com eles, abandonaram a cidade. Depois de muito tempo, ela se tornou um lugar proibido para sempre, e qualquer um que entrasse ali morreria de doença ou seria morto pelo diabo. Houve também versões americanas da lenda: vários exploradores, garimpeiros e os primeiros aviadores falavam sobre ver de relance as muralhas de calcário de uma cidade em ruínas se erguendo acima da folhagem da floresta em algum lugar no centro de Mosquitia. Parece provável que todas essas histórias – indígenas, espanholas e americanas – tenham se fundido para formar a base da lenda da Cidade Branca ou do Deus Macaco.

Embora muitos exploradores tivessem viajado pelas florestas tropicais da América Central na esteira das descobertas de Stephens, quase nenhum deles se aventurou pelo terreno assustador de Mosquitia. Na década de 1920, um etnólogo luxemburguês, Eduard Conzemius, tornou-se um dos primeiros europeus a explorar Mosquitia, viajando de canoa até o Rio Plátano. Nessa viagem ele ouviu falar de "importantes ruínas descobertas por um seringueiro de 20 a 25 anos atrás, quando ficou perdido no mato entre os rios Plátano e Paulaya", relatou Conzemius. "Este homem deu uma fantástica descrição do que viu lá. Eram as ruínas de uma cidade muito importante com edifícios de pedra branca semelhante ao mármore, rodeadas por um grande muro do mesmo material." Mas logo depois que o seringueiro relatou sua descoberta, ele desapareceu. Um índio disse a Conzemius que "o diabo o havia matado por ele se atrever a olhar para este lugar proibido". Quando Conzemius tentou contratar um guia para levá-lo até a Cidade Branca, os índios fingiram ignorância, temerosos de que morreriam (foi-lhe dito) se revelassem a localização.

No início da década de 1930, a lenda em ascensão atraiu a atenção de arqueólogos americanos e de grandes instituições, que consideravam que era não só possível, mas até provável, que as inexploradas selvas montanhosas ao longo da fronteira maia poderiam estar escondendo uma cidade em ruínas – ou talvez até mesmo uma civilização perdida.[4] Pode ser maia ou pode ser algo inteiramente novo.

No início dos anos 1930, o Bureau of American Ethnology do Instituto Smithsonian enviou um arqueólogo profissional para explorar o leste de Copán, para ver se a civilização maia se estendia até os acidentados matagais de Mosquitia. William Duncan Strong era um estudioso, um homem à frente de seu tempo: quieto, cuidadoso e meticuloso em seu trabalho, avesso ao espetáculo e à publicidade. Ele estava entre os primeiros a estabelecer que Mosquitia tinha sido habitada por um povo antigo desconhecido que não era maia. Strong passou cinco meses atravessando Honduras em 1933, subindo de canoa até o Rio Patuca e vários dos seus afluentes. Ele manteve um diário ilustrado, que está preservado nas coleções do Smithsonian – repleto de detalhes e muitos desenhos finos de aves, artefatos e paisagens.

Strong encontrou grandes sítios arqueológicos, que descreveu cuidadosamente e esboçou em seu diário, e realizou alguns testes de escavações. Entre esses achados estavam os montes Floresta, as cidades antigas de Wankibila e Dos Quebradas, e o sítio Brown. Sua jornada não foi desprovida de aventuras; em um ponto seu dedo foi arrancado por um tiro (as circunstâncias exatas não são claras; ele pode ter acidentalmente atirado em si mesmo). Ele enfrentou chuva, insetos, cobras venenosas e a selva densa.

O que Strong percebeu imediatamente foi que aquelas não eram cidades maias: os maias construíam com pedra, enquanto aquela região havia

---

[4] Os arqueólogos de hoje não gostam da palavra "civilização" porque ela implica superioridade, preferindo o termo "cultura". No entanto, continuarei usando a palavra "civilização" com o entendimento de que nenhum julgamento de valor é pretendido; é meramente um termo para uma cultura que é complexa e generalizada.

sido extensivamente estabelecida por uma cultura separada e sofisticada que construiu grandes montes de barro. Era uma cultura inteiramente nova. Mesmo quando o trabalho de Strong mostrou definitivamente que Mosquitia não fazia parte do império maia, suas descobertas, no entanto, suscitaram mais perguntas do que respostas. Quem eram essas pessoas, de onde elas vieram, e por que todo o seu registro havia desaparecido até aquele momento? Como raios eles conseguiram viver e cultivar em um ambiente de selva tão hostil? Qual foi o seu relacionamento com os poderosos vizinhos maias? As estruturas de terra levantaram outro enigma: será que esses montes escondiam edifícios soterrados ou túmulos, ou eles foram construídos por algum outro motivo?

Mesmo enquanto descobria muitas outras maravilhas antigas, Strong continuava a ouvir histórias sobre a maior ruína entre todas elas, a Cidade Branca, que ele considerava uma "lenda adorável". Sentado às margens do Rio Tinto em Mosquitia, um informante contou a Strong a seguinte história, que ele registrou em seu diário, sob uma entrada intitulada "A Cidade Proibida".

A cidade perdida, escreveu ele, fica nas margens de um lago nas profundezas das montanhas ao norte, suas muralhas brancas cercadas por bosques de laranjeiras, limoeiros e bananeiras. Mas se alguém partilha do fruto proibido, ele ficará perdido nas colinas para sempre. "É o que diz a história", escreveu Strong, "mas seria melhor fazer o que fez o pai de um informante, seguir o rio até ele se tornar um mero gotejar entre rochas escuras e bosques e, em seguida, voltar. A cidade ainda estará lá daquele jeito. Como a 'Ciudad Blanca' – o 'fruto proibido' provavelmente continuará por muito tempo sendo uma atração para os curiosos".

Todos esses rumores, lendas e histórias preparam o palco para a fase seguinte: de um lado, expedições obsessivas e malfadadas na busca pela cidade perdida e, de outro, os primórdios da pesquisa arqueológica séria na mesma região. Ambas contribuiriam para começar a desvendar o mistério da Cidade Branca.

CAPÍTULO 4

"UMA TERRA DE SELVAS IMPLACÁVEIS DENTRO DE CADEIAS MONTANHOSAS QUASE INACESSÍVEIS"

ENTRA GEORGE GUSTAVE HEYE. O pai de Heye havia feito fortuna vendendo seus negócios petroleiros para John D. Rockefeller, e seu filho viria a aumentar essa riqueza como banqueiro de investimentos em Nova York. Mas Heye tinha outros interesses que não passavam pelo dinheiro. Em 1897, recém-saído da faculdade e trabalhando no Arizona, Heye se deparou com uma mulher indígena mascando uma esplêndida camisa de camurça do marido, "para matar os piolhos". Em um capricho, ele comprou o traje piolhento.

A camisa de camurça lançou uma das mais vorazes carreiras de colecionador na história americana. Heye ficou obcecado com qualquer coisa relacionada aos nativos americanos, e acabaria por acumular uma coleção de um milhão de peças. Em 1916, fundou o Museu do Índio Americano na parte superior da Broadway em Nova York para armazenar sua coleção (em 1990, o museu mudou-se para Washington, DC, e tornou-se parte do Smithsonian).

Heye era um homem gigantesco, com mais de 1,90 m de altura, quase 140 kg, uma cabeça semelhante a uma bola de bilhar e um rosto de bebê emoldurado por uma grossa papada; usava uma corrente de relógio de ouro sobre o peito robusto e vestia um terno preto com chapéu de palha e um charuto que sobressaía de sua pequena boca franzida. Muitas vezes fazia turnês de compras por todo o país em sua limusine, consultando as colunas do obituário nos jornais locais e perguntando se o caro falecido tinha deixado para trás quaisquer coleções indesejadas de artefatos indígenas. Nestas viagens, às vezes colocava seu motorista no banco de trás e pegava ele mesmo o volante, dirigindo como um demônio.

A obsessão de Heye se expandiu para Honduras quando um médico de Nova Orleans vendeu a ele uma escultura de um tatu, que dizia ter vindo de Mosquitia. Este curioso e atraente objeto era esculpido em basalto, com um rosto engraçado, as costas arqueadas e apenas três pernas para que pudesse ficar de pé sem balançar (ainda está na coleção do museu). Ele cativou Heye, que acabou financiando uma expedição à região traiçoeira em busca de mais artefatos. Contratou um explorador chamado Frederick Mitchell-Hedges, um aventureiro britânico que alegou ter encontrado a cidade maia de Lubaantun em Belize, onde sua filha supostamente descobriu o famoso cristal "Skull of Doom" (Caveira da Morte). Mitchell-Hedges era a verdadeira imagem de um explorador britânico arrojado, até no refinado sotaque, no cachimbo de madeira, no semblante bronzeado e no sobrenome hifenizado.

Mitchell-Hedges explorou as periferias de Mosquitia em 1930 para Heye até que foi derrubado por um ataque de malária e disenteria tão grave que ficou temporariamente cego de um olho. Quando se recuperou, trouxe consigo mais de mil artefatos, juntamente com a incrível história de uma cidade abandonada nas profundezas das montanhas, lar de uma estátua de um macaco gigantesca e enterrada. Os nativos, disse ele, chamavam-na a Cidade Perdida do Deus Macaco. Heye rapidamente enviou Mitchell-Hedges de volta em uma nova expedição para Mosquitia a fim de rastrear a cidade perdida, com um cofinanciamento do Museu Britânico.

O interesse na segunda expedição foi alto. Mitchell-Hedges declarou ao *New York Times*: "Nossa expedição se propõe a penetrar em uma determinada região marcada nos mapas atuais como inexplorada [...] Pelo meu conhecimento, a região contém imensas ruínas que nunca foram visitadas". A localização era algum lugar de Mosquitia, mas a posição exata ele declarou ser um segredo. "A região pode ser descrita como uma terra de selvas implacáveis dentro de cadeias montanhosas quase inacessíveis." Mas na nova expedição, Mitchell-Hedges não penetrou o interior, talvez temeroso em reviver suas agruras anteriores. Em vez disso, passou a maior parte do tempo explorando a areia das praias e costas das Ilhas da Baía de Honduras, onde recuperou algumas estátuas de pedra debaixo da água, provavelmente depositadas ali pela erosão costeira. Justificou sua falha em voltar para o interior de Mosquitia alegando ter feito uma descoberta ainda maior: havia encontrado os restos de Atlântida, que, sugeriu ele, tinha sido "o berço das raças americanas". Voltou com mais histórias da Cidade Perdida do Deus Macaco, as quais tinha ouvido em suas viagens ao longo da costa.

 Heye imediatamente começou a planejar outra expedição para Honduras com um novo líder, desta vez ignorando sabiamente Mitchell-Hedges, talvez porque ele tenha começado a suspeitar, tardiamente, que o homem era um vigarista. A verdade era que Mitchell-Hedges foi uma fraude em uma escala espetacular. Ele não descobriu Lubaantun, e o crânio de cristal foi (muito mais tarde) revelado como falso. No entanto, conseguiu enganar muitos contemporâneos; até mesmo o seu obituário no *New York Times* acabaria repetindo como verdadeira uma série de fatos duvidosos que Mitchell-Hedges vinha vendendo havia anos: que tinha "cicatrizes de oito ferimentos de bala e três facadas", que lutou ao lado de Pancho Villa, que foi um agente secreto norte-americano durante a Primeira Guerra Mundial, e que procurou por monstros marinhos no Oceano Índico com o filho de Sir Arthur Conan Doyle. No entanto, alguns arqueólogos céticos haviam repudiado Mitchell-Hedges como um charlatão, antes mesmo de sua segunda viagem a Honduras, e depois ridicularizaram suas afirmações estranhas sobre ter encontrado Atlântida. Mitchell-Hedges publicou um livro sobre suas experiências, *Land of Wonder and Fear* [Terra de maravilhas e medo], sobre o qual um arqueólogo escreveu: "Para mim, a maravilha era como ele pôde escrever tamanho absurdo e o medo, de quão maior seria a próxima mentira".

Para sua terceira expedição à Mosquitia, Heye fez parceria com o Museu Nacional de Honduras e o presidente do país, que esperava que o novo empreendimento ajudasse a abrir a vasta região de Mosquitia para o assentamento pelos hondurenhos modernos. Sabendo que tal esforço de expansão envolveria, lamentavelmente, o deslocamento ou mesmo a destruição dos índios que ainda moravam ali – não diferente do que tinha acontecido no Oeste americano –, o governo e o Museu Nacional estavam ansiosos para documentar o modo de vida dos índios antes que eles desaparecessem. Um objetivo importante da expedição era, portanto, fazer pesquisas etnográficas, bem como pesquisas arqueológicas.

Embora sua intenção fosse empregar um profissional sério, mais uma vez Heye foi traído francamente por homens fanfarrões de integridade questionável. A pessoa que Heye escolheu para encontrar sua "grande ruína, invadida por uma selva densa" foi um jornalista canadense chamado R. Stuart Murray. Murray dera a si mesmo o título de "Capitão" quinze anos antes, quando se envolveu em uma prosaica revolução em Santo Domingo. Em uma entrevista antes de partir para Honduras, Murray disse: "Há supostamente uma cidade perdida que vou buscar, que os índios chamam a Cidade do Deus Macaco. Eles têm medo de chegar perto de lá, pois acreditam que qualquer pessoa que se aproxima dela, dentro de um mês, será morta pela mordida de uma cobra venenosa".

Murray liderou duas expedições em Mosquitia para Heye, em 1934 e 1935, viagens que ficaram conhecidas como a Primeira e a Segunda Expedições Hondurenhas. Na busca de várias narrativas e descrições da Cidade Perdida do Deus Macaco, Murray acreditava que estava tentadoramente perto de encontrá-la. Mas vez após vez, quando achava que estava à beira do sucesso, sempre parecia ser frustrado – pela selva, pelos rios, pelas montanhas e pela morte de um de seus guias. Nos arquivos do Museu do Índio Americano há uma foto de Murray nas margens de um rio, ajoelhado ao lado de uma fileira de pequenas metates, ou pedras de moagem, lindamente esculpidas com cabeças de pássaros e animais. Na parte de trás da foto Murray escreveu uma mensagem para Heye:

> Estas vêm da "Cidade Perdida do Deus Macaco" – o índio que as trouxe foi mordido por uma ponta-de-lança em setembro e morreu. Com ele morreu o segredo da localização da cidade – Mais quando eu voltar. R. S. Murray.

Entre os muitos artefatos que ele trouxe de volta havia dois que ele acreditava conterem pistas para a cidade perdida: uma pedra com caracteres "hieroglíficos", e uma pequena estátua de um macaco que cobre o rosto com as patas.

Após a expedição de 1935, Murray partiu para outros projetos. Em 1939, foi chamado para ser o palestrante convidado no *Stella Polaris*, o navio de cruzeiro mais elegante de sua época. Lá conheceu um jovem chamado Theodore A. Morde, que havia sido contratado para editar o jornal a bordo do navio. Os dois se tornaram amigos. Murray entreteu Morde com histórias de sua busca pela Cidade Perdida do Deus Macaco, enquanto Morde contou a Murray sobre suas aventuras como jornalista cobrindo a Guerra Civil Espanhola. Quando o navio ancorou em Nova York, Murray apresentou Morde a Heye. "Eu procurei por aquela cidade perdida durante anos", disse Murray. Agora era a vez de outra pessoa. Heye imediatamente contratou Morde para liderar a terceira expedição hondurenha a Mosquitia, a viagem que finalmente – ele esperava – revelaria para o mundo a Cidade Perdida do Deus Macaco. Morde tinha apenas 29 anos de idade, mas sua expedição e sua descoberta monumental entrariam para a história. O público americano, já cativado pela história da Cidade Perdida do Deus Macaco, seguiu a expedição com enorme interesse, e ela daria a historiadores e aventureiros futuros pistas enigmáticas a serem debatidas e discutidas incessantemente. Se não fosse por Morde e sua expedição fatídica, as muitas missões bizarras e equivocadas para a cidade perdida que cobriram as décadas de 1950 a 1980 não teriam ocorrido. Sem Morde, Steve Elkins provavelmente não teria ouvido falar na lenda e nunca teria embarcado em sua própria busca excêntrica pela Cidade Perdida do Deus Macaco.

CAPÍTULO 5
"EU VOU VOLTAR À CIDADE DO DEUS MACACO PARA TENTAR SOLUCIONAR UM DOS POUCOS MISTÉRIOS REMANESCENTES DO MUNDO OCIDENTAL"

UM HOMEM BONITO, com um bigode fino, uma testa lisa e alta, e um cabelo penteado para trás, Theodore Morde nasceu em 1911 em New Bedford, Massachusetts, numa antiga família de caçadores de baleia. Vestia-se com classe, dando preferência a ternos de Palm Beach, camisas impecáveis e sapatos brancos. Começou sua carreira jornalística durante o ensino médio, como repórter esportivo para o jornal local, e depois mudou para o jornalismo de radiodifusão, como escritor e comentarista de notícias para o rádio. Frequentou a Universidade de Brown por alguns anos e, em meados da década de 1930, assumiu um trabalho de edição de jornais a bordo de vários navios de cruzeiro.

Em 1938, cobriu a Guerra Civil Espanhola como correspondente e fotógrafo. Ele alega, em certo ponto, ter atravessado um rio nadando para cruzar as linhas de frente entre os campos fascista e republicano, de modo que pudesse cobrir ambos os lados.

Heye estava ansioso para que Morde partisse em sua expedição tão logo fosse possível, e Morde não perdeu tempo em organizá-la. Convidou um ex-colega de universidade, Laurence C. Brown, um geólogo, para acompanhá-lo. Em março de 1940, como a guerra estava irrompendo por toda a Europa, Morde e Brown partiram de Nova York para Honduras com meia tonelada de equipamentos e suprimentos, no que Heye chamaria oficialmente de Terceira Expedição Hondurenha. Seguiram-se quatro meses de silêncio. Quando os dois exploradores finalmente surgiram em Mosquitia, Morde enviou uma carta para Heye sobre a descoberta surpreendente que tinham feito – haviam realizado o que nenhuma outra expedição tinha sido capaz de fazer. A notícia foi publicada no *New York Times*, em 12 de julho de 1940:

'CIDADE DO DEUS MACACO'
POSSIVELMENTE LOCALIZADA
———

Expedição relata sucesso na
exploração de Honduras

"De acordo com a comunicação recebida pela fundação", diz o artigo do *Times*, "o destacamento estabeleceu a localização aproximada da rumorosa Cidade Perdida do Deus Macaco em uma área quase inacessível entre os rios Paulaya e Plátano". O público americano devorou a história.

Morde e Brown chegaram em Nova York em agosto debaixo de grandes fanfarras. Em 10 de setembro de 1940, Morde concedeu uma entrevista de rádio para a CBS. O roteiro ainda existe, anotado à mão por Morde, e parece ser a narrativa sobrevivente mais completa de seu achado. "Acabei de voltar da descoberta de uma cidade perdida", disse ele ao público. "Fomos a uma região de Honduras que nunca havia sido explorada [...] Passamos semanas impelindo tediosamente uma embarcação com varas na selva emaranhada de riachos. Quando não pudemos avançar mais, começamos a abrir um caminho através da selva [...] depois de semanas naquela vida, nos encontrávamos famintos, fracos e desanimados. Então, quando estávamos prestes a desistir, eu vi do topo de um pequeno penhasco algo que me fez parar completamente [...] Era a muralha de uma cidade – a Cidade Perdida do Deus Macaco! [...] Não saberia quão grande era a cidade, mas sei que se estendia ao longe na selva e que provavelmente cerca de trinta mil pessoas viveram ali algum dia. Mas isso foi há dois mil anos. Tudo o que restara eram aqueles montes de terra cobrindo paredes desmoronadas onde uma vez existiram casas, além de fundações de pedra do que podem ter sido templos majestosos. Lembrei-me de uma antiga lenda contada pelos índios. Dizia que na Cidade Perdida havia uma gigantesca estátua de um macaco que era adorada como um deus. Eu vi um grande monte coberto de vegetação que, quando pudermos escavá-lo algum dia, acredito que possa revelar essa divindade macaco. Hoje os índios próximos dessa região temem o simples pensamento da Cidade do Deus Macaco. Eles acham que é habitada por grandes homens peludos como macacos, chamados Ulaks [...] Nos riachos perto da cidade encontramos ricos depósitos de ouro, prata e platina. Eu encontrei uma máscara [...] Parecia o rosto de um macaco [...] Em quase tudo que foi esculpido havia a imagem do macaco – do deus macaco [...] Vou voltar à Cidade do Deus Macaco, para tentar resolver um dos poucos mistérios remanescentes do Mundo Ocidental."

Morde se recusou a revelar a localização da cidade, por medo de saques. Parece que ele manteve essa informação em segredo até mesmo do próprio Heye.

Em outra narrativa, escrita para uma revista, Morde descreve as ruínas em detalhes: "A Cidade do Deus Macaco era murada", escreveu ele. "Encontramos algumas daquelas muralhas sobre as quais o verde mágico da selva provocou poucos danos e que resistiram à inundação da vegetação. Seguimos uma muralha até ela desaparecer debaixo de montanhas que tinham toda a evidência de serem grandes prédios. Ainda há, na verdade, prédios debaixo dos antigos invólucros".

"Era o local ideal", continuou ele. "As montanhas imponentes forneciam o cenário perfeito. Perto dali, uma queda d'água, linda como um vestido de noite de lantejoulas, derramava-se no vale verde das ruínas. Os próprios pássaros, brilhantes como joias, voavam de árvore em árvore, e carinhas de macacos olhavam inquisitivamente para nós a partir da tela circundante de folhagem densa."

Ele questionou a fundo os índios mais velhos, aprendendo muito sobre a cidade "entregue a eles por seus ancestrais que a tinham visto".

"Nós iríamos descobrir, disseram eles, um acesso com degraus para chegar até ela, que teria sido construído e pavimentado à maneira das ruínas das cidades maias ao norte. Efígies de pedra de macacos se alinhariam nesse caminho.

"O coração do Templo era um alto estrado de pedra no qual estava a estátua do próprio Deus Macaco. À frente dele havia o lugar de sacrifício."

Morde trouxe de volta vários artefatos – figuras de macacos em pedra e barro, sua canoa, panelas e ferramentas de pedra. Muitos desses objetos ainda estão nas coleções do Smithsonian. Ele jurou que voltaria no ano seguinte "para começar a escavação".

Mas a Segunda Guerra Mundial interveio. Morde se tornou um espião OSS (Oficial de Serviços Estratégicos) e correspondente de guerra, e seu obituário alega que esteve envolvido numa conspiração para matar Hitler. Ele nunca voltou a Honduras. Em 1954, Morde – mergulhado no alcoolismo, com seu casamento definhando – enforcou-se em um chuveiro na casa de veraneio de seus pais em Dartmouth, Massachusetts. Nunca revelou a localização da cidade perdida.

O relato de Morde sobre a descoberta da Cidade Perdida do Deus Macaco recebeu ampla divulgação na imprensa e disparou a imaginação de ambos, americanos e hondurenhos. Desde sua morte, a localização da cidade tem sido objeto de intensa especulação e debate. Dezenas de pessoas a procuraram sem sucesso, analisando seus escritos e relatos em busca de possíveis pistas. Um objeto se tornou o Santo Graal dos pesquisadores: a amada bengala de Morde, ainda na posse de sua família. Esculpida no cabo, há quatro colunas enigmáticas de números que parecem ser direções ou coordenadas – por exemplo, "NE 300; E 100; N 250; SE 300". Um cartógrafo canadense chamado Derek Parent ficou obcecado com as marcações nessa bengala e passou anos explorando e mapeando Mosquitia, tentando usá-las como direções para a cidade perdida. No processo, Parent criou alguns dos mapas mais detalhados e precisos já feitos de Mosquitia.

A busca mais recente pela cidade perdida de Morde ocorreu em 2009. Um jornalista do *Wall Street Journal* chamado Christopher S. Stewart, vencedor do Prêmio Pulitzer, empreendeu uma árdua jornada ao coração de Mosquitia numa tentativa de refazer a rota de Morde. Stewart foi acompanhado pelo arqueólogo Christopher Begley, que escreveu sua tese de doutorado sobre os sítios arqueológicos de Mosquitia e visitou mais de uma centena deles. Begley e Stewart subiram o rio e abriram caminho pela selva até uma grande ruína chamada Lancetillal, no âmago da região do Rio Plátano, que fora construída pelo mesmo povo antigo que Strong e outros arqueólogos haviam identificado como os possíveis ocupantes de Mosquitia. Essa cidade previamente conhecida, que tinha sido escavada e mapeada por voluntários do Corpo da Paz em 1988, ficava na área aproximada indicada por Morde, pelo menos até onde Begley e Stewart podiam confirmar. Consistia em vinte e um montes, que delimitavam quatro praças e uma possível quadra de jogo de bola mesoamericano. Na selva, a alguma distância atrás da ruína, eles descobriram um penhasco branco, que Stewart acreditava que, de longe, pode ter sido confundido com um muro quebrado. Ele publicou um livro bem-sucedido sobre sua pesquisa, intitulado *Jungleland: A Mysterious Lost City, a WWII Spy, and a True Story of Deadly Adventure* [Terra de selva: Uma misteriosa cidade perdida, um espião da Segunda Guerra Mundial e a história real de uma aventura mortífera]. É uma leitura fascinante, e apesar dos melhores esforços de Begley e Stewart, simplesmente não havia provas suficientes para determinar se as ruínas de Lancetillal eram de fato a Cidade Perdida do Deus Macaco de Morde.

Como se vê, todos esses pesquisadores gastaram quase três quartos de século à procura de respostas no lugar errado. Os diários de Morde e Brown foram preservados e passados hereditariamente aos familiares de Morde. Enquanto os artefatos foram depositados no Museu do Índio Americano, o mesmo não aconteceu com os diários; isso em si é um notável afastamento da prática padrão, porque esses diários normalmente contêm informações científicas e pertencem à instituição financiadora, e não ao explorador. O guardião dos diários até recentemente era o sobrinho de Theodore, David Morde. Consegui obter cópias dos diários que a família Morde havia emprestado à National Geographic Society por alguns meses em 2016. Ninguém na National Geographic os havia lido, mas um arqueólogo da equipe gentilmente os escaneou para mim porque eu estava escrevendo uma história para a revista. Eu sabia que Christopher Stewart tinha visto pelo menos partes deles, mas havia ficado desapontado por não encontrar pistas quanto à localização da Cidade Perdida do Deus Macaco. Tinha presumido que Morde, por razões de segurança, havia retido essas informações até mesmo de seus diários. Então, quando comecei a passar as páginas, eu não esperava encontrar muita coisa digna de nota.

Há três diários: dois são livros de capa dura com capas de lona sujas, carimbadas "Terceira Expedição Hondurenha", e um terceiro é um livro em espiral, de menor tamanho, com uma capa preta rotulada "Field Notebook" (Caderno de Campo). Eles somam mais de trezentas páginas manuscritas e fazem uma narrativa abrangente do início ao fim da expedição. Nenhuma data ou página está faltando; todos os dias foram registrados em detalhes. Os diários eram a combinação do trabalho de Brown e Morde, sendo que cada um deles fez seus próprios registros nos mesmos livros enquanto viajavam no coração das trevas. A letra manuscrita arredondada e fácil de ler é de Brown e se alterna com o estilo pontiagudo e inclinado para a frente de Morde.

Não vou esquecer tão cedo a experiência de ler esses diários – primeiro com perplexidade, depois com descrença, e finalmente em choque.

Heye e o Museu do Índio Americano, ao que parece, foram enganados, juntamente com o público americano. De acordo com seus próprios escritos, Morde e Brown tinham uma motivação secreta. Desde o começo, nenhum dos homens tinha a intenção de procurar uma cidade perdida. O único registro no diário que menciona a cidade perdida é uma nota aleatória feita em uma página de trás, quase como uma reflexão tardia, claramente uma referência ao Conzemius. Nela se lê, na sua totalidade:

> Cidade Branca
> 1898 — Paulaya, Plantain,[5] Wampu — cabeceiras destes
> riachos devem estar perto da localização da cidade.
> Timoteteo, Rosales — cortador de borracha de um olho só, cruzando
> de Paulaya para Plantain — viu colunas ainda em pé em 1905.

Em centenas de páginas, esta é a totalidade da informação relativa à cidade perdida que eles, supostamente, estavam tentando encontrar, a cidade que eles descreveram tão vividamente para os meios de comunicação americanos. Não estavam procurando por sítios arqueológicos. Faziam apenas consultas superficiais. Os diários revelam que não encontraram em Mosquitia qualquer ruína, artefato, sítio ou "Cidade Perdida do Deus Macaco". Então, o que Morde e Brown estavam fazendo em Mosquitia, durante esses quatro meses

---

[5] Plantain era o nome pelo qual Morde se referia ao Rio Plátano, *plátano* sendo a palavra espanhola para *plantain*.

de silêncio, enquanto Heye e o mundo prendiam a respiração? O que eles estavam procurando?

Ouro.

Sua busca por ouro não foi uma decisão de impulso, do momento. Entre suas centenas de quilos de apetrechos, Morde e Brown tinham embalado sofisticado equipamento de mineração de ouro, incluindo panelas de ouro, pás, picaretas, instrumentos para construção de caixas de eclusa, e mercúrio para amalgamação. Note que Morde, que poderia ter escolhido qualquer parceiro para sua expedição, selecionou um geólogo, não um arqueólogo. Brown e Morde foram para a selva com informações detalhadas sobre possíveis depósitos de ouro ao longo dos riachos e afluentes do Rio Blanco e planejaram sua rota adequadamente. Esta área suscitava havia muito tempo rumores de serem ricas em jazidas de ouro depositadas em barras de cascalho e buracos ao longo dos leitos de rios. O Rio Blanco está a muitos quilômetros ao sul de onde eles alegaram ter encontrado a cidade perdida. Quando mapeei as entradas do diário, dia a dia, descobri que Brown e Morde nunca subiram os rios Paulaya ou Plátano. Enquanto subiam o Patuca, contornaram a foz do Wampu e continuaram muito ao sul, onde o Rio Cuyamel se une ao Patuca, e depois subiram até o Rio Blanco. O mais perto que chegaram foi 65 quilômetros da área que engloba as cabeceiras dos rios Paulaya, Plátano e Wampu, a região geral na qual mais tarde afirmaram ter encontrado a Cidade Perdida do Deus Macaco.

Eles estavam procurando por outra Califórnia, outro Yukon. Em todos os lugares a que foram, cavaram em barras de cascalho e garimparam para encontrar "cor" – pepitas de ouro – ajuntando com um detalhismo fanático cada pedacinho que avistavam. Finalmente, em um riacho que corria para o Rio Blanco, chamado Ulak-Was, eles realmente se depararam com ouro. Um americano chamado Perl ou Pearl (tudo isso está anotado no diário) tinha criado uma operação de lavagem de ouro aqui em 1907. Mas Perl, o filho pródigo de um rico nova-iorquino, desperdiçou seu tempo em bebida e prostituição em vez de na mineração, e seu pai o suspendeu; a operação foi abandonada em 1908. Ele deixou uma represa, canos de água, válvulas de porta, uma bigorna e outros equipamentos úteis para trás, que Morde e Brown consertaram e reutilizaram.

Na foz do Ulak-Was, Morde e Brown demitiram todos os seus guias indígenas e subiram o riacho, montando o "Acampamento Ulak" no mesmo lugar em que Perl havia trabalhado. Então passaram as três semanas seguintes – o coração de sua expedição – no exaustivo trabalho diário da mineração de ouro.

Consertaram a antiga represa de Perl para desviar o riacho para as caixas de eclusa, nas quais o fluxo de água das corredeiras e a aniagem eram usados para separar e concentrar as partículas de ouro mais pesadas do cascalho, e registraram a renda cotidiana no diário. Trabalharam como cachorros, encharcados pelas chuvas torrenciais, comidos vivos por enxames de moscas de areia e mosquitos, tirando de trinta a cinquenta carrapatos por dia do corpo. Viviam em terror perpétuo por causa das serpentes venenosas, que eram onipresentes. Ficaram sem café e tabaco e começaram a passar fome. Ficavam a maior parte de seu tempo livre jogando cartas. "Estudamos nossas perspectivas de ouro repetidas vezes", escreveu Morde, e "ponderamos sobre o provável progresso da guerra, imaginando se os Estados Unidos já estariam envolvidos".

Eles também sonharam grande: "Localizamos um bom lugar para um aeroporto", escreveu Brown, "do outro lado do rio. Nós provavelmente vamos construir nosso acampamento permanente neste mesmo platô se nossos planos seguirem adiante".

Mas a estação chuvosa caiu sobre eles com grande fúria: chuvas torrenciais que começavam como um rugido nas copas das árvores, descarregando polegadas sobre eles diariamente. O riacho Ulak-Was transbordava a cada nova chuva torrencial, e eles lutavam para administrar a água que subia. Em 12 de junho, aconteceu um desastre.

Um enorme aguaceiro desencadeou uma inundação repentina, que destruiu o córrego, arrebentando a represa e carregando sua operação de mineração de ouro. "Obviamente, não podemos mais trabalhar o ouro", Morde lamentou no diário. "Nossa barragem foi completamente destruída – também perdemos nossas tábuas. A melhor forma de proceder, nós acreditamos, é encerrar nossos assuntos aqui o quanto antes e descer o rio novamente."

Abandonaram a mina, carregaram a canoa com os suprimentos e o ouro, e partiram pelos rios cheios a um ritmo vertiginoso. Eles desceram o Ulak-Was até o Blanco, depois o Cuyamel e então o Patuca. Em um dia cobriram um trecho do Patuca que tinham levado duas semanas para subir. Quando finalmente chegaram à beira da civilização, em um assentamento ao longo do Patuca, onde os moradores tinham um rádio, Morde ouviu falar da queda da França. Disseram-lhe que os Estados Unidos "estavam praticamente na guerra e *estariam oficialmente* em um ou dois dias". Eles entraram em pânico com a ideia de serem abandonados em Honduras. "Nós decidimos apressar a conclusão de todos os objetivos da expedição." O que eles queriam dizer com essa sentença enigmática é discutível, mas parece que podem ter percebido que tinham que se ocupar fabricando uma história de fachada – e colocar as mãos em alguns artefatos antigos supostamente da "cidade perdida" para trazer de volta para Heye (não há menção nos diários, até este ponto, da descoberta ou do transporte de quaisquer artefatos a partir do interior de Mosquitia).

Seguiram em frente, descendo o inchado Patuca durante o dia e às vezes à noite. Em 25 de junho chegaram à Lagoa Brewer (agora Brus Laguna) e depois ao mar. Passaram uma semana lá, não mais com pressa, pois haviam descoberto que os Estados Unidos estavam longe de entrar na guerra. No dia 10 de julho finalmente chegaram à capital, Tegucigalpa. Em algum momento entre essas duas datas, Morde escreveu o relatório fabricado para seu patrono, George Heye, que gerou o artigo do *New York Times*. Em seu retorno a Nova York,

Morde contou a história de sua descoberta da Cidade Perdida do Deus Macaco repetidas vezes, e a cada vez com mais detalhes. O público adorou. Sua coleção bastante modesta de artefatos foi colocada em exibição no museu, juntamente com um *pitpan* – um tipo de canoa. Os diários indicavam que os dois homens adquiriram apressadamente esses artefatos depois que deixaram a selva, em um lugar a oeste da Lagoa Brewer, perto da costa; um espanhol mostrou-lhes um local que continha algumas peças de barro espalhadas, onde fizeram uma pequena escavação. Parece provável também que eles tenham comprado artefatos de moradores locais na mesma ocasião, mas os diários não fazem menção a isso.

Morde e Brown não fizeram qualquer esforço para esconder ou dissimular suas ações nos diários. A razão de terem feito um registro tão transparente de sua trapaça é difícil de entender. Claramente, eles não tinham intenção alguma de compartilhar o conteúdo desses diários com seu empregador, Heye, ou com o público. Talvez eles estivessem cheios de soberba e sonhassem que uma descoberta fabulosa de ouro faria parte do seu legado, e eles queriam registrá-la para a posteridade. Seu anúncio da descoberta da cidade perdida pode ter sido um impulso de último minuto, porém parece mais provável que tenha sido planejado desde o início como um disfarce para seus planos reais.

O que sabemos é: por décadas, muitos se perguntaram se Morde encontrou uma cidade. O consenso geral que prevalece até agora é de que ele provavelmente encontrou algum sítio arqueológico, talvez até mesmo um importante. Os diários, no entanto, são uma prova de que Morde não encontrou nada, e sua "descoberta" foi uma completa fraude.

Mas e a bengala e suas direções enigmáticas? Recentemente me correspondi com Derek Parent, que havia passado décadas explorando La Mosquitia, estudando a rota de Morde e tentando decifrar a bengala. Ele provavelmente sabe mais sobre Morde do que qualquer pessoa viva, e esteve em contato próximo com a família de Morde por décadas.

Ao longo dos anos, David Morde enviou a Parent fotocópias de vários trechos dos diários, algumas páginas por vez. Em um ponto na nossa correspondência, Parent me disse que a descoberta de Morde da cidade estava nas partes faltantes dos diários.

"Que partes faltantes?", perguntei.

Foi quando a aparente manobra de David Morde foi revelada.

David Morde alegou a Parent que a maior parte do Diário 2 estava faltando. Tudo o que restou, disse ele, foi a primeira página do diário, que ele fotocopiou e enviou para Parent. O resto do Diário 2 se foi, e ele disse que tinha certeza de que a seção que falta era a parte que registrava a jornada de Morde subindo o Rio Paulaya até a Cidade do Deus Macaco. E por que essa parte estava faltando? Morde explicou a Parent que a inteligência militar britânica tinha ordenado que a família queimasse os documentos de Morde após sua morte, e que ela poderia ter se perdido dessa maneira; ou pode ter sido destruída durante um período em que os diários estavam sendo mantidos em um armazém úmido em Massachusetts, que estava infestado de ratos.

Fiquei surpreso quando Parent me disse isso, porque essas páginas que David Morde alegava estarem perdidas não estão faltando no original do diário de modo algum. Eu tinha a totalidade do Diário 2 – cada página individual numerada, firmemente encadernada no livro de capa dura – sem lacunas nas datas ou textos faltantes. A parte supostamente perdida do Diário 2 registra nada mais do que o tempo que Morde passou relaxando na Lagoa Brewer, "ficando íntimo" de expatriados locais, velejando e pescando – e fazendo uma viagem de um dia para desenterrar artefatos.

Por que o subterfúgio? Alguém pode especular que David Morde podia estar protegendo a memória de seu tio ou a honra de sua família, mas infelizmente ele não está disponível para explicar; está cumprindo pena por um crime grave. Depois de seu encarceramento, sua esposa, talvez inconscientemente, emprestou os diários completos para a National Geographic Society.

Quando compartilhei esses achados com Derek Parent e lhe enviei uma cópia do resto do Diário 2, ele me mandou um e-mail de volta: "Eu estou completamente chocado".

Apesar do pequeno golpe, o mistério da bengala persiste. Na sequência dessa notícia, Parent me contou suas últimas teorias. Ele acha que a bengala pode ter registrado as direções do Acampamento Ulak ou de seus arredores para "algum local de interesse". Morde, acredita ele, encontrou algo e esculpiu as direções para tal em sua bengala, em vez de colocá-las em seu diário – alguma coisa tão importante que ele queria mantê-la ainda mais secreta do que o diário que ele estava compartilhando com Brown.

Parent pegou as direções da bengala e as mapeou. Os rumos e distâncias da bússola, diz ele, correspondiam às voltas e reviravoltas do Rio Blanco indo a montante da foz da angra Ulak-Was. Ele acredita que a viagem conectada com a bengala "grava os passos ao longo da margem do rio para um agora bem definido ponto final". Esse ponto final, Parent identificou, era um estreito vale de 120 hectares através do qual o Rio Blanco fluía. Este vale nunca foi investigado. Deve ter sido outro depósito promissor de jazida de ouro, ao qual Morde esperava voltar mais tarde, talvez sem Brown, ou ele poderia ter marcado alguma outra descoberta de interesse. O mistério da bengala permanece sem solução.

Agora sabemos, no entanto, que ela não contém direções codificadas para a cidade perdida. Em um registro no diário do dia 17 de junho de 1940, no último dia da expedição antes de seu ressurgimento da natureza selvagem e chegada em uma cidade civilizada, Morde escreveu: "Estamos convencidos de que nenhuma grande civilização existiu lá em cima. E não há descobertas arqueológicas de importância para serem feitas".

CAPÍTULO 6
"PEGAMOS CANOAS ATÉ O CORAÇÃO DAS TREVAS"

DURANTE TRÊS QUARTOS de século, a ficção de Morde, tão rica em romance e aventura, deu ímpeto à fábula da cidade perdida. A lenda da Cidade Branca ou do Deus Macaco tornou-se uma parte da psique nacional hondurenha, um conto familiar até para as crianças. Em 1960, o governo hondurenho traçou uma linha ao redor de uma área de cerca de cinco mil quilômetros quadrados do interior amplamente inexplorado de Mosquitia e a chamou de Reserva Arqueológica da Ciudad Blanca. Em 1980, a UNESCO a nomeou de Reserva da Biosfera do Rio Plátano e, dois anos depois, declarou essa única floresta tropical um Patrimônio da Humanidade. Enquanto isso, exploradores ambiciosos continuam a fazer alegações duvidosas e não comprovadas sobre terem encontrado a cidade perdida, enquanto muitos arqueólogos suspeitavam de que uma cidade dessa natureza podia, sim, existir de alguma forma nas profundezas da selva – fosse perto da área reivindicada por Morde ou em algum outro lugar. Em 1994, o chefe de arqueologia do governo hondurenho, George Hasemann, disse em uma entrevista que acreditava que todos os grandes sítios de Mosquitia podem ter sido parte de um único sistema político cujo centro, a Cidade Branca, ainda não havia sido encontrado.

Steve Elkins ouviu falar pela primeira vez da Cidade Branca por um aventureiro chamado Steve Morgan, um colecionador profissional de lendas e histórias. Morgan havia compilado uma lista do que ele considerava serem os maiores mistérios não solucionados do mundo, e tinha caixas de arquivos de pesquisa sobre várias cidades perdidas, tesouros piratas, túmulos antigos e naufrágios carregados de ouro. Morgan trabalhava fazendo resgates marítmos e tinha realmente encontrado vários naufrágios. Sua casa era repleta de pilhas de porcelanas chinesas e baús amontoados com moedas de prata espanholas. Elkins, que possuía um negócio de aluguel de câmeras e equipamentos para equipes de televisão em Los Angeles, decidiu entrar no ramo da produção, uma vez que já tinha todo o equipamento. Consultou Morgan e estudou sua lista de mistérios não resolvidos com fascinação. Dois deles atraíram a atenção de Elkins em especial: a lenda da Ciudad Blanca e o Saque de Lima, também conhecido como o tesouro da Ilha Cocos.

Elkins e Morgan se reuniram, fizeram algumas pesquisas sobre a Ciudad Blanca e identificaram uma área em Mosquitia que eles pensavam poder abrigá-la. Organizaram uma expedição, liderada por Morgan. Elkins vendeu a ideia de um programa de televisão sobre a busca para a Spiegel TV, na Alemanha.

Elkins, seu coprodutor e correspondente alemão, juntamente com sua equipe de filmagem na Califórnia, chegaram a Honduras em 1994. Contrataram um técnico local, um homem chamado Bruce Heinicke, para lidar com logística. Amigo de infância de Morgan, Heinicke era um americano casado com uma hondurenha. Vinha fazendo negócios em Honduras havia muitos anos como garimpeiro de ouro, contrabandista de drogas, caçador de tesouros e saqueador arqueológico. Embora a escolha de um homem como Heinicke pudesse parecer excêntrica, a expedição requeria alguém que não apenas conhecesse Honduras mas também tivesse um profundo entendimento de quando e como subornar pessoas (uma arte delicada), como administrar a burocracia hondurenha, como intimidar e ameaçar, e como lidar com criminosos perigosos sem ser morto. Elkins lembrou ter visto Heinicke pela primeira vez no estacionamento do aeroporto depois de sua chegada. Era um cara gordo que vestia uma camisa de abacaxis, anel no dedo mindinho, relógio de ouro, cigarro pendurado na boca e um maço de notas na mão. Estava berrando ordens em espanhol e distribuindo dinheiro. "Temos um vídeo dele", disse Elkins. "É hilário."

Seria o começo de um longo e complicado relacionamento.

A tripulação filmou em Copán e depois fez um voo rasante até uma pequena cidade chamada Palacios, na Costa de Mosquito. De lá eles partiram para o interior, com guias indígenas e uma ideia de onde a cidade perdida poderia estar, com base em suas pesquisas e entrevistas.

"Pegamos canoas até o coração das trevas", lembrou Elkins. Morgan liderou a expedição, contratando informantes locais que alegavam saber de uma área no fundo das montanhas onde havia ruínas. "Para ser honesto", Elkins disse, "eu apenas acompanhei. Eu realmente não sabia aonde diabos estávamos indo".

As canoas tinham cerca de dez metros e eram escavadas em um único tronco de mogno e equipadas com um pequeno motor de popa Evinrudes. Cada uma poderia acomodar seis pessoas e um monte de equipamentos. "Subimos um pequeno rio. Eu nem sei o nome dele." Subindo contra a corrente, a água ficou tão rasa e cheia de troncos afundados e barrancos de lama que eles tiveram que levantar os motores e impulsionar-se com a ajuda de varas. Percorreram quilômetros e quilômetros através de pântanos sem fim e subindo afluentes desconhecidos, seguindo mapas vacilantes e incertos. "Estávamos constantemente entrando e saindo das canoas, na sujeira. Ficava cada vez mais e mais denso, até que chegamos no alto das montanhas."

Não havia sinal de nenhuma cidade perdida, mas eles fizeram uma descoberta. "De repente, vimos uma grande rocha em um riacho", disse Elkins, "com um cara esculpido, usando uma touca elaborada e plantando sementes". Ele teve o que chamou de "epifania" – aqui estava a prova, se é que mais alguma era necessária, de que um sofisticado e misterioso povo tinha habitado e cultivado uma terra que hoje era uma selva profunda e despovoada. Liderado por guias indígenas locais, Elkins e o grupo seguiram em frente, forçados a abandonar suas canoas e continuar a pé, abrindo caminho pela selva com facões. Em um dia de viagem difícil, tinham sorte se conseguiam fazer um ou dois quilômetros. Steve e sua equipe comiam MREs,[6] enquanto os guias indígenas comiam iguanas. Em determinado momento, os guias ficaram agitados; sacando suas armas, eles confidenciaram que o grupo estava sendo perseguido por jaguares. Frequentemente se deparavam com cobras venenosas e foram atacados por insetos dia e noite. "Depois que voltamos", lembrou Elkins, "fiquei com as marcas das mordidas durante seis meses". Ele estava grato por não ter sido atingido por uma das muitas e terríveis doenças tropicais comuns naquela área.

Uma noite, ele saiu da barraca para ir ao banheiro. Toda a floresta estava brilhando com milhões de pontos de bioluminescência causada por fungos que brilham quando a temperatura e a umidade estão adequadas. "Era como olhar para Los Angeles a dez mil metros de altura", disse ele. "A coisa mais linda que já tinha visto."

Em algum lugar na floresta tropical, eles de fato encontraram uma dispersão de esculturas de pedras quebradas, cerâmica e ferramentas. Era impossível dizer se havia montes, porque a selva era muito densa. Mas, de qualquer forma, era um pequeno sítio, e claramente não era a Cidade Branca. Eles finalmente desistiram, esgotados e sem dinheiro.

Por diversas vezes, Elkins ficou chocado com os métodos de Heinicke para obter as coisas em Honduras. Depois que eles ressurgiram da selva e estavam filmando na Ilha Roatán, na Baía de Honduras, o produtor alemão de Elkins recebeu uma ligação de emergência de seu telefone via satélite que exigia seu retorno imediato a Hamburgo para cuidar de negócios. Eles correram para o aeroporto para pegar

---

[6] MRE – Meal Ready to Eat, ou alimento pronto para ser consumido. [N.T.]

um voo, mas quando chegaram lá descobriram que o avião já estava lotado e na pista. O próximo voo só seria dali a vários dias. Heinicke abriu caminho pelo asfalto bufando e esbravejando, embarcou no avião, tirou uma pistola Colt .45 e perguntou quem foi o último a embarcar. Acenou com a pistola para o infeliz passageiro. "Eu preciso da porra do seu assento", disse ele. "Saia." O homem tropeçou aterrorizado para fora do avião; Heinicke pôs a arma de volta na cinta e disse ao produtor alemão: "Ok, você conseguiu seu lugar".

Muitos anos depois, quando Heinicke me contou essa história, ele explicou como via seu papel naquela parceria: "Veja, Steve é um tipo meio perigoso de ter por perto. Ele me dizia os pontos positivos que via em alguém, e eu dizia: 'Foda-se, eu não gosto dele, não confio nele'. É provavelmente por isso que fazemos uma boa parceria".

Elkins, por sua vez, disse: "Bruce é definitivamente o tipo de cara que você quer ter do seu lado. E não contra você". Ele acrescentou, baixando a voz: "Para fazer isso acontecer, às vezes eu tive que dançar com o diabo".

Aquela primeira tentativa de encontrar a Cidade Branca mudou Elkins. Ele ficou curioso sobre a lenda da Cidade Branca e retornou tendo encontrado a missão de sua vida. "Eu chamo isso de 'o vírus da cidade perdida'", ele me disse mais tarde. "Tornei-me um viciado. Eu estava obcecado com a ideia de tentar provar se a cidade perdida realmente existiu."

Elkins tem um traço atraente de persistência e uma natureza incansável, que pode muito bem vir de sua família pouco convencional. Originários da Inglaterra e da Rússia, seus bisavôs chegaram aos Estados Unidos nos anos 1890. Seu avô, Jack Elkins, era um pianista de jazz que viajou em turnês com bandas de Dixieland na década de 1920. O pai de Elkins, Bud, escolheu um caminho totalmente diferente: o exército. Mentiu sobre sua idade para se alistar aos 15 anos, mas foi pego durante o treinamento básico e sua mãe teve que ir buscá-lo e arrastá-lo de volta para casa para finalizar o ensino médio. Durante a Segunda Guerra Mundial, Bud voou contra os japoneses no esquadrão dos Tigres Aleutas; depois da guerra, entrou para a indústria têxtil, obtendo um contrato para fabricar roupas de coelho para os clubes da Playboy. Ele então voltou para o exército e participou do combate e das missões de coleta de informações no Vietnã, alcançando o posto de coronel. Seu último sonho de aposentadoria era possuir um negócio de cachorro-quente *kosher* no estilo de Chicago; então, depois de deixar as forças armadas, construiu um caminhão gigante no formato de um cachorro-quente e o dirigiu por Los Angeles vendendo cachorros-quentes e salsichas polonesas antes de o negócio fracassar. Bud era um conquistador mulherengo, inquieto e com um desejo de aventura. Por causa de sua promiscuidade, a mãe de Steve se divorciou de Bud quando Steve tinha 11 anos, e o garoto cresceu mais ou menos sem pai em Chicago. "Minha mãe era o sal da terra e firme como uma rocha", disse ele.

Elkins parece ter herdado o desejo de viajar do pai bem como a firmeza pragmática da mãe, uma mistura de traços que lhe serviria bem na busca pela cidade perdida.

Elkins frequentou a Universidade do Sul de Illinois. Um ávido caminhante, vagou pelas redondezas da Floresta Nacional Shawnee com amigos, que o chamavam de Elkins Depois-do-Próximo-Morro, porque ele sempre os incitava a "ver o que havia depois do próximo morro". Em um desses passeios ele encontrou um abrigo rochoso em alguns penhascos com vista para o Rio Mississippi. Acampou ali com amigos, e começaram a raspar a terra, trazendo à superfície pontas de flecha e de lança, ossos e cerâmica quebrada. Ele levou tudo para a universidade. Seu professor de arqueologia organizou uma escavação da caverna como um programa de estudos especiais para o semestre. Em escavações de teste, Elkins e o grupo descobriram ossos humanos, entalhes em conchas, ferramentas de pedra e restos de comida. A datação por radiocarbono indicou que as camadas inferiores tinham milhares de anos de idade.

"Esse foi o momento em que me tornei viciado em História Antiga", disse-me ele. Passou muitas horas sentado no abrigo, olhando sobre o vale do Rio Mississippi e imaginando como teria sido nascer na caverna, crescer, criar filhos, envelhecer e morrer ali dentro – nos Estados Unidos de cinco mil anos atrás.

A primeira expedição de Elkins a Mosquitia marcou-o com um fato brutalmente simples: "Andar sem rumo pela selva é loucura. Isso não é jeito de encontrar nada".

Ele precisava encarar o problema de uma maneira mais sistemática. Conseguiu isso com duas frentes de ataque: pesquisa histórica e tecnologia espacial.

Investigou profundamente as muitas histórias das pessoas que procuraram a Cidade Branca, algumas das quais realmente alegavam tê-la encontrado. A maioria dessas pessoas era claramente excêntrica ou não confiável, mas havia uma pessoa que se distinguia. Steve Morgan apresentou Elkins a um homem chamado Sam Glassmire, que disse ter localizado e explorado a Cidade Branca. Quando Elkins conheceu Glassmire, descobriu que ele era um cientista sério e respeitável com uma história de surpreendente credibilidade – e tinha em sua sala de estar impressionantes esculturas de pedra que havia supostamente retirado das ruínas. Em 1997, Elkins e sua equipe de vídeo entrevistaram Glassmire em sua casa, em Santa Fé, e gravaram sua história em fita (conheci Steve pela primeira vez nesta viagem, quando eu também morava em Santa Fé).

Numa inversão da expedição Morde, Glassmire, um geólogo, tinha sido contratado para prospectar ouro em Mosquitia e, em vez disso, foi procurar a cidade perdida. Ele liderou três expedições de prospecção em Mosquitia no final dos anos 1950. Um homem duro, castigado pelo tempo, com uma fala rouca e lenta e um sotaque embolado do Novo México, Glassmire construiu uma carreira como cientista respeitado trabalhando como engenheiro para o Laboratório Nacional de Los Alamos em meados dos anos 1950, quando Los Alamos ainda era uma cidade fechada. Ficou cada vez mais desencantado com a fabricação de bombas nucleares, então se mudou para Santa Fé e abriu uma empresa de consultoria geológica.

Em 1959 ele havia sido contratado por empresas de mineração americanas para determinar se havia jazidas de ouro ao longo das barras de cascalho na parte superior do Rio Patuca e seus afluentes. Seus empregadores tinham muito dinheiro: o orçamento para a primeira expedição somente foi de 40 mil dólares, e mandariam Glassmire de volta outras duas vezes.

Naquela primeira expedição, Glassmire ouviu muitos rumores da Cidade Branca. "Você ouve falar nisso assim que chega em Honduras", lembrou ele a Elkins.

Enquanto explorava os rios à procura de ouro, importunou seus guias com perguntas. "Frequentemente ouvia nativos mencionarem a misteriosa Ciudad Blanca", escreveu ele em um artigo de 1960, no *Denver Post*, sobre sua descoberta. "Perguntei ao meu guia sobre isso. Ele finalmente me disse que os homens estavam com medo de que eu planejasse enviar a expedição para subir o Rio Guampu [Wampu], em direção à Ciudad Blanca. Se eu fizesse isso, disse ele, os homens desertariam." Quando Glassmire perguntou o porquê, o guia disse que quando os conquistadores chegaram, a Ciudad Blanca era uma cidade magnífica. "Então aconteceu uma série imprevista de catástrofes. O povo concluiu que os deuses estavam com raiva", e então eles abandonaram a cidade, deixando todos os seus pertences para trás, e desde então a consideram um lugar proibido.

Em sua terceira expedição de prospecção em Honduras, Glassmire encontrou jazidas de ouro ao longo do Rio Blanco e do Rio Cuyamel – "acima de todas as minhas expectativas" – aproximadamente na mesma área onde Morde também havia encontrado. Mas Glassmire não conseguia tirar a cidade perdida da cabeça. "Quando concluí o meu trabalho", disse a Elkins, "eu saí procurando por ela". Selecionou dez homens, incluindo um velho índio Sumu (Mayangna), que disse ter estado na Ciudad Blanca quando menino e se lembrava da localização. "Eu tive que suborná-los com uma grana pesada para fazê-los ir comigo. Nós subimos um longo trecho de um rio na selva, que eles chamam de Rio Wampu, e depois pegamos um afluente chamado Pao. Estávamos usando canoas todo esse tempo. Quando a correnteza acabou, tivemos que continuar a pé." Eles abriram caminho por terra. "É uma das selvas mais assustadoras do mundo", lembrou ele. "A área é muito montanhosa, muito acidentada e muito íngreme... Eu não conheço um lugar mais remoto no mundo."

Após seis dias de viagens brutais por terra, em 10 de março de 1960, Glassmire viu um monte incomum "como uma casquinha de sorvete gigante, de cabeça para baixo e coberta de vegetação". Em um pequeno campo aberto eles se depararam com artefatos espalhados no solo, incluindo algo que parecia ser um assento ou trono cerimonial, decorado com uma cabeça de animal. À medida que avançavam, "outros montes se projetavam para fora do tapete de selva sem fim [...] Também identifiquei pontos cinzentos salpicados por todo aquele verde reluzente. Meus binóculos de longo alcance revelaram o que realmente eram – ruínas de edifícios de pedra!".

"Encontrei!", gritou ele para seus guias indígenas. "Encontrei a Ciudad Blanca!"

Eles invadiram e percorreram a cidade durante três dias, mas ele estimou que o avanço pela selva foi tão lento que toda a exploração da cidade não somou mais que "uma caminhada ao redor do parque". Ele trouxe uma coleção de belas esculturas de pedra e outros artefatos, dizendo que teve que deixar "toneladas" para trás.

Glassmire tentou despertar o interesse de uma fundação ou uma universidade pela descoberta. A Universidade da Pensilvânia expressou o desejo de ter sua coleção, o geólogo contou a Elkins, e ele enviou a maioria de seus artefatos, fotografias e mapas, mas ainda manteve consigo muitas cabeças esculpidas e tigelas de pedra. Sua filha, Bonnie, ainda tem a coleção, que eu tive a oportunidade de ver. Ela contém vasos de pedra, metates (espécie de pilão) e cabeças de pedra de fino acabamento, incluindo uma fabulosa escultura de Quetzalcoatl, a Serpente Emplumada, idêntica a uma da coleção de Michael Rockefeller no Metropolitan Museum de Nova York. Os artefatos sugerem que ele encontrou um sítio principal, e uma fotografia tirada de um esconderijo de objetos nas ruínas mostra uma tremenda coleção de esculturas que ele teve que deixar para trás. Seus mapas desenhados à mão delineiam detalhes previamente desconhecidos de córregos na bacia hidrográfica superior do Rio Pao, provando que ele realmente penetrou naquela região inexplorada. Segundo a entrevista de Glassmire, a universidade montou uma expedição, mas, em vez de vir do mar e subir os rios de canoa, começou na cidade de Catacamas e tentou pegar um "atalho" pelas montanhas. "Três ou quatro deles foram mortos", disse ele, "dois por cobras" e os outros por doença. A expedição teve que voltar.

Eu não pude confirmar se essa expedição de fato aconteceu, e a Universidade da Pensilvânia insiste que não tem tal coleção (eu também verifiquei com a Penn State, caso ele estivesse enganado). Mas a filha de Glassmire, Bonnie, está igualmente convicta de que seu pai enviou alguns de seus materiais para o Museu de Arqueologia e Antropologia da Universidade da Pensilvânia.

Glassmire deu uma cópia de seu mapa para Steve Elkins. Não era tão detalhado a ponto de indicar a localização precisa, mas foi exato o suficiente para Elkins identificar mais tarde um vale que provavelmente continha a ruína de Glassmire. Elkins o chamaria de "Alvo 4" em sua pesquisa aérea enquanto procurávamos a Cidade Branca muitos anos depois. A descoberta de Glassmire foi um grande passo adiante: ela deu a Elkins um relato convincente de ao menos uma importante e desconhecida ruína no interior de Mosquitia. Ele a tomou como uma forte evidência de que as lendas da cidade perdida não eram fantasia.

A segunda investida de Elkins sobre o problema envolveu trazer a mais recente tecnologia da era espacial para a pesquisa. Para isso,

Elkins voltou-se para Ron Blom, do Laboratório de Propulsão a Jato. Ele sabia da busca bem-sucedida de Blom pela cidade perdida de Ubar, no deserto Rub'al Khali – conhecido como o Quarto Vazio, ou a quarta parte vazia –, na Península Arábica. Ubar, também chamada de Irã dos Pilares, havia sido mencionada no Alcorão, que dizia que "o Senhor derramou sobre eles um flagelo de punição" por corrupção, castigando a cidade e conduzindo-a para o interior das areias. Examinando imagens do Quarto Vazio do deserto a partir do espaço, Blom e sua equipe descobriram um padrão radiante de trilhas antigas de caravanas, não visíveis no chão, que convergia para o que já era conhecido por ser um antigo bar e *caravanserai*, um lugar onde as antigas caravanas de camelos passavam a noite. Os dados do satélite indicavam que havia ali muito mais do que um simples acampamento. Quando a equipe escavou, eles descobriram as ruínas de uma fortaleza, com mais de quinze séculos de idade, paredes maciças e oito torres, combinando com a descrição no Alcorão. Eles também descobriram o que havia acontecido: a constante remoção de água do reservatório condenou a fortaleza, que acabou afundando em um buraco e foi encoberta pela areia à deriva. A lenda registrada no Alcorão foi baseada em um evento real.

Elkins ligou para Blom e perguntou se ele estava interessado em procurar outra cidade perdida. Blom disse sim.

O problema, no entanto, era que Mosquitia oferecia um desafio maior do que o deserto da Arábia. O deserto é um livro aberto; o radar de abertura sintética pode perscrutar cerca de 5 metros ou mais dentro de suas areias secas. O importante aqui é "secas": as moléculas de água absorvem fortemente o radar. Por esta razão, a folhagem da selva é muito mais difícil de se ver através dele – uma folha grande bloqueia um feixe que conseguiria penetrar vários metros de areia seca. Sem desanimar pelo desafio, Blom e sua equipe começaram analisando os resultados de imagens de satélite de Mosquitia captadas em infravermelho e comprimentos de onda de luz visíveis. Eles analisaram no radar de abertura sintética as imagens tiradas do Ônibus Espacial. Blom combinou imagens, processou dados, tratou-os e aprimorou-os. Isso consumiu meses de esforço, mas finalmente parecia que Blom tirara a sorte grande. Ele e sua equipe identificaram uma área que parecia conter formas retilíneas e curvilíneas que não eram naturais. Eles denominaram tanto o vale e o destaque desconhecido como Alvo 1, ou A1.

Em 12 de maio de 1997, Elkins enviou um fax a um de seus parceiros, Tom Weinberg, com as novidades:

> Este vale é completamente rodeado por montanhas muito íngremes com exceção de um pequeno "corte" através das montanhas que permite o acesso. Há dois pequenos córregos que correm pelo vale. Este é um ponto perfeito para um assentamento [...] Do tipo que me lembra do filme "shangri-la"!

Animadamente, observou no final do fax que Blom tinha identificado um "objeto bastante grande (550 metros de acordo com a medição de ron) em forma de l".

O vale em si era impressionante: uma misteriosa formação geológica que parecia uma cratera ou uma tigela, cercada por uma encosta íngreme, criando uma fortaleza natural. De fato parecia muito com as descrições de Shangri-la ou, ainda mais apropriado, com o "mundo perdido" de Sir Arthur Conan Doyle. O terreno no interior do vale, banhado pelos dois rios, era agradável e amistoso, consistindo de colinas, terraços e planícies aluviais, bem adaptadas para a agricultura e o assentamento das civilizações antigas. As imagens de satélite não mostravam sinais de entrada humana, ocupação ou uso indígena; aparentava ser uma imaculada, intocada floresta tropical. Áreas de floresta tropical absolutamente desabitadas são muito raras no mundo de hoje; mesmo os mais remotos confins da Amazônia, por exemplo, ou as terras altas da Nova Guiné, são usados sazonalmente por povos indígenas e foram minimamente explorados pelos cientistas.

Era uma ideia empolgante, mas por enquanto era apenas uma ideia, uma hipótese. Mesmo com o processamento intensivo de imagens, a floresta tropical, com sua imensa cobertura tripla de 45 metros de folhagem, não revelou seus segredos. A maioria das imagens de satélite não confidenciais no final do século XX tinha uma resolução de solo grosseira de 27 metros – em outras palavras, a menor coisa que poderia ser vista nas imagens tinha de ter pelo menos 27 metros em um dos lados. As imagens mostravam contornos borrados que, se observados por tempo suficiente, não pareceriam naturais, mas estavam longe de ser uma prova definitiva. Eles eram um pouco como os borrões de Rorschach – talvez a mente estivesse vendo coisas que não estavam ali.

Ansioso para descobrir mais, Elkins se perguntou se o vale já havia sido explorado. Ele e seu parceiro, Tom Weinberg, rodaram o mundo atrás das pessoas que tinham passado algum tempo em Mosquitia, e as entrevistaram diante de uma câmera. Ele coletou histórias de arqueólogos, garimpeiros, contrabandistas de drogas, geólogos, saqueadores e aventureiros. Contratou pesquisadores que vasculharam os arquivos em Honduras e em outros lugares, revelando aos poucos as áreas de Mosquitia que foram exploradas e as que não foram.

Depois de muita pesquisa, determinou que A1 era verdadeiramente inexplorado. Praticamente todas as expedições ao interior de Mosquitia tinham subido os grandes rios e seus afluentes navegáveis. Os rios são as rodovias tradicionais da selva; as expedições que partiram desses rios nunca chegaram muito longe nas montanhas ferozes e intransponíveis. Mas o A1 não tinha rios navegáveis e era completamente murado por montanhas.

No final, foi um pressentimento que Elkins teve sobre o A1: "Eu simplesmente pensei que se eu fosse um rei, este seria o lugar perfeito para esconder meu reino".

CAPÍTULO 7
"O PEIXE QUE ENGOLIU A BALEIA"

CONVICTO DE QUE estava à beira de solucionar o mistério, Steve começou imediatamente a planejar uma expedição ao interior do A1. A logística era um pesadelo. A burocracia do governo hondurenho, que controlava as licenças, era errática e disfuncional. O ambiente político dividido significava que, se um político concordasse em ajudar, a oposição o bloqueava. Mas com persistência gentil e polidez em ambos os lados, juntamente com alguns fundos bem colocados, Elkins finalmente conseguiu as permissões para explorar o A1. Durante todo esse tempo, manteve cuidadosamente sua localização em segredo do governo, temendo que a informação pudesse levar a possíveis saques – um ato de equilíbrio diplomático de alto nível. Com sucesso, garantiu um financiamento de seis dígitos. Esperando evitar semanas de viagem brutal por terra, planejou ir de helicóptero.

Mas todos os planos chegaram a um abrupto fim em 29 de outubro de 1998, quando Honduras foi atingida pelo furacão Mitch. O Mitch despejou quase 1.000 mm de chuva em algumas áreas, causando inundações e deslizamentos de terra catastróficos, deixando 7 mil mortos, espalhando doenças e desencadeando saques e agitação civil. A tempestade infligiu danos a cerca de 70% do PIB do país e destruiu dois terços das rodovias e pontes de Honduras. A expedição teve de ser cancelada. Houve pouco consenso sobre quando e se em algum momento ela poderia ser retomada.

O presidente na época disse que a tempestade havia atrasado a economia hondurenha em meio século. Seguiram-se muitos anos de caos e colapso, em que a taxa de homicídios disparou, enquanto os investimentos e o sistema judiciário se desintegraram. Um negociante hondurenho disse a um repórter do *Telegraph* em 2013: "Este país está se transformando no perfeito apocalipse zumbi".

Há duas razões principais pelas quais Honduras teve tanta dificuldade em se reerguer depois da tempestade. A primeira foi o sistema de propriedade fundiária herdado da Espanha, no qual um pequeno número de famílias extremamente ricas acabava controlando a maior parte da terra. Porém, ainda mais debilitante era a relação insalubre do país com os Estados Unidos, cujas políticas míopes e interesses comerciais mantiveram Honduras politicamente instável por mais de um século. Desde a época de sua independência, em 1821, até os dias de hoje, Honduras vem sofrendo com uma história tumultuada que incluiu cerca de trezentas guerras civis, rebeliões, golpes e mudanças não planejadas no governo.

Pode-se dizer que a história moderna de Honduras começou em 1873, quando Júlio Verne apresentou a banana aos americanos em seu romance *A volta ao mundo em 80 dias*, no qual elogiava a fruta como sendo "tão saudável quanto pão e suculenta como creme". Originalmente oriundas da Ásia, as bananas foram cultivadas na América Central durante séculos desde que foram levadas para lá pelos espanhóis, mas eram uma iguaria exótica nos Estados Unidos por causa de sua escassez e de sua perecibilidade. Em 1885, um empreendedor de Boston, Andrew Preston,[7] juntamente com um sócio,

---

[7] Como minha família é de Boston, perguntei à minha prima Ellen Cutler, nossa genealogista da família de plantão, se Andrew tinha alguma relação conosco. Ela respondeu que ele era de fato meu primo em quinto grau – "outro capitalista imperialista na nossa árvore genealógica!".

criou a Boston Fruit Company com a ideia de usar rápidos navios a vapor, em vez de velejar, por longo tempo, para levar as bananas ao mercado antes que elas estragassem. Foi um sucesso: baratas e deliciosas, as bananas tomaram o país como uma tempestade. Na virada do século a companhia Boston Fruit, que mais tarde foi fundida à United Fruit Company, tinha lavrado 16 mil hectares de plantações de banana ao longo da costa norte de Honduras, tornando-se a maior empregadora no país. Esse foi o começo de uma longa e destrutiva relação entre as empresas americanas de banana e o Estado hondurenho, que ganhou o apelido pejorativo de "República das Bananas". A United Fruit e as outras empresas de frutas que logo se somaram tornaram-se infames por suas maquinações políticas e fiscais, golpes orquestrados, suborno e exploração de trabalhadores. Estrangularam a evolução do país e cultivaram uma forma corrupta e extrema de capitalismo de compadrio, na qual subvertiam o governo para seus próprios fins.

Uma figura central nesta história foi um americano chamado Samuel Zemurray, um jovem imigrante russo que começou como vendedor ambulante no Alabama. Quando ele tinha 18 anos, notou que os navios cargueiros da Boston Fruit que chegavam ao porto de Mobile estavam jogando fora as bananas que tinham amadurecido durante a viagem, porque elas estragariam antes que pudessem chegar ao mercado. Zemurray comprou uma carga dessas bananas maduras por quase nada, encheu vagões ferroviários e se dirigiu para o interior, telegrafando para os comerciantes ao longo do caminho para que fossem encontrar o vagão e comprar rapidamente suas bananas baratas. Quando completou 21 anos tinha lucrado mais de 100 mil dólares e se tornou conhecido como Sam, o Homem das Bananas. Zemurray fundou a Cuyamel Fruit Company, com dois cargueiros e 2 mil hectares de bananeiras na costa hondurenha. O apetite americano por bananas era insaciável (e ainda é; a banana é rotineiramente o item número um em vendas das superlojas do Walmart).

Enquanto as empresas de frutas estavam florescendo, a economia hondurenha estava em crise quase perpétua. Neste momento, os britânicos ainda eram os banqueiros do mundo, e tinham insensatamente emprestado ao país latino-americano muito mais dinheiro do que ele poderia pagar. A dívida pública de Honduras cresceu tanto que os britânicos estavam ameaçando declarar guerra para coletar o dinheiro. A possibilidade de o Reino Unido, ou de qualquer potência europeia, interferir na América Central era inaceitável para o presidente dos Estados Unidos, William Howard Taft. Em 1910, seu secretário de Estado, Philander Knox, recrutou J. P. Morgan em um esquema para comprar a dívida hondurenha dos britânicos – o que ele fez por quinze centavos ao dólar – e reestruturá-la. Nos termos do acordo que Morgan travou com o governo hondurenho, seus agentes ocupariam fisicamente os escritórios da alfândega hondurenha e interceptariam todas as receitas fiscais até que a dívida fosse saldada.

Isso enfureceu Zemurray. Ao longo dos anos, ele tinha criado uma rede de acordos favoráveis isentos de impostos com o governo hondurenho. Agora Morgan estava prometendo um imposto de banana tão pesado, de um centavo por libra, que a Cuyamel Fruit teria de fechar as portas em breve. Viajando para Washington para protestar contra esse novo arranjo, Zemurray teve uma reunião com Knox. Ela não foi boa. Knox fez um discurso para Zemurray com um ardor hipócrita, insistindo que o empresário fizesse sua parte para ajudar os excelentes banqueiros da J. P. Morgan a ganharem dinheiro para o bem do país. Zemurray saiu furioso, e o secretário de Estado ficou suficientemente preocupado com sua reação a ponto de ordenar que o Serviço Secreto o seguisse.

Zemurray via uma solução simples para o problema: destituir o governo de Honduras que tinha fechado o acordo com Morgan. Convenientemente, um ex-presidente deposto de Honduras, Manuel Bonilla, estava vivendo sem dinheiro em Nova Orleans, a alguns quarteirões da mansão de Zemurray. Evitando facilmente a vigilância do Serviço Secreto, Zemurray recrutou mercenários furtivamente para adquirir armas, conseguir um navio e contrabandear Bonilla de volta para Honduras. Enquanto isso, assegurou que a imprensa do país protestasse contra o "plano Morgan", enfatizando como ele subverteria a soberania hondurenha. O povo, já suspeitando do arranjo, logo foi despertado para o fervor revolucionário. A "invasão" funcionou; Bonilla retornou triunfante, o presidente de Honduras renunciou e Bonilla foi eleito com uma vitória esmagadora. Recompensou Zemurray com uma concessão isenta de impostos por 25 anos, um empréstimo de 500 mil dólares e um presente de 10 mil hectares de excelente terra de cultivo na costa norte.

Embora a dívida hondurenha continuasse em grande parte não paga, Zemurray alcançou uma notável vitória pessoal. Superou Knox, desafiou com sucesso o governo dos Estados Unidos, incomodou J. P. Morgan e acabou como um homem muito mais rico. Ao planejar a "invasão", cobriu seus rastros tão bem que as investigações contemporâneas sobre o esquema nunca foram capazes de implicá-lo ou provar que ele infringiu alguma lei. No entanto, ele também havia derrubado intencionalmente um governo para atingir seus próprios objetivos financeiros.

Sob a presidência de Andrew Preston, a United Fruit cresceu a ponto de ser a maior empresa de frutas e açúcar no mundo. Mas a Cuyamel Fruit de Zemurray também crescera e era agora poderosa o suficiente para envolvê-la em debilitantes guerras de preços. Em 1930, a United Fruit resolveu o problema comprando a Cuyamel Fruit, pagando a Zemurray 31 milhões de dólares em ações e dando-lhe um assento no conselho diretor. Mas a Grande Depressão atingiu a empresa duramente; após a morte de Preston em 1924, ela tornara-se inchada, lenta e mal administrada. Ao longo dos anos seguintes, Zemurray observou o declínio das ações da United Fruit em mais de 90%, encolhendo sua participação para 2 milhões de dólares. Tentou oferecer consultoria ao conselho, mas foi rudemente rejeitado. Nesse momento, a diretoria era dominada por membros da elite protestante de Boston, muitos dos quais – embora não todos – eram cruéis antissemitas; não gostavam do imigrante judeu que tinham admitido à força no conselho como parte do acordo da Cuyamel. Em uma fatídica reunião em 1933, Zemurray tentou novamente persuadir o conselho a considerar suas ideias para salvar a companhia; o presidente, um aristocrata decadente de Boston chamado Daniel Gould Wing, ouviu o pesado sotaque judaico de Zemurray com declarado desdém e, em seguida, ao som das risadas de outros membros do conselho, disse: "Infelizmente, Sr. Zemurray, eu não consigo entender uma palavra do que você diz".

Zemurray não era um homem a ser ignorado ou insultado. Tinha se dirigido para essa reunião em particular com uma arma de destruição em massa: uma pasta cheia de procurações de outros acionistas da United Fruit que lhe davam o controle majoritário da empresa e a autoridade para agir como bem entendesse. Então, saiu da sala, pegou a pasta, voltou e a arremessou na mesa, dizendo: "Você está demitido. Consegue entender *isso*, senhor presidente?". Ele se virou para o conselho e disse: "Vocês estão fodendo esse negócio há tempo demais. Eu vou consertá-lo".

Depois de derrubar o diretor, o presidente e a maioria do conselho, Zemurray assumiu a empresa gigantesca e atrapalhada, despertou-a de seu estupor, e rapidamente lhe devolveu a lucratividade. Esse movimento dramático fez com que o *New York Times* chamasse Zemurray de "o peixe que engoliu a baleia".

Com o controle total da United Fruit, Zemurray manteve mãos de ferro sobre os políticos hondurenhos até se retirar dos negócios em 1954, para se dedicar em tempo integral à filantropia. Na parte final de sua vida, talvez para compensar suas transações discutíveis no passado, Zemurray fez doações abundantes a causas da América Central, escolas e empreendimentos filantrópicos; desempenhou um papel significativo na fundação de Israel; subsidiou uma cadeira feminina em Harvard, o que levou à nomeação da primeira professora titular da universidade; e financiou a revista progressista *The Nation*. Zemurray foi um homem notável, brilhante, complexo e contraditório.[8]

Mas, por mais pitoresca que tenha sido sua história, deve ser dito que Preston, Zemurray e as empresas de frutas deixaram um sombrio legado colonialista que paira como um miasma sobre Honduras desde então. O efeito das empresas de frutas no desenvolvimento de Honduras foi profundamente danoso. Embora o país tenha acabado por emergir de seu domínio, esse legado de instabilidade e de intimidação corporativa ainda vive na disfunção política das frágeis instituições nacionais e nas relações acolhedoras entre famílias poderosas, nos interesses empresariais, no governo e nas forças armadas. Essa fraqueza ampliou os efeitos desastrosos do furacão Mitch. O país foi vítima de narcotraficantes. Políticas antidrogas eficazes e invasões na Colômbia nos anos 1990 empurraram muito do tráfico desse país para Honduras. Os traficantes fizeram de Honduras o principal ponto de transbordo de cocaína entre a América do Sul e os Estados Unidos, e Mosquitia estava no centro disso. Pistas de pouso toscas foram abertas na selva e usadas para desembarques noturnos de drogas vindas da Venezuela – a carga valendo muito mais do que o avião e a eventual morte de um piloto. A taxa de homicídio disparou, enquanto a aplicação da lei e o sistema judicial desmoronaram. Gangues violentas tomaram o controle de grandes faixas das principais cidades, envolvendo-se em esquemas de extorsão e proteção, bem como criando zonas proibidas para militares e policiais, exceto quando os próprios

---

[8] Seu legado positivo continua vivo: sua filha, Doris Zemurray Stone, tornou-se uma arqueóloga e etnógrafa conhecida que fez um trabalho inovador em Honduras e na Costa Rica. Ela e o marido fundaram o Stone Center for Latin American Studies na Universidade de Tulane.

policiais estavam envolvidos nas atividades, o que não era incomum. A persistente violência das gangues fez com que milhares de famílias hondurenhas desesperadas quisessem enviar seus filhos para o norte, muitas vezes sozinho, em busca de segurança nos Estados Unidos.

Não havia como Elkins conseguir permissão ou organizar uma expedição nesse ambiente. O país parecia não ter solução. Ele desistiu da busca pela Cidade Branca, aparentemente em definitivo. Disse-me então: "Para mim já deu. Parei. Talvez esse seja um mistério que não poderei resolver".

CAPÍTULO 8
"LASERS NA SELVA"

DEPOIS DE DESISTIR da Cidade Branca, Elkins voltou sua atenção para o segundo item na lista de mistérios de Steve Morgan: o Saque de Lima. Ele esperava, entre outras coisas, que a tecnologia de ponta sobre a qual aprendera na busca pela Cidade Branca também pudesse ser aplicada para caçar um tesouro enterrado. Essa busca, para a qual ele também me convocou, consumiria os dez anos seguintes de sua vida.

Também conhecido como o tesouro da Ilha Cocos, o Saque de Lima era uma suposta fortuna em ouro e gemas – de valor estimado em torno de um bilhão de dólares – que se acreditava ter sido subtraída de Lima, no Peru, em 1821, durante a Guerra de Independência Peruana. A cidade de Lima estava sob cerco, e o vice-rei espanhol queria manter o vasto tesouro da cidade fora das mãos dos revolucionários, caso ela caísse nas mãos dos rebeldes.

Os revolucionários haviam bloqueado o porto, mas estavam permitindo a passagem de navios estrangeiros não combatentes. O vice-rei secretamente confiou o tesouro a um navio britânico capitaneado por um inglês que ele conhecia bem. Apenas por precaução, colocou a bordo um contingente de soldados e padres espanhóis para guardar o tesouro. O plano era que o navio passasse pelo bloqueio e depois trouxesse o tesouro de volta se a cidade tivesse conseguido repelir os invasores, ou o levasse para o erário espanhol no México para sua segurança.

Mas, segundo a história, a tentação do tesouro era grande demais. Na primeira oportunidade após o bloqueio, a tripulação britânica assassinou os soldados e os sacerdotes, jogou seus corpos no mar e, em seguida, partiu com as riquezas. Perseguidos pelos espanhóis, eles desembarcaram na ilha Cocos, uma massa terrestre vulcânica, remota e desabitada, no Oceano Pacífico. Lá enterraram o tesouro e partiram. Logo foram capturados por uma fragata espanhola. Os espanhóis enforcaram os oficiais e a tripulação por pirataria, poupando apenas as vidas do capitão e do primeiro imediato, sob a condição de que eles os levassem de volta ao tesouro.

Quando chegaram de volta a Cocos, os dois homens escaparam para o interior montanhoso da ilha. Os espanhóis os caçaram durante semanas, até que seus suprimentos ficaram baixos e eles tiveram que desistir e ir embora. O capitão e o primeiro imediato acabaram sendo resgatados por um navio baleeiro que acreditava que eles tinham naufragado. Em segredo, o capitão e o primeiro imediato britânicos desenharam um mapa e prepararam outros documentos gravando a localização do tesouro enterrado, com a intenção de retornar para buscá-lo na primeira oportunidade. O capitão morreu pouco depois. O primeiro imediato, um escocês chamado James Alexander Forbes, acabou se estabelecendo na Califórnia, casou-se com a filha de uma proeminente família espanhola e tornou-se o patriarca de uma rica dinastia californiana proprietária de terras. Ficou tão envolvido com negócios e fez tanto dinheiro tão rapidamente que nunca tentou recuperar o tesouro, mas supostamente deu a seu filho mais velho, Charles, os mapas e os documentos indicando sua localização. Esses materiais têm sido passados dentro da família Forbes, de pai para filho, até os dias atuais.

Depois que o furacão Mitch afundou seus sonhos de encontrar a Cidade Branca, Elkins e seus parceiros se uniram aos descendentes da família Forbes que ainda possuíam os documentos e começaram a fazer planos para recuperar o tesouro. Como a ilha, agora um parque nacional, havia mudado muito ao longo dos anos, muitos pontos de referência tinham se perdido. Elkins fez questão de experimentar os últimos avanços tecnológicos no sensoriamento remoto de metais enterrados sob o solo. Ele e seus parceiros passaram anos tentando levantar dinheiro e obter as autorizações necessárias do governo da Costa Rica, a quem a ilha pertencia, mas o projeto fracassou antes de chegar ao ponto de uma expedição real. Presume-se que o tesouro, se estiver mesmo lá, ainda não foi descoberto.

Agora estávamos em 2010. Steve Elkins, aos 59 anos de idade, tinha passado os últimos vinte anos de sua vida e gastado muitos milhares de dólares tentando resolver dois dos mistérios mais duradouros do mundo – e de nada havia adiantado.

E então, naquele mesmo ano desanimador, Elkins leu um artigo na revista *Archaeology* intitulado "*Lasers* na selva". O artigo descrevia uma tecnologia poderosa chamada LIDAR, ou Light Detection and Ranging [detecção e medição por meio de luz], que acabara de ser usada para mapear a cidade maia de Caracol, em Belize. O mapeamento *lidar* de Caracol foi um divisor de águas na arqueologia. O artigo o deixou perplexo: ele percebeu que poderia finalmente ter a ferramenta de que precisava para localizar a Ciudad Blanca.

Os exploradores descobriram Caracol nos anos 1930 e perceberam que ela era uma das maiores cidades do império maia. O artigo trazia a história do casal Arlen e Diane Chase, que, na década de 1980, havia iniciado a árdua tarefa de mapear Caracol e seus arredores. Por 25 anos, os Chase e as equipes de assistentes e estudantes perambularam pelas florestas debaixo de chuva, registrando e medindo cada parede, rocha, caverna, terraço, estrada, túmulo e estrutura que puderam encontrar. Em 2009, eles criaram alguns dos mapas mais detalhados já feitos de uma cidade maia.

Mas ao longo dos anos de trabalho, os Chase se sentiram continuamente frustrados. A cidade era enorme, e sempre havia a incômoda sensação de que ainda existia muita coisa que eles não estavam encontrando devido à densidade da selva, às dificuldades e aos perigos do mapeamento em tal ambiente. "Nós abríamos caminho com facões", escreveram, "nos esgueirávamos através da vegetação rasteira e imaginávamos o que estávamos perdendo". Eles ansiavam por uma maneira melhor de mapear a cidade sem, disseram eles, "passar outros 25 anos no campo".

E então eles se voltaram para uma nova ferramenta: o *lidar*. Embora o *lidar* tenha sido usado para traçar a superfície da lua e fazer mapeamento terrestre em grande escala, somente na década anterior ele ganhou a resolução necessária para distinguir elementos arqueológicos numa escala precisa. Havia sido usado para mapear as ruínas de Copán após o furacão, mas seu uso na América Central se restringia a esse fim. Os Chase somaram forças com a NASA e o National Center for Airborne Laser Mapping (NCALM)[9] na Universidade de Houston para mapear Caracol usando o sistema *lidar*, uma tecnologia muitas vezes mais poderosa do que o radar e o satélite de dados disponíveis para Blom. A melhor resolução terrestre que Blom poderia obter em meados dos anos 1990 era de cerca de 27 metros; o *lidar* prometia uma resolução de mais de um metro, mesmo sob a cobertura da floresta.

O NCALM possuía um pequeno bimotor Cessna Skymaster que tinha tido seu interior removido para poder transportar uma grande caixa verde contendo a máquina *lidar* de milhões de dólares. Um piloto treinado em missões lunares pilotou a aeronave de Houston para Belize, onde se juntou a três engenheiros de mapeamento.

---

[9] Centro National de Mapeamento *Laser* Aerotransportado – NCALM. [N.T.]

A equipe voou em cinco missões sobre Caracol e seus arredores, varrendo a floresta tropical com *lasers*, um processo que levou um pouco mais de uma semana.

Quando as imagens voltaram, os Chase ficaram chocados. "Aparentemente sem esforço", escreveram eles, "o sistema produziu uma visão detalhada de aproximadamente 207 quilômetros quadrados – dos quais apenas 13% já havia sido mapeado – revelando topografia, estruturas antigas, calçadas e terraços agrícolas, "bem como cavernas, terraços, edifícios, túmulos, dezenas de milhares de elementos arqueológicos que seu mapeamento de solo havia perdido. Em cinco dias, o *lidar* realizou sete vezes mais do que os Chases conseguiram em 25 anos.

O trabalho deles declarou o *lidar* como uma "revolução científica" e uma "mudança no paradigma arqueológico". Foi, disseram eles, o maior avanço arqueológico desde a datação por carbono-14.

CAPÍTULO 9
"ERA ALGO QUE NINGUÉM HAVIA FEITO"

QUANTO MAIS ELKINS estudava o *lidar*, mais convencido ficava de que, se a cidade perdida existisse e ele tivesse coragem de retomar a pesquisa, o *lidar* iria encontrá-la. Sua empolgação, no entanto, foi minada pela ideia de tentar obter a permissão do governo hondurenho, o que tinha sido um pesadelo em tempos passados. O governo havia mudado de mãos várias vezes e sofrido um golpe militar, e o processo de licenciamento parecia mais assustador do que nunca. "Eu me perguntei", Elkins me disse, "se queria passar por toda aquela palhaçada de novo". Nos doze anos que tinham se passado, Mosquitia havia se tornado extremamente perigosa, uma vez que era a principal rota de fuga dos traficantes de cocaína, uma região onde aviões não identificados podem ser abatidos tanto pelos Estados Unidos quanto por militares hondurenhos.

Então aconteceu uma daquelas loucas coincidências que um romancista não ousaria colocar em um livro. Enquanto Steve Elkins estava ponderando o que fazer, ele recebeu uma ligação de seu velho amigo e mediador em Honduras, Bruce Heinicke.

Bruce e sua esposa hondurenha, Mabel, haviam se mudado para St. Louis em 1996, depois que a irmã de Mabel foi assassinada em Honduras. Bruce desistiu de sua carreira de contrabando de drogas e saques e se estabeleceu em atividades mais mundanas. Mas ele, como Elkins, não podia renunciar a sua obsessão em encontrar a Cidade Branca.

No final de 2009, Mabel retornou a Tegucigalpa, sem Bruce, para assistir ao funeral de seu pai. Na época, o país estava se recuperando de um golpe militar. O golpe tinha ocorrido no início do ano, quando o então presidente esquerdista, José Manuel Zelaya, se empenhou fortemente para realizar um referendo a fim de emendar a Constituição e poder disputar um segundo mandato. O Supremo Tribunal decidiu que a tentativa era ilegal; Zelaya desafiou o tribunal; e o Congresso hondurenho ordenou sua prisão. Bem cedo num domingo de manhã, os militares desarmaram a guarda presidencial, tiraram Zelaya da cama e o puseram em um avião para a Costa Rica, onde, no aeroporto, fez um discurso inflamado de contestação ainda vestindo o pijama. A imprensa relatou que Zelaya havia sido forçado a sair do país com tanta pressa que não lhe permitiram se vestir, mas alguns funcionários hondurenhos me disseram mais tarde que ele tinha sido autorizado a se vestir e levar algumas roupas com ele, mas, num momento de astuta habilidade teatral, voltou a vestir o pijama no avião, a fim de angariar mais simpatia e indignação.

Os militares devolveram o poder para o setor civil e as eleições foram realizadas cinco meses depois. Essas eleições amargamente contestadas levaram ao poder Porfirio "Pepe" Lobo Sosa. Enquanto Mabel estava na igreja para o funeral, ela ouviu que Pepe, o novo presidente eleito, estaria participando de cerimônias na mesma igreja no sábado seguinte com seu gabinete, para obter a bênção de Deus para seu próximo mandato de quatro anos.

Ela mencionou esse fato em uma ligação para Bruce, que pediu a ela que aproveitasse a oportunidade. Mabel me disse em uma entrevista: "Bruce ficou falando sobre isso a semana inteira. 'Você chega perto desse cara', disse, 'e explica a ele sobre a Cidade Branca. Faça isso e deixe o resto comigo'".

No dia da visita do presidente, ela foi à igreja com seu irmão, Mango, o astro do futebol hondurenho, para tentar encurralá-lo. O lugar estava lotado. O governante chegou atrasado, com vinte guarda-costas e um contingente de policiais locais com rifles.

Após a cerimônia, Mango disse a Mabel para ficar em seu assento que ele cuidaria de tudo. Subiu para conversar com o pastor, mas, enquanto a conversa deles se arrastava, ficou claro para Mabel que ele não estava chegando a lugar algum. Enquanto isso, o presidente e sua comitiva se levantaram para sair, e Mabel percebeu que estava prestes a perder a oportunidade. Levantou-se do assento e atravessou a multidão, empurrando as pessoas para o lado. Dirigiu-se ao presidente, que estava cercado por um cordão de guarda-costas com os braços unidos. Chamou-o pelo nome – "Pepe! Pepe!" –, mas ele a ignorou. Finalmente ela abriu o caminho até os guardas, estendeu a mão sobre eles e agarrou o braço do presidente. "Pepe, eu preciso falar com você!"

"Ok", respondeu ele, virando-se para ela resignadamente, "você tem minha atenção".

"Eu disse aos guarda-costas: 'Com licença, deixem-me passar'. Eles balançaram a cabeça negativamente e colocaram as mãos nas armas. Estavam dando as mãos com muita força e eu estava tentando empurrá-los. Pepe ria e eu disse a ele: 'Você pode dizer-lhes para me deixar passar?'. Eles obedeceram, e então tornaram a fechar o círculo ao meu redor de mãos dadas novamente, muito apertadas.

"Perguntei se ele ouvira falar sobre a Ciudad Blanca. Ele disse que sim. Eu disse que meu marido tentava encontrar a cidade havia vinte anos. Ele disse: 'Isso parece interessante, continue'. Eu disse que meu marido esteve lá.[10] Ele perguntou: 'Seu marido pode ir até lá novamente?'. E eu respondi: 'É para isso que precisamos de sua permissão'."

---

[10] Isso, claro, é um exagero. Enquanto ouvia mais das histórias de Bruce, percebi que ele habitualmente se referia a quase qualquer grande ruína em Mosquitia como a "Cidade Branca".

Lobo olhou para ela e finalmente respondeu: "Ok, você chegou até aqui. Você me pegou só Deus sabe como. Eu ouvi sobre essa cidade, mas nunca soube de ninguém que esteve lá fisicamente. Eu confio em você e quero que confie em mim. Vou apresentar você a um membro do meu gabinete. Ele falará por mim e será capaz de conseguir suas permissões e tudo de que você precisar para conseguir fazer isso. Seu nome é Áfrico Madrid".

Então Mabel foi até o lugar onde o gabinete havia se reunido e encontrou Áfrico. "Eu comecei a falar com ele sobre o projeto. Ele disse: 'Uau, isso soa interessante', e: 'Se o presidente disse a você que vamos fazer isso, vamos fazer. Eu vou conseguir tudo de que você precisa'."

Eles trocaram endereços de e-mail.

Quando Mabel estava indo embora, viu o presidente entrando em seu carro e correu até ele, pedindo para tirar uma foto com ele em seu celular. Ele aceitou e então pediu o aparelho, dizendo que queria falar com o marido dela. Ela o entregou para ele, que ligou para Bruce Heinicke nos Estados Unidos.

"Estou sentado em St. Louis, e aí toca o telefone", Heinicke disse para mim. "É o presidente de Honduras. Ele me pergunta: 'Você realmente sabe onde ela fica?'. Eu disse: 'Sim, senhor'. Ele disse: 'Eu quero fazer isso. Vai ser bom para o país.'"

O presidente desligou o telefone e o devolveu a Mabel, dizendo: "Agora eu posso ir?".

"Sim, Pepe", ela disse, "você pode ir". Mabel se lembra: "Ele arrancou como se eu fosse persegui-lo e pedir outra coisa!".

Elkins ficou surpreso e cético quando ouviu essa história bizarra, que coincidiu com sua leitura do artigo sobre o *lidar*. Mas quando foi em busca de confirmação com Bruce e com o novo governo hondurenho, descobriu que era verdade. O presidente Lobo ficou entusiasmado com o projeto, vendo as vantagens que tal descoberta traria ao seu país, bem como seu potencial para reforçar sua própria popularidade instável.

Com a bênção do presidente e sua permissão assegurada, Elkins voou para Houston para se reunir com o pessoal do National Center for Airborne Laser Mapping, que havia mapeado Caracol, para tentar persuadi-los a assumir sua empreitada. O NCALM é um projeto conjunto da Universidade de Houston e da Universidade da Califórnia financiado pela National Science Foundation, e sua missão se restringe à pesquisa acadêmica e científica, não à exploração rústica de cidades perdidas que provavelmente não existem. O principal coinvestigador e cientista-chefe do NCALM é um homem chamado William Carter, um dos pais do *lidar*. Enquanto estudante de pós-graduação, Carter tinha trabalhado nas missões Apollo e ajudado a projetar e operar uma das primeiras estações de *laser* lunar, capaz de medir a distância da Terra até a Lua com uma precisão de alguns centímetros.

Elkins passou o dia tentando convencer Carter e Ramesh Shrestha, diretor do NCALM, bem como sua equipe, a participar da busca pela cidade perdida. Era uma proposta excêntrica, diferente de qualquer coisa que o NCALM havia feito no passado. Com Caracol, eles estavam mapeando um sítio de renome mundial e com resultados garantidos; o projeto de Elkins era um tiro no escuro que podia ser uma perda de tempo e um constrangimento científico. O *lidar* nunca tinha sido usado antes como uma ferramenta de pura exploração arqueológica – isto é, procurar algo que ninguém poderia ter certeza de que existisse.

"Nós realmente não sabemos se há alguma coisa lá", Shrestha disse. "A questão é: podemos encontrar alguma coisa?" Mas Carter ficou impressionado por Elkins já ter envolvido a NASA na busca pela cidade. Ele olhou para as imagens de Ron Blom do A1 e sentiu que havia o suficiente para assumir o risco.

Foi um projeto arriscado em muitos níveis. Shrestha lembrou as discussões que tiveram. "Era algo que ninguém havia feito. Tinha o potencial de encontrar alguma coisa e ter um impacto significativo no campo arqueológico. Eu disse explicitamente para Steve:

'Olha, isso é um projeto experimental. Nós faremos o melhor que pudermos. Não podemos prometer que vai funcionar – e não podemos levar a culpa se isso não acontecer!'". Shrestha e Carter, porém, foram ambos atraídos pelo desafio de tentar mapear o terreno sob a floresta tropical mais densa da Terra. Se o *lidar* funcionasse em Mosquitia, funcionaria em qualquer lugar. Seria o melhor teste para aquela tecnologia.

Uns poucos membros da equipe do NCALM eram mais céticos. "Havia alguns na minha equipe", disse Shrestha, "que diziam que não conseguiríamos fazer isso" porque a floresta tropical é densa demais.

"'Sem tentar antes', eu disse, 'você não pode me dizer que não é factível'".

Outros ficaram preocupados porque não havia arqueólogos envolvidos. "Steve Elkins é um cara do *cinema*", Michael Sartori, o cientista chefe de mapeamento do NCALM, disse-me mais tarde. "Eu disse muitas vezes aos meus colegas de trabalho que isso era uma má ideia, que este não é o tipo de projeto que deveríamos estar fazendo. Este não é o modo normal de fornecer dados de qualidade para os acadêmicos no campo da arqueologia."

A primeira proposta de Elkins ao NCALM foi que eles vasculhassem toda a Mosquitia com o *lidar*. Mas, quando ele descobriu que isso custaria milhões de dólares, reduziu a área de busca para cerca de 130 quilômetros quadrados. Esse mapeamento seria executado por cerca de 250 mil dólares em custos diretos e um montante similar em custos de suporte.

O A1 tinha apenas 51 quilômetros quadrados. Caso o A1 se mostrasse vazio, Steve escolheu três outras áreas inexploradas para pesquisar. Ele as chamou de A2, A3 e A4. A2 era um vale profundo rodeado de penhascos de calcário branco sobre o qual também havia rumores de conter a Cidade Branca. A3 era uma área como A1 – difícil de se chegar, cientificamente inexplorada, uma paisagem mais suave com grandes áreas abertas, isolada por montanhas. A4 era o vale onde Elkins acreditava que Sam Glassmire havia encontrado sua ruína.

Elkins fez uma pesquisa intensiva sobre as quatro áreas-alvo para ver se alguma exploração recente havia sido feita, arqueológica ou de outro tipo. Ele juntou os últimos mapas de todos os sítios arqueológicos conhecidos de Mosquitia. Vasculhou os arquivos do Instituto Hondurenho de Antropologia e História procurando por relatórios não publicados e pesquisou o registro oficial hondurenho de sítios arqueológicos.

No decorrer do século XX, os arqueólogos haviam identificado cerca de duzentos sítios em Mosquitia. Isso é quase nada quando comparado às centenas de milhares registradas na região maia, ou aos 163 mil sítios arqueológicos registrados no meu estado natal do Novo México. Esses duzentos locais de Mosquitia variavam desde grandes assentamentos com enormes estruturas de terra até muitos locais menores, cavernas funerárias, arte rupestre e artefatos dispersos que pareciam pertencer à mesma cultura generalizada. Muitos desses sítios, ao contrário da área maia, eram simplesmente pontos em um mapa que nunca tinham sido pesquisados com precisão, e praticamente nenhum deles foi totalmente escavado. Um século de arqueologia em Mosquitia produziu poucas respostas, e muito do trabalho que foi feito era limitado, superficial ou de baixa qualidade. Os arqueólogos ainda não tinham conseguido responder algumas das questões mais básicas dessa cultura – quem eram eles, de onde vieram, como viviam e o que aconteceu com eles. Sem dúvida, Mosquitia abrigava muitos, muitos sítios desconhecidos que revelariam segredos essenciais.

Elkins não conseguiu encontrar absolutamente nenhuma evidência em arquivo de que alguém tivesse um dia pesquisado A2, A3 ou (além de Glassmire) A4. Sem qualquer registro de entrada humana, eles estavam em branco, desconhecidos para a ciência. Mas seriam eles também desabitados? Os arquivos não documentavam uso indígena das áreas para caça e coleta.

Elkins solicitou as últimas imagens de satélite das quatro áreas-alvos. Quando a imagem chegou, ele teve um choque. A fotografia de satélite mais recente do A4, o vale que continha a Cidade Branca de Glassmire, mostrou que ele era marcado por várias porções de desmatamento ilegal. Desmatamento e saques arqueológicos andam de mãos dadas; a ruína de Glassmire, se existia, teria sido descoberta e silenciosamente saqueada, seus artefatos móveis provavelmente disseminados no mercado clandestino ou transportados por moradores locais. Mas Elkins também sabia que havia muitas grandes ruínas em Mosquitia, conhecidas e desconhecidas, qualquer uma das quais poderia ser a lendária Cidade Branca, se ela de fato existisse como fora descrita, que na época era uma questão em aberto. Elkins eliminou A4 da lista.

Infelizmente, o destino do A4 estava longe de ser incomum. As florestas tropicais hondurenhas estão desaparecendo a uma taxa de pelo menos 120 mil hectares por ano. Entre 1990 e 2010, Honduras perdeu mais de 37% de sua floresta tropical para o desmatamento. Todos os alvos de interesse de Elkins estão dentro ou perto das protegidas Reserva da Biosfera Tawahka Asagni e Reserva da Biosfera do Rio Plátano, mas a proteção e a aplicação da lei são fracas. Sua localização remota, as montanhas escarpadas e a hostilidade da selva não são páreo para os lucros a serem obtidos com a extração de madeira e a pastagem de gado. A arqueologia está numa corrida contra o desmatamento; no momento em que os arqueólogos conseguem chegar a um sítio de floresta tropical para pesquisá-lo, ele pode muito bem ter desaparecido, vitimado primeiro pelo machado de lenhador e então pela pá do saqueador.

As permissões para trabalhar com o *lidar* na floresta tropical de Mosquitia foram concedidas em outubro de 2010. Elas vieram com a bênção do presidente e do ministro do Interior e da População, Áfricano Madrid, juntamente com o apoio integral do Instituto Hondurenho de Antropologia e História (IHAH) e seu chefe, Virgílio

Paredes. O novo governo de Honduras havia comprado totalmente a ideia da pesquisa.

O presidente "Pepe" Lobo assumiu o cargo depois de uma disputada eleição em um dos pontos mais baixos da história do país. A economia hondurenha era a segunda mais pobre das Américas. Grandes áreas do campo, cidades e partes de alguns grandes centros urbanos haviam sido tomadas por narcotraficantes. As gangues tinham proliferado e estavam praticando esquemas brutais de extorsão e sequestro. A taxa de homicídios, já a mais alta do mundo, continuava subindo rapidamente. A corrupção era galopante. O sistema judicial e a aplicação da lei estavam em colapso. As pessoas estavam empobrecidas, à deriva, cínicas e inquietas. O golpe de 2009 deixou o país, incluindo a comunidade arqueológica, amargamente fraturados. Honduras era um país que precisava desesperadamente de boas notícias A descoberta da Cidade Branca, o presidente Lobo me disse mais tarde, seria essa boa notícia.

CAPÍTULO 10
"EU NUNCA MAIS VOLTARIA PARA AQUELE RIO. É O LUGAR MAIS PERIGOSO DO PLANETA, AQUELE RIO."

COM AS PERMISSÕES em mãos, Elkins foi tentar arrecadar o dinheiro. Pediu a um amigo, o cineasta Bill Benenson, para ajudá-lo a encontrar investidores para um projeto de filme documentando a busca. Benenson conhecia um monte de gente abastada mas, depois de pensar no assunto por um tempo, ele decidiu procurar o dinheiro em seu próprio bolso. Aquela era uma oportunidade boa demais: ele mesmo financiaria a expedição. Benenson e Elkins acabariam dividindo seus papéis como codiretores do documentário, com Benenson sendo o único produtor e Tom Weinberg e Steve creditados como coprodutores.

Com 72 anos na época do projeto, Benenson é um homem em forma e bonito, com uma barba bem aparada. Fala com ponderação, pesando cada palavra, e não parece um homem que assume riscos. Ele admitiu que o projeto era uma "insanidade incrível", mas que se sentiu tentado a lhe dar uma chance. "Estou *interessado* nesta história. E também nesta cidade perdida e em todos os aventureiros, mentirosos e loucos que vêm procurando por ela. Se é pra fazer apostas com um projeto de filme, pensei, era neste que colocaria meu dinheiro. Este foi meu palpite seguro."

O avô de Benenson, Benjamin, veio da Biclorrússia para os Estados Unidos no final do século XIX e estabeleceu-se no Bronx, em Nova York. Trabalhou como carpinteiro, inicialmente construindo casas para outras pessoas, e depois passou a construir para si mesmo. Hoje, a Benenson Capital Partners, da qual Bill é o diretor, é uma das principais empresas imobiliárias, possuindo importantes propriedades em Manhattan e em outros lugares. Mas o verdadeiro amor de Benenson é o cinema e sua interseção com a antropologia e a arqueologia. Saindo da faculdade, juntou-se ao Corpo da Paz e passou dois anos no Brasil, onde fez seu primeiro filme, *Diamond Rivers*, que foi ao ar na PBS. Hoje ele é creditado em mais de vinte longas-metragens e documentários. Foi um dos produtores executivos do documentário *Beasts of No Nation*, e dirigiu e produziu *The Hadza: Last of the First*, sobre as últimas pessoas verdadeiramente caçadoras-coletoras da África Oriental.

Benenson tinha um olho aguçado para projetos inusitados e acreditava que, mesmo que nada fosse encontrado, o fracasso de mais uma busca insana pela cidade lendária renderia um filme envolvente. Elkins e Benenson, com outros parceiros, criaram uma companhia chamada UTL, LLC – "Sob o *Lidar*" – para administrar os detalhes da expedição e do filme.

Com as coisas finalmente começando a dar certo em seu projeto de décadas de idade, Elkins começou a montar uma equipe. Nós dois mantivemos contato durante anos, e ele me perguntou se eu escreveria sobre a busca para a *New Yorker*, revista na qual ocasionalmente eu publicava artigos sobre arqueologia. Eu concordei, mas não sem relutância. Verdade seja dita, eu estava tão cético sobre o resultado que decidi não apresentar a pauta para a *New Yorker* até o fim da expedição – e fazê-lo somente se eles encontrassem alguma coisa. Não quis arriscar parecer um completo idiota caso a varredura do *lidar* não desse resultado, o que pensei ser provável, dado que todas as tentativas para encontrar a cidade perdida nos últimos quinhentos anos tinham terminado em fraude ou em fracasso. Quando confessei isso a Steve, ele disse: "Bem, se dermos com os burros n'água, pelo menos você terá ganhado umas férias".

Em 28 de abril de 2012, os dez membros da expedição se encontraram em Houston e voaram para a ilha de Roatán, no Golfo de Honduras. Roatán é um mundo à parte do continente hondurenho; com 48 quilômetros de comprimento e cerca de três quilômetros de largura, é um paraíso tropical de praias de areia peroladas, águas de um azul-turquesa, recifes de corais deslumbrantes, vilas de pescadores e *resorts* luxuosos – um belo destino para navios de cruzeiro e mergulhos. Por causa de sua história como colônia britânica, o inglês é o idioma principal.

Por mais agradável que fosse para passar férias, Elkins e Benenson tinham escolhido Roatán, acima de tudo, porque o aeroporto da ilha oferecia melhor segurança do que o do continente para o nosso avião e sua carga secreta. O Departamento de Estado havia emitido uma permissão de duas semanas para o avião deixar o país, mas exigia que ele fosse mantido em uma área restrita e de alta segurança, com guardas armados protegendo-o dia e noite. Elkins e Benenson contrataram militares de Honduras para fazerem o trabalho.

Roatán, estando na parte nordeste do país, também era bem situada em relação a Mosquitia: as três áreas-alvo ficavam a cerca de uma hora de voo. No entanto, tinha uma desvantagem: o aeroporto de Roatán era proibido de estocar combustível de aviação. Por causa do narcotráfico, os combustíveis eram controlados com rigidez em Honduras. Os tanques eram rotineiramente sequestrados, os motoristas mortos e o combustível desviado para o tráfico de drogas. O Cessna teria que aterrissar no aeroporto de La Ceiba, no continente, para reabastecer após cada voo do *lidar* antes de retornar a Roatán.

Na nossa sede, o Parrot Tree Plantation, na costa sul da ilha, a equipe da expedição ocupou um grupo de bangalôs com telhados vermelhos, espalhados ao longo das margens de uma lagoa azul-turquesa, rodeada de praias de areia branca, fontes gorgolejantes e palmeiras farfalhantes. As suítes tinham banheiros de mármore, cozinhas com bancadas de granito e quartos decorados em madeira tropical bem polida. O complexo era climatizado a níveis glaciais. Atrás dos bangalôs estendia-se uma enorme piscina de água doce, situada entre rochas falsas, quedas d'água, pontes e ramos de flores tropicais salpicadas de orvalho, com pérgulas envoltas em lençóis de neve e cortinas de chiffon ondulando na brisa tropical. Na marina adjacente, iates de milhões de dólares repousavam em suas docas, banhados pelas águas do Caribe, seus cascos polidos ardendo no sol. As colinas acima eram salpicadas com moradias caiadas de branco.

"Por que ficar desconfortável?", disse Elkins enquanto nos reuníamos para jantar caudas de lagosta grelhada sob uma *palapa*, um tipo de quiosque na praia, olhando sobre a lagoa, céu noturno com as estrelas brilhando e as ondas sussurrando ao longo da praia.

Esses ambientes luxuosos, no entanto, apenas aumentaram o clima ansioso da expedição. Depois de decolar de Houston, o minúsculo Cessna ficou preso no arquipélago de Florida Keys, aterrado por uma série de tempestades sobre o Golfo. Podiam passar-se dias até que o tempo ficasse limpo. Benenson e Elkins estavam pagando milhares de dólares por dia para todos ficarem sentados esperando. Ninguém estava feliz.

O NCALM havia enviado três engenheiros do projeto *lidar* para a missão: Dr. Juan Carlos Fernández Díaz, planejador de missão e engenheiro chefe; Michael Sartori, cético de plantão e cientista de mapeamento de dados; e Abhinav Singhania, técnico do *lidar*.

Fernández era, por uma feliz coincidência, hondurenho de nascimento. Ele tinha PhD em Sistemas de Engenharia de Geodetecção pela Universidade da Flórida; também tinha um MBA, *summa cum laude* [com a maior das honras], pela Universidade de Honduras e era bolsista do Programa Fulbright. Sua familiaridade com a política e a cultura de Honduras, sua fluência em espanhol, seu conhecimento do *lidar* e seu engajamento pessoal fariam dele um dos mais indispensáveis membros da expedição. O engenheiro de 35 anos tinha uma presença calma e impassível, por trás da qual havia uma brilhante mente científica e um malicioso senso de humor. Ele era diplomático, de fala mansa, e nunca se agitava quando tudo ao seu redor estava indo para o inferno, o que aconteceria com frequência durante o curso da expedição. Juan Carlos estava encantado por fazer parte do projeto, e seu envolvimento desde então o transformou em uma espécie de herói nacional em Honduras. "Devem ser os Deuses Macacos", disse ele com uma risada, "uma incrível combinação de sorte, acaso e destino para eu estar em posição de ajudar. Se você é de Honduras, você é uma mistura de muitas coisas diferentes, espanhol e índio. Mesmo que meu nome seja espanhol, eu sei que tenho um pouco de índio". Ele estava esperançoso sobre o que a missão significaria para o seu país. "O povo de Honduras não tem uma identidade cultural clara. Temos que começar a aprender mais sobre nosso passado, a fim de criar um futuro melhor."

Sartori, por outro lado, não fez segredo sobre seu ceticismo. "Você realmente vai descer lá naquele deserto *imenso*, e está indo para mapear essas áreas, mas não sabe o que existe lá? Parece um tiro louco no escuro." A opulência do *resort*, tão diferente da usual penúria da expedição de campo acadêmica, fez aumentarem suas dúvidas.

O grupo da expedição também incluía uma equipe de filmagem, um fotógrafo e Tom Weinberg, outro coprodutor do filme e cronista oficial da expedição. Weinberg era um homem com uma risada contagiante e uma personalidade doce e gentil, de 72 anos de idade, com uma franja de cabelos grisalhos indisciplinados e barba. Ele vinha trabalhando com Elkins desde 1994 no projeto da Cidade

Branca. Em sua longa carreira no cinema e na televisão, ele ganhou vários prêmios Emmy e se tornou uma lenda no mundo do cinema de Chicago. Foi cofundador do coletivo TVTV em 1972, que produziu documentários de "vídeo de guerrilha" sobre assuntos progressistas na cultura e na política americanas; mais tarde, criou o Media Burn Independent Archive, que, muito antes da internet, armazenava milhares de horas de imagens de documentários importantes que poderiam ter sido perdidas de outra forma, incluindo a maioria das entrevistas do escritor Studs Terkel.

O membro mais inesquecível do grupo era Bruce Heinicke, o facilitador de longa data de Elkins. Eu estive curioso para conhecê-lo por anos, depois de ouvir a descrição vívida de Steve sobre ele e sobre suas aventuras. Encontrei-o sob o quiosque do bar antes do jantar, um homem obeso usando um chapéu Panamá, uma camisa havaiana desabotoada exibindo correntes de ouro, um cigarro em uma mão e uma cerveja na outra. Seu rosto estava fechado em uma terrível carranca. Disse-me que tinha retornado do aeroporto "onde tinha acabado de entregar um rolo de Kansas City" [várias notas de um dólar com uma de cinquenta por cima] para passar os equipamentos da expedição pela alfândega de Roatán – computadores, câmeras de filmagem e fotografia, equipamentos de som, tripés e todo o resto. Mesmo com a bênção do presidente, era preciso tomar cuidado com as pessoas. "Queriam um 'depósito' de 180 mil dólares", disse ele, com as papadas tremendo de indignação. "Disseram que devolveriam tudo quando o equipamento deixasse o país. Eu disse a eles: 'Não, não, isso não vai acontecer nem fodendo'. Mas muitas mãos acabaram sendo molhadas." Quando eu comecei a tomar notas, ele disse: "Você não vai imprimir uma merda de palavra que eu disser a menos que eu diga que sim explicitamente". Ele tinha uma arca de contos, mas, no final de quase todas as histórias, virava os olhos lacrimejantes para mim, me cutucava com o dedo e dizia: "Você não pode escrever isso. Fica apenas entre nós".

Finalmente, frustrado, perguntei a ele: "Não há uma maneira de eu poder contar ao menos *algumas* dessas histórias?".

"Ah, claro", ele disse, "absolutamente. Sem problema, depois que eu estiver morto!".[11] Ele bufou de tanto rir e quase engasgou com uma erupção de muco.

Perguntei a Bruce sobre seu relacionamento com Steve Elkins e como sua parceria funcionava.

"Deixe-me contar uma história para você. Eu estava em um restaurante e alguns caras estavam falando demais. Podia sentir que ia dar problema, então apontei uma arma para a cabeça desse cara e disse: 'Dê o fora daqui ou você verá todos os seus malditos miolos espalhados na parede atrás de você'. É desse jeito que eu faço as coisas. Você tem que ser assim por aqui. *Não foda com esse gringo, ele vai te matar.* Quando se está lidando com pessoas desse tipo, eles não têm respeito por ninguém, a vida humana não é importante, então você tem que tratá-los dessa maneira ou vai acabar sendo pisado. Steve acha que todo mundo é amigo dele. Quer ser amigo deles. E ele não entende que algumas pessoas estão apenas procurando uma chance de roubar você e talvez de matá-lo. Steve confia em todo mundo, e aqui você simplesmente não pode fazer isso."

Heinicke tinha um joelho bichado por causa de um ferimento de bala, que ele ficou feliz em explicar. Muito antes de conhecer sua esposa, ele namorou uma mulher colombiana e tornou-se próximo de seu pai, que dirigia um dos principais cartéis de drogas na Colômbia. Heinicke fez alguns negócios para o homem, transportando drogas e recolhendo dinheiro. Ele foi preso pelo DEA,[12] que exigiu que ele trabalhasse para eles como um informante disfarçado para evitar a

---

[11] Mais tarde Bruce Heinicke me permitiu tomar notas extensas, das quais essas conversas foram extraídas, desde que eu prometesse não publicar nada até depois de sua morte. Ele faleceu em 8 de setembro de 2013.

[12] DEA: Drug Enforcement Administration, uma agência de combate às drogas. [N.T.]

prisão. Mas ele disse que continuou a trabalhar para o chefe do cartel e manteve o DEA satisfeito, dando a eles algumas pessoas de nível baixo e médio do cartel. "Eu estava contrabandeando cocaína para fora da porra da Colômbia", fazendo uma entrega da Colômbia para a Nicarágua para o chefe, disse ele. Foi para Cartagena para pegar o "produto" em uma pequena mochila e levar para o contato, que deveria pagar 75 mil dólares por ele. Ele foi para um restaurante fechado, onde ficou surpreso ao ver não apenas um homem, mas dois. Um deles tinha uma sacola cheia de dinheiro. "Eu disse a ele para me mostrar o dinheiro. Ele começou a andar e eu disse que parasse e apenas abrisse a bolsa e a arrastasse para o lado", o que ele fez. Quando o homem recuou, os dois sacaram as armas e começaram a atirar em Heinicke. "Eles estavam a apenas três metros de mim quando puxei meu .45 e atirei no ombro direito de um deles e na cara do outro, e antes que o primeiro caísse no chão, eu abri sua cabeça ao meio como uma melancia. Todo o tiroteio levou de dois a três segundos. Eu ganhei uma bala no joelho direito." Ele recolheu todas as armas, o dinheiro e as drogas. Estava com uma dor terrível, então cheirou algumas carreiras e colocou um pouco de pó dentro do ferimento, o que o fez se sentir melhor.

"Eu tinha 75 mil dólares em dinheiro numa porra de uma mochila, cinco quilos de cocaína e duas pistolas", disse ele. "Um amigo de La Ceiba voou até lá. Eu disse: 'Tire-me daqui, levei um tiro'. Mais tarde, X [omiti aqui o nome de um conhecido escritor e ex-soldado norte-americano] arranjou as coisas para mim com a embaixada americana fora de Honduras – eles me mandaram para a Nicarágua para tirar fotos de acampamentos sandinistas e obter localizações de GPS."

Depois do jantar, Elkins liderou a equipe em uma reunião de planejamento. O primeiro item da agenda era alinhar nossa história de fachada para a comunidade local. Apenas algumas pessoas no governo hondurenho sabiam o que estávamos fazendo. Não deveria haver conversa fiada sobre a Ciudad Blanca ou a Cidade Perdida do Deus Macaco. Nós éramos, Elkins explicou, meramente um monte de cientistas *nerds* fazendo um levantamento aéreo de Mosquitia usando uma nova tecnologia, para estudar ecologia, floresta tropical, flora e fauna. A lenda havia crescido de tal forma que muitos hondurenhos estavam convencidos de que a Cidade Branca escondia um imenso tesouro em ouro; não seria seguro se as nossas verdadeiras atividades se tornassem conhecidas.

Antes de lançar o avião, a equipe do *lidar* precisava encontrar locais seguros para três unidades fixas de GPS a serem erguidas no solo. Elas se comunicariam com a unidade no avião durante o voo. Cada unidade tinha que possuir uma fonte de energia e, de preferência, conexão com a internet, para poder transmitir os dados. Juan Carlos Fernández havia solucionado a geometria do sistema, o que foi difícil, já que a maior parte da área no solo era ou intransitável ou muito perigosa. Por fim ele mapeou um arranjo quase linear para o posicionamento das unidades: um na ilha de Roatán, o segundo a 72,5 quilômetros de distância, em Trujillo (a cidade costal perto de onde Cortés escreveu sua carta ao imperador Carlos V), e o terceiro em uma pequena aldeia chamada Dulce Nombre de Culmi, na beira de Mosquitia, a 161 quilômetros de distância. A primeira unidade foi erguida no final da praia que formava a lagoa artificial no resort. A segunda foi instalada no telhado do Hotel Cristóvão Colombo em Trujillo.

Colocar o terceiro – e mais crucial – receptor em Dulce Nombre de Culmi representou um desafio maior. Culmi era o ponto mais próximo do interior de Mosquitia em que poderíamos chegar. A cidade estava a uma perigosa viagem de dezesseis horas de Trujillo, em estradas infestadas com contrabandistas de drogas e bandidos. A equipe decidiu levar a unidade GPS de helicóptero e configurá-la em uma fazenda fora de Culmi pertencente a um primo de Mabel e Mango.

Mas, horas antes do voo, o helicóptero que Elkins tinha reservado para a viagem a Culmi foi expropriado pelo DEA dos Estados Unidos para uma operação antidroga. Bruce foi encarregado de contratar o empréstimo de um helicóptero e um piloto do governo hondurenho, e muito a curto prazo, coisa que ele era – surpreendentemente – capaz de fazer ("Quem mais poderia conseguir um maldito helicóptero em quinze minutos em um país como Honduras? Esses caras aqui não apreciam o que eu faço"). Enquanto voava, Mango não conseguiu reconhecer a fazenda de seu primo do ar, então o helicóptero teve que pousar no campo de futebol de uma aldeia para pedir informações, causando sensação. Fernández ergueu o GPS em um pasto na fazenda, cujo grande distanciamento iria mantê-lo seguro, alimentado por um painel solar e uma bateria de longa duração. Como não havia conexão com a internet, Mango tinha que recolher fisicamente os dados, todos os dias, em um *pen drive* e levá-los até Catacamas, a cidade mais próxima com acesso à internet, várias horas ao sul em uma estrada de terra, para enviá-lo para o NCALM em Houston. Esta não era uma tarefa simples. Dirigir o veículo era arriscado, uma vez que Catacamas era governada por um cartel de drogas e tinha uma das maiores taxas de homicídios do mundo. Mas, como Mango explicou, os narcotraficantes se atinham ao seu próprio negócio, contanto que não fossem incomodados. Depois que ele transferisse os dados para Houston, Michael Sartori poderia então baixá-los para seu laptop na ilha de Roatán.

Por três dias, esperamos que o avião completasse sua perna final de Key West, na Flórida, até Roatán. Matamos o tempo no *resort*, submetidos a férias forçadas, comendo, bebendo cerveja, e – a luxúria que se exploda – ficando cada vez mais irritados e ansiosos para que a busca começasse.

Todos os dias, por volta de meio-dia, a figura peculiar de Bruce Heinicke surgia na sombra do quiosque, onde ele se abrigava em uma cadeira de vime, corpulento como Jabba the Hutt, com cerveja e cigarros à mão. Ficava estacionado ali na maior parte da tarde e da noite, a menos que acontecesse algo que exigisse a sua atenção, e nesse caso ele poderia ser ouvido xingando palavrões em espanhol ou inglês no seu celular. Com mais nada para fazer, eu adquiri o hábito de pagar-lhe uma cerveja e ouvir suas histórias.

Ele falava abertamente sobre seus dias saqueando sítios arqueológicos em Mosquitia (fiquei surpreso de ele ser tão comunicativo sobre essas atividades, dada a natureza de seu emprego com Steve, mas ele nunca se preocupou com contradições). "No início dos anos 1990", disse ele, "eu tinha um amigo, Dimas, e costumávamos sair para cavar túmulos e roubar artefatos, e eu os contrabandeava para os Estados Unidos".

Em algum lugar a montante de um rio sem nome, numa dessas expedições de saques, Bruce atirou em uma anta para o jantar. Eles tinham acampado em um banco de areia e fizeram uma fogueira. Bruce cortou a carne em tiras, mas enquanto ele a colocava sobre pedras quentes para cozinhar "ouviu um rugido alto e estridente". Ele agarrou seu M16 e se virou bem a tempo de ver um animal avançando sobre eles; ele tinha a arma pronta no automático e pulverizou-o com "pelo menos vinte disparos"; o animal caiu a um metro e meio deles: um enorme jaguar de mais de dois metros. Ele e Dimas o rolaram para dentro do rio. "Eu odiei ter de matar um jaguar", disse Bruce. "Era um animal lindo."

No dia seguinte, eles chegaram a uma bifurcação no rio e subiram um pequeno afluente, vadeando o riacho raso e veloz. Depois de dois dias eles chegaram ao local. Cerca de doze metros acima na margem íngreme, se projetando para fora, havia um dos lados de uma enorme mesa esculpida na pedra. Eles saíram do rio e, nos bancos acima, encontraram pilhas "do que costumavam ser estruturas de pedra por toda parte". Bruce deslizou pela margem íngreme até a mesa e limpou um pouco da sujeira, expondo um vívido jaguar entalhado. A mesa era muito grande para ser removida inteira, então eles gastaram três dias para recortar o animal. Então, cutucando entre as pilhas de pedras em busca de uma entrada para as estruturas subterrâneas ou tumbas, eles expuseram um buraco. Bruce enfiou a cabeça nele e avistou peças de cerâmica no chão cerca de um metro e meio abaixo. Ele se espremeu pelo buraco e caiu desajeitadamente no chão, torcendo a perna e rompendo os ligamentos do joelho, que ainda estava fraco por causa do tiroteio no tráfico de drogas.

Ele tentou se levantar, mas não conseguiu, então gritou para Dimas que encontrasse um galho que ele pudesse usar como muleta. Enquanto estava esperando, seus olhos se ajustaram à escuridão, e foi quando ele viu que "para completar, o chão estava vivo com aranhas, escorpiões e algumas cobras". Mas o mesmo exame revelou que as paredes estavam marcadas com nichos, dentro dos quais havia lindos potes pintados e tigelas de mármore. Manquejando com cuidado entre as criaturas a seus pés, Bruce coletou os tesouros e os ergueu para Dimas. Enquanto avançava até o interior da sala no subsolo, viu um objeto amarelo brilhante no chão. Ele o pegou, atordoado: era uma estátua de ouro maciço, com cerca de duas polegadas e meia de largura e cinco polegadas de altura, "a mais bela arte de ouro que eu já tinha visto". Ele disse que "parecia com algum tipo de rei com uma touca de penas e um escudo no peito. Era muito grosso". Bruce encontrou mais itens, incluindo centenas de miçangas de jade polido. "Qualquer coisa que não fosse perfeita eu não me importei."

Depois de limpar o cômodo, eles desceram o rio de volta para a civilização e dirigiram-se para os Estados Unidos. Atravessaram os artefatos saqueados pela alfândega em suas bagagens de mão, misturando as peças com um monte de "lixo turístico" comprado em uma loja de presentes, colocando preços falsos em tudo e embrulhando-os em jornal.

No dia seguinte, Bruce estava no bar do Metropolitan Club em Manhattan, bebendo Chivas com gelo. "Eu costumava encontrar X ali" – aquele mesmo escritor que já tinha o ajudado a vender antiguidades saqueadas. "Ele tinha compradores." Quando X chegou, Bruce o levou até seu quarto de hotel e mostrou-lhe o saque. "Ele disse: 'Filho da puta, isso é ótimo. Bruce, meu velho, você superou tudo!'."

Mas Bruce não fazia ideia do que tinha, nem X. E assim X contactou "uma garota" que ele conhecia que trabalhava em uma casa de leilões e que vou chamar de Y. "Ela daria uma olhada nas coisas e nos diria o que nós tínhamos." A mulher encontrou os dois no quarto de Bruce, com todos os artefatos espalhados na cama. Quando ela os viu, sua boca se abriu e ela exclamou: "Você é um maluco do caralho!". Ela disse a eles o que as peças eram e o quanto elas valiam, embora não conseguisse identificar com certeza a cultura de onde elas vieram, pois eram bastante incomuns. Y também os ajudou a conectar-se com os compradores. Eles venderam os artefatos, algumas peças de cada vez, para não inundar o mercado. "Nós estávamos ganhando uma tonelada de dinheiro, eu não estou zoando. Aquela estátua de ouro foi vendida por 240 mil dólares na época – que era o início dos anos 1990." Os objetos saqueados desapareceram no vasto mercado clandestino do comércio de antiguidades da América Central e provavelmente nunca serão vistos novamente.

Eu continuei a pagar cervejas para Bruce, e as histórias continuaram a fluir. Apesar de sua linguagem baixa e de sua aparência alarmante, ele tinha um certo charme bruto e carisma, transmitido por um par de olhos azuis profundos. Enquanto ele falava, me vi novamente espantado por Steve ter se juntado a um homem com aquele histórico para localizar o que poderia ser um dos mais importantes sítios arqueológicos na América Central. Eu me lembrei de seu aparte para mim anteriormente sobre ter que "dançar com o diabo" às vezes para fazer as coisas acontecerem. Era inegável que a ajuda de Bruce foi crucial para o sucesso da empreitada.

"Há duas maneiras de entrar lá [em Mosquitia]", me disse Bruce, "o Rio Plátano e o Rio Patuca. Eu tive alguns problemas subindo o Rio Patuca. Estava comprando ouro de alguns índios que garimpavam nessa área. Comprei um pouco de ouro, uns duzentos gramas no total. Os caras que estavam me levando até lá em cima decidiram me roubar. Eu me levantei onde o Wampu e o Patuca se encontram. O Wampu segue para o oeste em direção ao Rio Plátano. Enquanto eu estava entrando no barco, eles me golpearam com um remo e me jogaram na água. Saí da água com minha .45. O outro cara estava vindo em minha direção com um facão. Atirei na cara dele e no outro homem. Amarrei os dois juntos, reboquei-os até onde ficam os jacarés e os larguei. Eu nunca mais voltaria àquele rio. É o lugar mais perigoso do planeta, esse rio. Quando voltei para a Lagoa Brus, tive que fazer uma ligação para um avião particular ir me pegar. Tive que me esconder nos arbustos da pista de pouso até ele chegar lá. Depois disso eu evitei aquela área no alto do Rio Patuca como a peste. A vida não tem valor lá em cima."

CAPÍTULO 11
"É TERRITÓRIO INEXPLORADO: VOCÊ ESTÁ POR CONTA PRÓPRIA, NO MEIO DO NADA"

EM PRIMEIRO DE MAIO, o tempo finalmente abriu em Key West. O avião que carregava o equipamento *lidar* decolou, reabasteceu-se em Grand Cayman e chegou ao aeroporto de Roatán às 14h. Todos correram para o aeroporto para encontrá-lo, aplaudindo e comemorando quando ele finalmente pousou. Agora nossa busca pela cidade perdida poderia começar.

O Skymaster é um avião bimotor impulsionado pelo que os aviadores chamam de uma configuração de *push-pull* [empurra-puxa], com os dois motores montados em linha, um no nariz e outro na parte traseira. As características mais marcantes do avião são duas escoras ou retrancas que se estendem por trás das asas. A fuselagem desse avião, que um dia havia sido de um alegre vermelho e branco, estava cheia de remendos e tiras que haviam sido arrancadas, e uma feia faixa de óleo escorria do motor dianteiro. Uma grande caixa verde que comportava o *lidar* ocupava quase todo o interior do avião. Aquele dispositivo tecnológico caro e sofisticado, tão secreto que tinha de ser guardado por soldados, estava sendo carregado de um lado para o outro em uma lata velha voadora – ou assim parecia ao meu olhar inexperiente.

Depois que ele pousou, sete soldados hondurenhos com rifles M16 escoltaram o avião até o canto mais distante do aeroporto, longe das áreas públicas, onde ele poderia ser mantido seguro. De qualquer maneira, ninguém parecia estar prestando atenção; o aeroporto era pequeno e os militares, onipresentes. Os seis soldados, a maioria um pouco mais velha que adolescentes, e o tenente-comandante estavam esperando no aeroporto, entediados, havia três dias. Estavam empolgados com a chegada do avião e ficaram marchando em volta dele, posando com suas armas enquanto a equipe de Elkins os filmava.

O piloto, Chuck Gross, era um homem grande e de fala mansa do estado da Geórgia que se dirigia a todos como "senhor". Ele havia retornado do Iraque recentemente, onde estivera voando em missões secretas para as forças armadas dos Estados Unidos. Não podia revelar muito, mas eu entendi que as missões envolviam, entre outras coisas, examinar várias vezes por meio do *lidar* áreas ao longo de rotas de patrulha para constatar pequenas alterações na topografia. Um novo monte de lixo ou uma pilha de sujeira fresca aparecendo de repente ao lado de uma rota muitas vezes indicava a colocação de um IED.[13]

Gross mencionou que possuía um número de sobrevoo cubano, o que lhe permitia voar pelo espaço aéreo da ilha. Eu perguntei a ele o que teria acontecido se ele tivesse problemas com o motor ou com o tempo e tivesse sido forçado a aterrissar em Cuba. Afinal, o avião transportava equipamento militar sigiloso, e as relações com Cuba nessa época ainda estavam suspensas.

"Primeiro, eu teria incendiado o avião na pista." Esse era, explicou ele, o protocolo padrão com o *lidar* aerotransportado. "No deserto, é o que nós teríamos feito também: destruir imediatamente o equipamento." E acrescentou: "Você deveria ter visto a papelada que tive que resolver para tirar o Cessna dos Estados Unidos".

---

[13] IED: *Improvised explosive device*, ou dispositivo explosivo improvisado, muito usado em guerras não convencionais. [N.T.]

A tecnologia do *lidar* foi desenvolvida logo após a descoberta dos *lasers* no início dos anos 1960. Simplificadamente, o *lidar* funciona como um radar, rebatendo um raio *laser* sobre algo, capturando o reflexo e medindo o tempo de ida e volta para, assim, determinar a distância. Os cientistas rapidamente perceberam seu potencial como ferramenta de mapeamento. Ambas as missões Apollo 15 e 17 transportaram um equipamento *lidar* no orbitador, que mapeou trechos da superfície da Lua. O satélite Mars Global Surveyor, que orbita Marte, também carrega uma máquina de *lidar*, que dispara raios *laser* na superfície do planeta dez vezes por segundo. Ao longo de sua missão de dez anos, de 1996 a 2006, o Surveyor criou um mapa topográfico magistralmente preciso da superfície marciana, um dos mais extraordinários projetos de mapeamento da história da humanidade.

Existem três tipos de equipamentos *lidar*: espaciais, aéreos e terrestres. Na Terra, o *lidar* aéreo tem sido usado na agricultura, na geologia, na mineração, no monitoramento de geleiras e campos de gelo em razão do aquecimento global, no planejamento urbano e no levantamento topográfico. Tinha numerosos usos sigilosos nas guerras do Iraque e do Afeganistão. O *lidar* terrestre atualmente está sendo testado em veículos autônomos e na navegação "inteligente", que usa o equipamento para mapear o ambiente em constante mudança ao redor de um carro ao longo de uma via de trânsito, bem como para fazer mapas tridimensionais detalhados de quartos, túmulos, esculturas e edifícios; ele pode recriar digitalmente, em detalhes bastante precisos, qualquer objeto tridimensional.

Os locais de destino do A1, A2 e A3 seriam mapeados com o Cessna, o mesmo avião utilizado na pesquisa de Caracol. Conforme o avião sobrevoasse a selva desenhando um padrão como de um cortador de grama, o dispositivo do *lidar* dispararia 125 mil pulsos de *laser* infravermelho por segundo sobre o tapete verde da mata abaixo e registraria as reflexões (os pulsos de *laser* são inofensivos e invisíveis). O tempo decorrido indicaria a distância exata do avião para cada ponto de reflexão.

O feixe do *lidar* não penetra realmente na folhagem. Ele não permite "ver através" de nada de fato: o feixe é rebatido pela menor folha ou galho. Mas, mesmo na cobertura mais densa da selva, há pequenos orifícios que permitem que um pulso de *laser* alcance o chão e reflita de volta. Se você se deitar no meio da selva e olhar para cima, você sempre verá pedacinhos de céu aqui e ali; o vasto número de pulsos de *laser* permite que o *lidar* encontre e explore essas pequenas aberturas.

Os dados resultantes são o que os engenheiros do projeto *lidar* chamam de "nuvem de pontos". São bilhões de pontos que mostram a localização de cada reflexão, arranjados no espaço 3-D. O engenheiro de mapeamento usa um software para eliminar os pontos de folhas e galhos, deixando apenas as reflexões a partir do solo. Processamentos posteriores transformam esses pontos de solo em relevo, indicando quaisquer características arqueológicas que possam estar presentes.

Para obter uma boa resolução da imagem do *lidar,* é fundamental que se faça um registro exato da posição do avião durante todo o voo. Este é o maior desafio tecnológico: para alcançar alta resolução, você precisa rastrear a posição do avião em três dimensões durante cada segundo de voo com uma precisão *de centímetros*. Uma unidade GPS padrão usando links de satélite só consegue localizar o avião dentro de cerca de três metros, o que é inútil para o mapeamento arqueológico. A resolução pode ser refinada para cerca de 30,5 cm colocando-se unidades fixas de GPS no solo sob a área que o avião estiver sobrevoando. Mas um avião em voo está sendo atingido por turbulência, sujeito a inclinação, rolamento e guinada, o que nem mesmo a melhor unidade de GPS pode acompanhar.

Para sanar esse problema, a máquina do *lidar* comporta em seu interior um instrumento selado que se parece com uma lata de café. Ele contém um dispositivo militar altamente confidencial chamado

Unidade de Medição Inercial, ou IMU. Esta é a mesma tecnologia usada em mísseis de longo alcance, que lhes permite saber onde estão situados no espaço o tempo todo enquanto se dirigem até o alvo. Por causa da IMU, a máquina do *lidar* é listada como um hardware militar confidencial, que não pode deixar o país sem autorização especial, e mesmo assim apenas sob condições altamente controladas (esta é outra razão pela qual houve um longo intervalo de tempo no uso do *lidar* nos sítios arqueológicos do Terceiro Mundo; por anos o governo impediu que a IMU fosse usada fora do país em aplicações civis).

O *lidar* aéreo pode alcançar uma resolução de cerca de 2,5 cm *se* não houver cobertura vegetal. Mas, na selva, a cobertura faz com que a resolução caia drasticamente, pois um número muito menor de pulsos atinge o chão (quanto menos pulsos, menor a resolução). A floresta tropical de Belize em torno de Caracol, onde os Chase tinham usado o *lidar* em 2010, é densa. Mas não chega nem perto da densidade de Mosquitia.

O primeiro voo do *lidar* sobre o A1 decolou no dia seguinte, 2 de maio de 2012, às 7h30, com Chuck Gross nos comandos e Juan Carlos Fernández atuando como navegador e administrando a máquina do *lidar*. Nós todos fomos para o aeroporto para ver o avião decolar, observando-o subir nos céus do Caribe e reluzir em meio ao azul através do Golfo de Honduras, rumo ao continente. Levaria três dias para mapear os 51 quilômetros quadrados do A1. Se tudo corresse bem, nós saberíamos em quatro dias se o A1 possuía algo de interesse. Depois disso, o avião mudaria para A2 e A3.

O avião retornou de sua primeira missão no final da tarde. Às 9 da noite Sartori confirmou que os dados estavam limpos e bons; a máquina do *lidar* estava operando perfeitamente e eles estavam conseguindo receber pontos de solo suficientes através da cobertura da floresta para mapear o terreno subjacente. Apesar de ainda não ter imagens, ele não viu nenhuma razão técnica para que não obtivesse mapas detalhados do terreno.

Após o segundo dia de voo, em 3 de maio, Juan Carlos retornou com notícias intrigantes. Ele tinha visto algo no A1 que não parecia natural e tentou fotografar pelas janelas do Skymaster. Nós nos reunimos em seu bangalô para ver as fotos em seu laptop.

Foi meu primeiro vislumbre do vale. As fotos tiradas com uma teleobjetiva trêmula através do plexiglas arranhado não estavam claras, mas mostravam dois elementos brancos quase quadrados que pareciam ser topos de pilares de calcário esculpidos, abrindo-se em uma área de vegetação baixa que tinha forma quadrada. O destaque estava localizado em uma planície aluvial coberta por matagal na extremidade superior do vale. Todos se amontoaram ao redor do laptop, apertando os olhos, apontando e falando animadamente, tentando encontrar sentido nas imagens pixeladas que eram tão tentadoramente ambíguas – poderiam ser pilares, mas também poderiam ser pedaços destruídos de um avião ou até mesmo os topos de dois tocos de árvores mortas.

Eu implorei para acompanhar o terceiro e último voo sobre A1, apesar das questões logísticas que se colocavam. Não havia espaço no avião, mas depois de alguma discussão Chuck Gross concordou que poderia ser capaz de liberar um pequeno espaço para eu me agachar. Ele me avisou que eu ficaria muito desconfortável durante as seis ou sete horas de voo.

Em 4 de maio, chegamos ao aeroporto quando o sol estava nascendo acima da curva do oceano, o avião lançando na pista uma sombra que evocava as telas de Edward Hopper. Os soldados que o guardavam nos cumprimentaram com sono. Agora que eu estava prestes a ser passageiro, olhei para a aeronave mais atentamente, e não gostei do que vi.

"E essa mancha de óleo aí?", perguntei a Chuck.

"Não se preocupe com isso", disse ele. "Estou completando ele todo dia. Em um voo, ele não perde o suficiente para fazer alguma diferença."

Ao engatinhar a bordo, meu espanto aumentou. O interior do Cessna, outrora um rico tecido bordô aveludado, estava agora desgastado, oleoso e desbotado; muito do interior parecia ter sido fixado com fita adesiva. Cheirava a carro velho. Partes do avião tinham sido seladas com calafetação acrílica, que agora descascava em tiras. Enquanto eu tentava manobrar em torno da gigante caixa do *lidar* no microespaço onde iria ficar, bati o cotovelo em um painel, que caiu.

"Não se preocupe, isso sempre acontece", disse Gross, recolocando-o com uma pancada do punho.

Fiquei admirado que um avião tão perigoso e decrépito como aquele fosse usado para transportar um instrumento científico de um milhão de dólares. Chuck discordou com firmeza. "Não, senhor", disse ele. "Este avião é uma plataforma perfeita para o trabalho." Ele me assegurou que o 337 Skymaster era um "clássico" e um "grande pequeno avião". Ao contrário de um King Air ou de um Piper Navajo, disse, esse avião era ideal, com eficiência de combustível que nos permitiria passar "seis horas em ação". Mesmo com quarenta anos, era "totalmente confiável".

"E se nós cairmos?"

"Uau", disse Chuck, "que pergunta! Em primeiro lugar, eu procuraria uma clareira para pousá-lo. É território inexplorado: você está por conta própria, no meio do nada, sem comunicação." Ele balançou a cabeça – impensável.

Apesar da minha preocupação, eu tinha muita confiança em Chuck porque tinha ouvido falar sobre sua destreza no ar; aos 18 anos ele tinha feito um voo solo através do Atlântico, um dos pilotos mais jovens a conseguir esse feito. Eu esperava que as deficiências da aeronave fossem principalmente estéticas. Disse a mim mesmo que um piloto de primeira classe como Chuck nunca pilotaria um avião que não fosse seguro.

Eu me enfiei atrás da caixa do *lidar*: sem assento, com o queixo apoiado nos joelhos. Juan Carlos estava bem na minha frente. Estava preocupado comigo; senti que ele temia que eu pudesse ficar enjoado e vomitar na sua nuca. Ele me perguntou se eu tinha comido ou bebido alguma coisa naquela manhã. Eu disse que não. Ele mencionou casualmente como era extenuante lá em cima, voando baixo e devagar sobre a selva por seis horas seguidas, fazendo uma curva acentuada depois de cada volta, sendo jogado de um lado para o outro por correntes térmicas, às vezes esquivando-se de abutres. O ar condicionado do avião estava quebrado, ele disse; nós estaríamos fechados dentro de um tubo de metal voando em pleno sol. O avião não tinha banheiro. Se você estivesse apertado, teria que fazer nas calças. Eu tentei assegurar a ele que eu seria um passageiro exemplar.

Elkins me deu uma câmera de vídeo GoPro e uma câmera fotográfica com uma lente teleobjetiva, me pedindo para tirar mais fotos dos misteriosos pilares brancos, bem como de qualquer outra coisa interessante que eu visse lá embaixo.

Chuck Gross subiu no assento do piloto e começou a percorrer a lista de checagem, enquanto Juan Carlos plugou seu laptop na caixa do *lidar*. Ele me mostrou o plano de voo que havia programado na tela de seu computador, dezenas de linhas paralelas que cruzavam o vale, projetadas para maximizar a cobertura enquanto minimizavam o tempo de voo. Além de ser engenheiro do *lidar*, Juan Carlos também era um piloto licenciado, o que lhe permitia trabalhar em total harmonia com Chuck.

Decolamos de Roatán e logo estávamos voando sobre a resplandecente Baía de Honduras, o continente se aproximando logo adiante. Fazia um dia lindo, o céu pontilhado de nuvens cúmulos brancas e fofas. Muito à frente, onde as montanhas azuis de Mosquitia se erguiam, podíamos ver que a cobertura de nuvens era esparsa e alta. Enquanto voávamos para o interior, os assentamentos ao longo da costa deram lugar a aldeias dispersas e campos de cultivo ao lado de rios lentos e marrons. A terra foi se elevando em encostas arborizadas de montanhas, onde centenas de faixas irregulares de desmatamento surgiam no nosso campo de visão. Plumas de fumaça subiam da selva em todas as direções.

Os buracos de extração de madeira finalmente desapareceram, e nós estávamos voando a cerca de 1.200 metros sobre a floresta intocada e íngreme. Chuck manobrou entre as montanhas enquanto nos aproximávamos do A1. Uma hora depois de Roatán, Juan Carlos indicou a borda do vale à distância, uma parede de montanhas verdes com uma nítida fenda entre elas. Chuck baixou o avião para uma altitude menor e nós transpusemos a borda a 304 metros de distância, o que deu uma visão tremenda da paisagem. À medida que o solo se afastava de novo do outro lado da montanha, fiquei impressionado com a pitoresca topografia do vale, o anel de montanhas abraçando uma suave e ondulante paisagem dividida por dois rios. O lugar realmente parecia uma Shangri-la tropical.

O avião se estabilizou a uma altitude de cerca de 750 metros acima do solo, e Juan Carlos ligou a máquina do *lidar*, continuando de onde haviam parado no dia anterior. Enquanto o *lidar* bombardeava a cobertura com pulsos de laser, Chuck pilotava o Cessna em linhas paralelas através do vale, cada uma com seis a nove quilômetros de comprimento, em um padrão que, na tela do computador, parecia uma gigantesca tecelagem. O avião era fustigado por correntes de ar quente, chacoalhava para cima e para baixo, para a frente e para trás, e às vezes deslizava lateralmente de um modo agonizante. Juan Carlos estava certo; era um passeio brutal e assustador. Mas Gross trabalhava nos controles com elegância e uma mão firme.

"Nós estávamos mandando ver", disse Gross mais tarde. "É como sobrevoar uma grande teia de aranha. É preciso ter uma habilidade incrível. Você tem que voar bem na linha, e não pode se afastar mais de 18 metros para qualquer lado dessa linha. Você tem que virar o avião usando todos os lemes. Ficar na linha, naquele vento, *isso* era desafiador. E você tem que manter a altitude e a velocidade. Eu tinha que subir junto com o terreno e manter a mesma altitude. Se o terreno começa a subir, eu tenho que subir com ele."

Em meio a tudo isso, espiei pela janela, hipnotizado. Eu mal posso encontrar palavras para descrever a opulência da floresta tropical que se desenrolava abaixo de nós. As copas das árvores se agrupavam como num pé de brócolis, exibindo todos os matizes e tons possíveis de verde. Verde-limão, verde-bandeira, esmeralda, verde-água, verde-azulado, verde-garrafa, verde-claro, verde-aspargos, verde-oliva, cinza-esverdeado, jade, malaquita — meras palavras são inadequadas para expressar as infinidades cromáticas. Aqui e ali a cobertura era interrompida por uma copa de árvore tomada por flores roxas. Ao longo do vale central, a pesada selva dava lugar a prados verdejantes. Dois cursos d'água sinuosos brilhavam à luz do sol, onde se juntaram antes de sair pela fenda do vale.

Nós estávamos voando sobre um Éden primitivo, procurando por uma cidade perdida, usando tecnologia de ponta para disparar bilhões de feixes de *laser* em uma selva em que nenhum ser humano havia entrado, possivelmente, por quinhentos anos: uma ofensiva do século XXI sobre um mistério ancestral.

"Estamos chegando", disse Juan Carlos. "Bem ali: duas coisas brancas."

Em uma área aberta, eu pude ver os dois objetos que ele tinha fotografado no dia anterior, situados a uns dez metros de distância de uma área grande e retangular de vegetação de cor mais escura. O avião fez várias passagens enquanto eu fotografava. Mais uma vez, eles me pareciam dois pilares quadrados e brancos que se erguiam acima do mato.

Nós concluímos o voo sem incidentes, a não ser pelo momento em que, já com algumas horas de sobrevoo, eu desliguei a máquina do *lidar* com o joelho enquanto tentava mudar a posição das minhas pernas doloridas. A máquina e o sistema de navegação do piloto estavam conectados, então desligar o *lidar* interrompia a navegação de Gross. Ele imediatamente iniciou uma manobra circular de revirar o estômago para retomar a posição enquanto Juan Carlos reiniciava a máquina e eu pedia desculpas profusamente. "Relaxa", ele disse, muito menos perturbado do que eu esperava que ele ficaria.

Nós terminamos de mapear o A1 com combustível suficiente para voar algumas linhas sobre o A2, a 32 quilômetros de distância. A rota nos levou sobre o Rio Patuca, "o lugar mais perigoso do planeta", segundo Heinicke; uma cobra marrom de água serpenteando através da selva. O A2 era magnífico e dramático, um vale profundo e oculto fechado por falésias calcárias e escarpadas de trezentos metros de altura, cobertas de trepadeiras e crivadas de cavernas. Mas um desmatamento recente – de poucas semanas – tinha atingido a foz do vale do A2. Quando sobrevoamos, eu pude ver as árvores recém-cortadas deixadas no chão para secar, para que pudessem ser queimadas, deixando uma horrível cicatriz marrom.

No final do dia, voamos para La Ceiba, no continente, para reabastecer. Chuck tinha forçado os limites e nós pousamos com menos de vinte galões de combustível de aviação restantes, cerca de quarenta minutos de voo. Mas o aeroporto não tinha combustível e ninguém conseguia localizar o caminhão-tanque que estava trazendo o reabastecimento. Autoridades do aeroporto temiam que o caminhão tivesse sido sequestrado por contrabandistas de drogas. Juan Carlos ligou para Elkins em Roatán. Elkins colocou Bruce Heinicke no problema. Depois de fazer algumas ligações, Bruce descobriu que o caminhão ainda estava em rota, atrasado por causa de um vazamento. Nós não poderíamos deixar o Cessna sem vigilância, especialmente se o combustível não chegasse e o avião tivesse que passar a noite em La Ceiba. Juan Carlos e Chuck consideraram dormirmos no avião, mas essa não era a melhor opção, já que estavam desarmados. Eles finalmente decidiram que, se o combustível não chegasse, iriam até a base da Força Aérea dos EUA em La Ceiba e pediriam aos soldados para ficarem de guarda durante a noite. Enquanto isso, Michael Sartori estava desesperado para obter os dados e finalizar o mapeamento do A1, por isso ficou combinado que eu voltaria para a ilha sozinho. Fernandez me deu os dois discos rígidos com os dados, e eu fui até o aeroporto para ver se conseguia um voo comercial de La Ceiba para Roatán. Havia um voo naquela tarde, mas já estava lotado. Por 37 dólares eu poderia pegar uma carona no assento do copiloto. O avião parecia ainda menos confiável do que o Cessna e, quando embarquei, Juan Carlos brincou que seria uma pena perder todos aqueles dados preciosos em um acidente depois de tanto trabalho para coletá-los.

Eu decolei de Roatán ao pôr do sol e entreguei os discos rígidos para Sartori, que os arrebatou e desapareceu dentro do bangalô, só saindo para comer algumas caudas de lagosta no jantar. Agora ele tinha todos os dados de que precisava para mapear o A1. Mais tarde naquela noite, Juan Carlos e Chuck Gross finalmente aterrissaram de volta em Roatán, exaustos, mas aliviados. O caminhão de combustível havia chegado no último minuto.

Sartori tinha horas de trabalho pela frente. Ele precisava fundir os dados de várias fontes: a máquina do *lidar*, as estações de GPS no solo, os dados do GPS da própria aeronave e os dados do IMU. Tudo isso junto criaria a nuvem de pontos, formando uma imagem tridimensional da floresta tropical e do terreno subjacente. Primeiro, ele teve que esperar que Mango coletasse o *pen drive* da unidade GPS de Culmi e o levasse até Catacamas para fazer o *upload* para o servidor em Houston; então Sartori teria que que baixar os dados de lá. As luzes no bangalô de Sartori ainda estavam acesas à meia-noite, quando fui para a cama. Ramesh Shrestha, no NCALM em Houston, permaneceu acordado, pressionando-o pelas atualizações.

Aquele era o momento da verdade: as imagens mostrariam o que havia no vale – se é que havia alguma coisa. Era quase uma da manhã quando Sartori terminou de criar as imagens brutas do A1;

Shrestha tinha finalmente ido para a cama e a conexão com a internet em Roatán havia caído. Exausto, Sartori foi para a cama sem sequer olhar para as imagens que acabara de criar.

O dia seguinte era sábado, 5 de maio. Levantando-se cedo, Sartori carregou as imagens brutas para um servidor em Houston, novamente sem examiná-las. Imediatamente ao recebê-las, Shrestha as encaminhou para o cientista-chefe do NCALM, William Carter, que estava em sua casa de férias em West Virginia. Shrestha pretendia revê-las em breve, mas Carter foi mais rápido.

Às 8h30 daquela tranquila manhã de sábado, as imagens do terreno do A1 chegaram na caixa de entrada de Carter, exatamente quando ele estava prestes a sair para fazer compras. Ele precisava de uma geladeira nova. Hesitante, disse à esposa que queria dar uma olhada rápida nas imagens, baixou os dados e exibiu os mapas na tela do computador. Ele estava atordoado. "Acho que não levei mais de cinco minutos para ver algo parecido com uma pirâmide", ele me disse mais tarde. "Olhei ao lado do rio para uma grande praça com o que pareciam ser edifícios – claramente objetos feitos pelo homem. Quando olhei para o vale do rio, vi mais, bem como alterações no terreno. Foi um pouco surpreendente como foi fácil encontrá-los." Ele enviou as coordenadas por e-mail para Sartori e Shrestha.

Sartori puxou as imagens e as digitalizou. Em sua empolgação, Carter havia digitado errado as coordenadas, mas Sartori levou apenas um instante para encontrar o conjunto de elementos por conta própria. Ele disse: "Não era fácil vencer meu ceticismo", mas aquilo era claro o suficiente para convencer o mais resoluto cético. Sartori ficou envergonhado. "Fiquei com raiva de mim mesmo por não ter visto antes, já que fui eu quem produziu as imagens!" Ele correu porta afora a fim de relatar o fato para Steve Elkins, mas depois pensou duas vezes. Será que aquilo era real? Talvez fosse apenas sua imaginação. "Eu fui e voltei umas seis vezes", disse Sartori.

Eu estava voltando do café da manhã com Steve e alguns outros quando Sartori apareceu ao longo do cais, correndo loucamente com seus chinelos de dedo, balançando os braços e gritando: "Tem alguma coisa no vale!". Nós fomos surpreendidos por essa súbita mudança de comportamento, o cientista sóbrio e cético transformado em um Christopher Lloyd desvairado.

Quando perguntamos o que era, ele disse: "Não posso descrever Não *vou* descrever. Vocês têm que ver com seus próprios olhos".

Foi um pandemônio. Steve começou a correr e se lembrou de que era um cineasta, então começou a gritar para sua equipe de filmagem trazer o equipamento e gravar o momento – cinema *verité*. Com as câmeras rodando, todos se aglomeraram no quarto de Sartori para ver as imagens no *laptop*. Os mapas eram um primeiro esboço em níveis de cinza, mas eram claros o suficiente. No vale do A1, acima da confluência dos dois córregos, podíamos ver elementos longos e retangulares, semelhantes a montes em forma de pirâmide dispostos em quadrados, que cobriam uma área de centenas de hectares. Também visível, mas impossível de interpretar, estavam os dois elementos que pareciam pilares quadrados que vimos do avião. Enquanto examinávamos as imagens, a caixa de entrada de Sartori apitava continuamente com e-mails de Carter e Shrestha, que estavam se debruçando sobre os mesmos mapas, disparando um e-mail com coordenadas a cada vez que encontravam outro elemento.

Eu estava chocado. Estava na cara que era um conjunto muito grande de ruínas, talvez até uma cidade. Eu havia pensado que seríamos afortunados se encontrássemos qualquer tipo de sítio; não esperava isso. Seria possível que uma cidade perdida inteira ainda pudesse ser encontrada no século XXI?

Eu podia ver o caderno de espiral de Sartori aberto próximo do laptop. Cientista metódico que era, ele fazia anotações diárias sobre seu trabalho. Mas embaixo da entrada para o dia 5 de maio, ele escrevera apenas duas palavras:

PUTA MERDA!

"Quando eu vi aqueles retângulos e quadrados", disse-me Steve mais tarde, "meu primeiro sentimento foi de desforra". Benenson, que vinha febrilmente capturando a descoberta em vídeo, estava positivamente abalado por ter tirado a sorte grande na aposta milionária que fizera. "Eu estou vendo em primeira mão", disse ele, "mas não estou processando muito bem. Estou todo arrepiado".

Ninguém se atreveu a acordar Bruce Heinicke para lhe contar as novidades. Ele finalmente saiu de seu bangalô à 1 hora da tarde, e escutou com a testa franzida. Perguntou-se por que estávamos todos agitados – é óbvio que a Cidade Branca estava lá. Quem diabos pensou o contrário? Ele deu um telefonema para Áfrico Madrid, o ministro do Interior. Áfrico disse que iria voar para Roatán o mais rápido possível para rever o que encontramos e, se estivesse convencido de que era real – e ele não tinha motivos para duvidar –, faria transmitir a notícia ao presidente Lobo, bem como ao presidente do Congresso hondurenho, Juan Orlando Hernández. Enquanto isso, o diretor do Instituto Hondurenho de Antropologia e História, Virgilio Paredes, voou para Roatán para dar uma primeira olhada na nossa descoberta. Mais tarde, ele se lembrou daquele momento: "Eu vi aquilo e disse 'Uau!'. Nós sabemos que Mosquitia é cheia de sítios arqueológicos, mas ver *cidades* reais, uma grande população de pessoas vivendo lá – era *incrível*!".

O vale do A1 havia sido mapeado, mas o projeto estava apenas 40% completo: A2 e A3 ainda precisavam ser explorados. Chuck e Juan Carlos tinham saído cedo naquele sábado de manhã para continuar mapeando A2, sem saber do alvoroço da descoberta que ocorria no *resort* Parrot Tree. Uma vez no ar, no entanto, Juan Carlos descobriu que a máquina do *lidar* não estava funcionando. Eles voltaram para Roatán e tentaram fazer com que ela ligasse enquanto o avião estava em solo, sem sucesso. Por volta das 9 da manhã todos os três engenheiros do *lidar* a examinaram e confirmaram que a máquina estava arruinada.

O NCALM, em Houston, tinha um contrato de manutenção técnica com uma equipe em Toronto, no Canadá, onde a caixa do *lidar* tinha sido projetada e construída. Como era um fim de semana, havia apenas uma pessoa no suporte técnico no Canadá para atender ao telefone. Depois que ele orientou os engenheiros a tentarem uma sequência de operações de pluga e despluga, tentando acordar a máquina, concluíram que uma parte crucial do *lidar* tinha falhado. Era uma placa chamada de Sistema de Posição e Orientação (POS), que continha um receptor GPS e outros componentes que "conversavam" com a IMU, trocando dados. Havia apenas duas placas POS no mundo, ambas no Canadá. A empresa colocaria um técnico em um voo de Toronto para Roatán na segunda-feira pela manhã, transportando a placa de 100 mil dólares pessoalmente em sua bagagem de mão. A placa teria que passar pela alfândega duas vezes, primeiro nos Estados Unidos e uma segunda vez em Honduras.

O engenheiro que voaria com a placa era paquistanês e, não tendo uma autorização de exportação do Departamento de Estado dos EUA para a placa POS, estava preocupado em ser parado no aeroporto Dulles em Washington, DC, onde faria uma conexão durante a noite. Antes de embarcar no avião em Toronto, ele entrou em pânico e colocou a placa em sua bagagem despachada, pensando que assim seria menor o risco de provocar um alerta de segurança nos Estados Unidos.

As companhias aéreas (naturalmente) perderam suas bagagens. As duas malas incluíam não só a placa POS, mas todas as ferramentas de que o técnico precisava para instalá-la. O fato de que a placa estava segurada significava pouco para a expedição, que estava gastando muitos milhares de dólares por dia e só teria o avião por um período de tempo limitado. O afobado engenheiro chegou em Roatán na terça-feira de manhã com pouco mais do que a roupa do corpo.

Telefonemas desesperados e inúteis para as companhias aéreas United e TACA ocuparam toda a terça-feira. Eles souberam que as malas haviam chegado no Aeroporto de Dulles, mas não conseguiram ser transferidas para o voo de San Salvador e depois Roatán. Pareciam ter desaparecido em Dulles. Então, com o frenesi de telefonemas continuando na tarde de quarta-feira, as malas chegaram inesperadamente ao Aeroporto de Roatán. Virgilio Paredes foi com Steve ao aeroporto para acelerar a liberação na alfândega hondurenha. Ele fez um magistral trabalho de intimidação, acenando com o cartão oficial do presidente, e as malas foram liberadas e levadas às pressas para o Cessna no final da pista do aeroporto. Demorou duas horas para o técnico e Juan Carlos instalarem a peça e conseguirem que a máquina do *lidar* funcionasse de novo. Quando retornaram ao Parrot Tree, eufóricos pois os caros cinco dias de atraso haviam acabado, a United Airlines ligou novamente para dizer mais uma vez que, apesar dos esforços muito diligentes, eles lamentavam terrivelmente, mas tinham sido incapazes de localizar as malas perdidas.

A missão foi retomada na manhã seguinte, quinta-feira, com sobrevoos do A2 e do A3. Eles foram impecáveis. Mais uma vez nos reunimos no bangalô de Michael Sartori para ver as imagens em seu laptop. E mais uma vez ficamos absolutamente pasmos: A3 continha um conjunto de ruínas ainda maior do que o do A1. A2 também revelou elementos enigmáticos, feitos pelo homem, que eram mais difíceis de interpretar. Alguns imaginaram que poderiam ser pedreiras ou fortificações.

Em sua busca quixotesca pela mítica Cidade Branca, Elkins e sua equipe tinham encontrado não apenas um grande sítio, mas dois, aparentemente construídos pela civilização quase desconhecida que uma vez habitou Mosquitia. Mas seriam eles cidades? E poderia um deles realmente ser *a* Cidade Branca, *a* Cidade Perdida do Deus Macaco? Essa, no entanto, era a pergunta errada – estava claro para todos nesta altura que a Cidade Branca era uma mistura de histórias e provavelmente não existia na forma em que era descrita. Como a maioria das lendas, no entanto, ela estava ancorada na verdade: as descobertas do *lidar* haviam confirmado que Mosquitia tinha sido de fato o território de uma grande e misteriosa civilização que construiu muitos assentamentos extensos antes de desaparecer. Era exatamente como Cortés havia escrito cinco séculos atrás: essa terra tinha sido lar de "províncias muito extensas e ricas". Mas o que fez com que desaparecesse tão repentina e completamente?

CAPÍTULO 12
"HÁ UMA GRANDE CIDADE AQUI"

NA SEXTA-FEIRA, ÁFRICO MADRID chegou em Roatán acompanhado de um grupo de oficiais hondurenhos. Eles lotaram o quarto de Sartori para examinar as imagens na tela do computador. Naquela noite Madrid ligou para o presidente Lobo em sua casa para relatar que acreditava que a Ciudad Blanca tinha sido encontrada. Quando ouviu as notícias, Lobo me disse mais tarde, ele ficou "totalmente sem palavras". Ele disse: "Essa descoberta vai contribuir para toda a humanidade, não apenas para Honduras". Para determinar quão importante era, teriam que esperar por uma expedição terrestre, mas era claramente uma das mais relevantes descobertas arqueológicas do novo século.

Ambos os homens creditaram-na à mão de Deus; afinal, Mabel Heinicke tinha se aproximado deles na igreja no exato momento em que a nova administração estava sendo formalmente abençoada. "Não há coincidências", disse-me Madrid. "Acredito que Deus tenha planos extraordinários para o nosso país, e a Ciudad Blanca pode ser um deles." A descoberta, ele acreditava, era o início de uma mudança em Honduras: "Ela colocará Honduras no mapa em termos de turismo, pesquisa científica, história e antropologia".

Um jantar comemorativo foi realizado em uma longa mesa montada na praia, com tochas acesas, discursos e brindes.

Após o mapeamento do A3, as duas semanas da expedição *lidar* terminaram e Chuck Gross partiu para Houston no pequeno e robusto Skymaster carregado com toda a sua tecnologia confidencial. Steve e Juan Carlos foram convocados ao palácio presidencial em Tegucigalpa para apresentar a descoberta em uma reunião de gabinete, que foi televisionada ao vivo para a nação. Seguiu-se uma conferência de imprensa nas escadarias do palácio. Um comunicado à imprensa, emitido em conjunto pela equipe de Elkins e pelo governo hondurenho, anunciou a descoberta "do que parece ser evidência de ruínas arqueológicas em uma área há muito ligada a rumores sobre a lendária cidade perdida de Ciudad Blanca". A qualificação cuidadosa na declaração foi ignorada pela imprensa popular, que anunciou com enorme fanfarra que a verdadeira Ciudad Blanca havia sido encontrada.

Enquanto os hondurenhos celebravam, um pequeno número de arqueólogos norte-americanos recebeu as notícias com críticas e raiva. Em duas postagens no Berkeley Blog, a professora Rosemary Joyce, uma autoridade altamente respeitada em pré-história hondurenha da Universidade da Califórnia em Berkeley, denunciou o projeto como um "falatório exagerado". Ela escreveu: "A imprensa hondurenha começou a trombetear, mais uma vez, a descoberta da Ciudad Blanca, a mítica Cidade Branca supostamente localizada em algum lugar no leste de Honduras". Ela também criticou o *lidar* como ferramenta arqueológica. "O LiDAR pode produzir imagens de paisagens mais rápido do que pessoas caminhando na mesma área, e com mais detalhes. Mas isso não é arqueologia de qualidade, porque tudo o que produz é uma *descoberta* – e não *conhecimento*. Se é uma competição, então vou apostar meu dinheiro em pessoas fazendo pesquisa de solo[...] LiDAR é *caro*. E eu questiono o valor que você obtém em vista do dinheiro que ele custa... [Lidar] pode ser boa ciência, mas é má arqueologia."

Eu liguei para a Dra. Joyce alguns dias depois do meu retorno aos Estados Unidos para ouvir seus pontos de vista com mais detalhes. Ela me disse que, quando ouviu a notícia, ficou furiosa. "Esta é pelo menos a quinta vez que alguém anuncia ter encontrado a Cidade Branca", disse ela, aparentemente confundindo as reportagens sensacionalistas da mídia hondurenha, que alegava que havíamos encontrado a Cidade Branca, com o comunicado cuidadosamente elaborado pela expedição. "Não *existe* Cidade Branca. A Cidade Branca é um mito, um mito moderno, criado em grande parte por aventureiros. Eu sou bastante intolerante com esse grupo de pessoas porque eles são aventureiros, e não arqueólogos. Eles estão atrás de espetáculo. A cultura não é algo que você possa ver do avião do *lidar* milhares de metros acima. Há uma coisa que chamamos de 'trabalho de campo'."

Eu mencionei que a equipe pretendia, sim, fazer trabalho de campo e que eles estavam procurando por um arqueólogo para ajudar a interpretar as descobertas, mas ela parecia inabalável. Perguntei se ela estaria disposta a dar uma olhada em uma imagem do A1 e compartilhar sua interpretação. A princípio ela negou, mas, quando eu a pressionei, concordou relutantemente. "Vou dar uma olhada, mas não prometo ligar de volta."

Mandei um e-mail para ela com uma imagem de uma porção do A1. Ela ligou de volta imediatamente. Sim, disse ela, aquilo era um sítio arqueológico, e não era pequeno (eu tinha enviado para ela apenas uma pequena seção do A1). Ela podia ver "três grandes grupos de estruturas maiores", bem como "uma praça, um espaço público por excelência, uma possível quadra e muitos montes de casas". Ela supunha que o sítio datava do período clássico tardio ou pós-clássico, entre 500 e 1000 d.C. Contudo, ela encerrou a ligação com outro arroubo sobre a expedição: "É enfurecedor ver a arqueologia retratada como uma espécie de caça ao tesouro!".

Apesar das preocupações da professora Joyce, Elkins e Benenson estavam determinados a estabelecer a legitimidade arqueológica da descoberta. Eles procuraram por um arqueólogo que pudesse estudar as imagens do *lidar* e descobrir mais precisamente o que elas representavam. Precisavam de alguém que fosse um especialista não apenas em Mesoamérica, mas também em interpretação de imagens de *lidar*. Encontraram a combinação perfeita na pessoa de Chris Fisher, um professor de Antropologia da Universidade Estadual do Colorado. Fisher tinha trabalhado com os Chase no projeto de Caracol e sido coautor dos artigos científicos que eles publicaram, bem como o primeiro arqueólogo a usar o *lidar* no México.

Ele foi parar na arqueologia de forma pouco convencional. Crescendo em Duluth e depois em Spokane, tornou-se um baterista talentoso e marchou no Drum Corps International Salem Argonauts. Fez uma turnê nacional de costa a costa com o corpo de tambor em um ônibus caindo aos pedaços cujo motorista era um ex-Hell Angel que tinha perdido uma perna em um acidente de moto; eles dormiam no ônibus, enquanto viajavam à noite, e se apresentavam durante o dia.

Com aspirações de ser baterista de jazz, em vez de ir para a faculdade depois do colegial, ele tocava enquanto trabalhava em "um bando de empregos ruins". Quando lhe foi oferecida uma posição cobiçada de gerente de um 7-Eleven, ele teve uma epifania: "Eu disse a mim mesmo: 'Puta merda, eu tenho que ir para a faculdade. Não posso fazer isso pelo resto da minha vida'". Ele começou cursando Música, percebeu que não tinha foco para ser um baterista de jazz de sucesso e mudou para Antropologia. Em uma escola de arqueologia de campo, onde ajudou a escavar um sítio arcaico no meio de um milharal, ele se apaixonou completamente pela área. Ele continuou até o doutorado, com uma tese que enfocava um sítio em Michoacán, México. Enquanto fazia uma pesquisa na área, Fisher se deparou com o que pareciam ser os restos de uma pequena aldeia pré-colombiana dispersa sobre um antigo leito de lava, chamada Angamuco. Este fora no passado um assentamento do forte povo Purépecha (Tarasco), que rivalizava com os Astecas no centro do México, desde cerca de 1000 d.C. até a chegada dos espanhóis, no início dos anos 1500.

"Achávamos que poderíamos terminar Angamuco em uma semana", recordou ele. "Nós fomos continuando e continuando." Ele se revelou um sítio enorme. Em 2010, Fisher utilizou o *lidar* para mapear Angamuco. Os resultados foram talvez ainda mais surpreendentes do que aqueles obtidos em Caracol. As imagens reunidas após apenas 45 minutos de voo sobre Angamuco revelaram *20 mil* elementos arqueológicos anteriormente desconhecidos, incluindo uma pirâmide bizarra que, vista de cima, tem a forma de um buraco de fechadura.

"Eu quase comecei a chorar quando vi as imagens do *lidar*" de Angamuco, Fisher me disse. Elas não apenas eram espetaculares para ele como arqueólogo; mas ele percebeu que elas também iriam mudar sua vida profissional. "Eu pensei: 'Oh, meu Deus, eu acabei de recuperar dez ou doze anos da minha vida'. Eu teria demorado esse tempo para escavar aqueles nove quilômetros quadrados."

Desde então, ele havia expandido sua pesquisa com *lidar* em Angamuco: "É com espanto que digo que agora sabemos que Angamuco cobre 26 quilômetros quadrados [dez milhas quadradas]. Estamos procurando, talvez, por cem ou cento e vinte pirâmides", além de assentamentos densos, estradas, templos e túmulos. O "pequeno" sítio acabou por ser uma imensa e importante cidade pré-colombiana.

Satisfeito de ter Fisher a bordo, Elkins enviou-lhe os mapas do *lidar*. Fisher passou seis meses estudando-os. Em dezembro, numa reunião em São Francisco, apresentou suas descobertas à equipe de expedição. Mesmo que A1 impressionasse, Fisher acreditava que A3 era ainda mais interessante.

As duas ruínas definitivamente não eram maias. Elas pertenciam a uma cultura antiga inteiramente distinta que dominou Mosquitia muitos séculos atrás. Fisher concluiu que a arquitetura cerimonial, as gigantescas estruturas de terra e as múltiplas praças reveladas nas imagens sugeriam que tanto A1 como A3 eram "cidades" antigas, como se define arqueologicamente. Ele pontuou que essa não era necessariamente a definição de cidade de uma pessoa comum. "Uma cidade", explicou ele, "é uma organização social complexa, multifuncional; ela tem uma população socialmente estratificada com divisões claras de espaço, intimamente conectadas com o ambiente. Cidades têm funções especiais, incluindo cerimonial, e estão associadas à agricultura intensiva. E elas geralmente envolvem grandes, monumentais reconstruções do território".

"Há uma grande cidade aqui [em A3]", disse Fisher na reunião. "Ela é comparável em área geográfica ao coração de Copán, a cidade maia no oeste de Honduras. Ele mostrou um mapa da área central de Copán, superposto no mapa *lidar* da cidade desconhecida de A3; ambas cobriam cinco quilômetros quadrados. "A escala do sítio é impressionante", disse ele aos presentes. "Esses são dados que teriam levado décadas para ser coletados na arqueologia tradicional." Depois de outros exames das imagens do *lidar* de A1, Fisher identificou dezenove assentamentos conectados ao longo de vários quilômetros do rio, que ele acreditava ser parte de uma chefia que governava o vale.

Mais tarde, Fisher me disse que as duas cidades pareciam ser maiores do que qualquer coisa previamente encontrada em Mosquitia. Nas imagens ele também identificou várias centenas de locais menores, de aldeias agrícolas até arquitetura monumental, canais e estradas, e sinais de encostas com cultivo de terraceamento. "Cada uma dessas áreas foi um dia um ambiente humano completamente modificado", disse ele. A2 também apresentou muitos elementos intrigantes que eram mais difíceis de interpretar.

Essas duas cidades não eram únicas. Elas eram semelhantes a outros importantes locais encontrados em Mosquitia, como Las Crucitas de Aner, a maior ruína em Mosquitia. A1, no entanto, é pelo menos quatro vezes maior que Las Crucitas (com base em mapas publicados), e A3 é várias vezes maior que isso (A1 é pelo menos cinco vezes maior que o sítio de Stewart em Lancetillal). Mas isso, Fisher explicou, não significava muita coisa, já que nenhum sítio em Mosquitia havia sido mapeado na sua totalidade. O *lidar* pega detalhes, como terraços e canais antigos, que seriam extremamente difíceis de ver de qualquer outra forma, o que naturalmente faria com que A1 e A3 parecessem maiores do que Las Crucitas – uma imagem do *lidar* de Las Crucitas pode mostrar que a cidade se estendia por uma área muito maior do que a anteriormente conhecida. Os mapas do *lidar* de A1 e A3 indicam que muitos sítios de Mosquitia, quase a maioria dos quais tinha sido mal mapeada (se é que tinham sido mapeadas de alguma forma). Poderiam ser muito maiores do que se pensava anteriormente: os mapas do *lidar* provaram que a civilização sem nome que tinha construído A1 e A3 era extensa, poderosa e bem-sucedida. Também de imenso significado e extremamente raro, disse ele, era que A1 e A3 davam toda a impressão de estarem completamente intocados e não saqueados.

Fisher observou que, ao contrário das cidades antigas como Copán e Caracol, que foram construídas em torno de um núcleo central, as cidades de Mosquitia eram espalhadas, "mais parecidas com Los Angeles do que com Nova York". Acrescentou: "Eu me ouço dizendo essas coisas, e sei, simplesmente sei, que vai haver uma tempestade de críticas. Mas eu aprendi sozinho a analisar esses dados. Ainda não há muitos arqueólogos que têm experiência trabalhando com o *lidar*. Mas em dez anos todo mundo vai usá-lo", previu ele.

Perguntei a Fisher se a Cidade Branca finalmente fora encontrada. Ele riu. "Eu não acho que exista uma única Ciudad Blanca", disse. "Acho que existem muitas." O mito, disse ele, é real no sentido de que tem significado intenso para os hondurenhos, mas para os arqueólogos é mais uma "distração".

A professora Joyce estava certa sobre uma coisa: um sítio não é realmente "encontrado" até que seja confirmado no solo. Elkins e

Benenson começaram imediatamente a planejar uma expedição para explorar A1 ou A3. Fisher defendeu com firmeza que fosse A3, mas Elkins sentia que A1 oferecia uma área mais compacta, complexa e interessante. A verdade é que ele vinha tentando entrar no A1 havia vinte anos; não iria parar agora.

Elkins e Benenson passaram os dois anos seguintes organizando a expedição para A1 e assegurando as autorizações de exploração e de filmagem. Em 2014, quando o mandato do presidente Pepe Lobo terminou, o ex-presidente do Congresso, Juan Orlando Hernandez, foi escolhido em eleições justas e monitoradas. Por sorte, ele estava na mesma página que seu predecessor sobre a importância do projeto; na verdade, ele estava ainda mais entusiasmado e fez da exploração das ruínas uma das principais prioridades de sua nova administração. O processo de permissão, embora tão louco como sempre, foi bem-sucedido. Mais uma vez Benenson colocou seu próprio dinheiro – outros 500 mil dólares. A maioria desses fundos era para pagar por helicópteros, a única forma viável (e segura) de viajar no vale do A1. A equipe então começou a planejar uma expedição a um dos lugares mais perigosos e remotos da Terra. Tive a sorte de ser convidado para participar da equipe, desta vez como correspondente da revista *National Geographic*.

CAPÍTULO 13
"SUAS PRESAS PODEM ESGUICHAR VENENO A QUASE DOIS METROS"

NOSSA EXPEDIÇÃO PARA explorar o vale do A1 foi montada em Tegucigalpa, a capital de Honduras, em 14 de fevereiro de 2015. Tegucigalpa encontra-se nas terras altas do sul de Honduras. É uma densa cidade de pequenos bairros tortuosos e favelas que se agarram a íngremes colinas, com telhados de zinco brilhando ao sol, rodeadas de dramáticas montanhas vulcânicas. Um cheiro de comida sendo cozinhada paira no ar, misturado com fumaça de diesel e poeira. O Aeroporto Internacional Toncontín é famoso por sua aproximação montanhosa e complicada e por sua pista pequena, que, segundo os pilotos, torna sua aterrissagem uma das mais difíceis da aviação comercial no mundo.

Minha cobertura da expedição para a *National Geographic* seria uma parceria com o famoso fotógrafo Dave Yoder. Yoder era um perfeccionista ranzinza de ombros largos e rosto vermelho, que tinha vindo direto para Honduras de uma missão para fotografar o Papa Francisco no Vaticano. "Eu nunca estive tão deslocado na minha vida", disse ele ao chegar na selva. Naquela missão ele tinha tirado um cândido retrato do Papa Francisco em pé sozinho na Capela Sistina, o qual compartilhou conosco no seu iPad, expressando sua esperança de que ele se tornasse a capa da revista. Era uma fotografia evocativa e visualmente deslumbrante, e de fato foi a capa da edição de agosto de 2015 da *National Geographic*. Ele estava trazendo para a selva três câmeras Canon, dois computadores e uma mala de discos rígidos. Ao contrário de muitos outros fotógrafos com quem eu trabalhei, ele se recusava a preparar uma foto, pedir a alguém para posar ou arrumar um modo de refazer; era um purista. Enquanto trabalhava, nunca dizia uma palavra; permanecia em silêncio, uma figura carrancuda pairando no fundo (ou em primeiro plano, ou na sua cara), com a câmera clicando quase continuamente. Nas raras vezes que ele não estava com uma câmera, se tornou notório por seus gracejos secos e irônicos. Ao longo da expedição ele iria tirar dezenas de milhares de fotografias.

A equipe se encontrou no Marriott Hotel em Tegucigalpa. No final da tarde, nos reunimos com autoridades hondurenhas e oficiais militares para discutir a logística da expedição. No transcorrer desses anos, Bruce Heinicke morrera; tinham ficado para trás os dias de subornos, acordos por baixo dos panos e ameaças veladas de violência. A expedição contratou uma equipe menos pitoresca, mas com coordenadores igualmente eficazes para garantir que tudo corresse como planejado.

Chris Fisher preparou grandes mapas *lidar* de ambos os lados do A1 e A3. Esses mapas estavam muito longe das primeiras imagens em níveis de cinza que tínhamos visto no computador de Sartori. Os dados foram cuidadosamente manipulados e ajustados, cores realistas foram adicionadas e as imagens agora estavam impressas em plantas com detalhes sem precedentes. Versões eletrônicas foram configuradas para corresponder a um "dicionário de dados on-line" que permitiria a Chris marcar imediatamente e gravar nos mapas eletrônicos qualquer recurso que encontrasse na selva.

Steve Elkins desenrolou os mapas na mesa de conferência, um deles exibindo A1 e o outro, A3. A1 era o objetivo principal, mas Elkins esperava que uma rápida pesquisa de solo de A3 também fosse possível.

O primeiro passo foi entrar em A1 de helicóptero. Isso não era uma questão simples. A expedição havia trazido um pequeno helicóptero Airbus AStar, e a Força Aérea Hondurenha concordou em fornecer um modelo Bell 412SP, bem como os soldados que o acompanhariam. Precisávamos identificar as possíveis zonas de pouso dos helicópteros em A1 e descobrir como limpá-las de árvores e outras vegetações.

O contingente militar hondurenho era comandado pelo tenente-coronel Willy Joe Oseguera Rodas, um homem silencioso e discreto vestindo uniformes militares casuais. Ele era uma figura conhecida na história recente de Honduras – o oficial militar que algemou pessoalmente o presidente deposto Zelaya durante o golpe de 2009.

Oseguera abriu a discussão explicando que a Força Aérea tinha examinado de perto o terreno e sentiu que a única zona segura para aterragem do Bell 412 estava a vinte quilômetros de distância – fora do vale. Elkins discordou. Vinte quilômetros nas montanhas de Mosquitia poderiam muito bem representar mil milhas; uma viagem terrestre daquele tamanho levaria uma semana ou mais, mesmo para tropas com experiência na selva.

"Isso", disse Elkins, apontando para o imenso mapa, "é o vale do A1. Há apenas uma maneira de entrar – através dessa lacuna. Onde os dois rios se dividem, há uma área sem árvores. Seria uma área fácil para pousar, mas ela exigiria a limpeza de dois a três metros de matagal". Ele apontou para uma área poucos quilômetros ao norte, logo abaixo da cidade. "E há outro local de pouso possível ao lado das ruínas. Mas as árvores podem estar muito juntas."

Os militares queriam saber exatamente o quão arriscadas eram as duas zonas de aterragem.

Elkins trouxe seu laptop e abriu a nuvem de pontos tridimensional da zona de pouso, que, notavelmente, podia ser girada e seccionada de qualquer maneira. Chris e Juan Carlos já haviam preparado para ele seções transversais digitais de várias zonas de aterragem em potencial, que mostravam as árvores, a altura do matagal e o nível do solo, exatamente como se a paisagem tivesse sido cortada verticalmente com uma faca. Steve também havia contratado um avião para Juan Carlos voar sobre as possíveis zonas de pouso no outono de 2014, para ver se havia alguma mudança perceptível no terreno e para fazer bons vídeos e fotografias de luz visível. Toda essa preparação valeu a pena. Ao que parecia, a zona de pouso da junção do rio podia ser grande o suficiente para o Bell, e uma zona de pouso menor poderia ser aberta na margem do rio, abaixo das ruínas, largas o suficiente para inserir o AStar.

Tudo isso permaneceu no campo teórico até que pudesse ser confirmado em um voo de reconhecimento visual do vale, planejado para 16 de fevereiro, dali a dois dias.

O tenente-coronel Oseguera explicou que, uma vez que nós tivéssemos definido nossa localização, os militares hondurenhos deslocariam até o vale dezesseis soldados, que iriam acampar ao lado de nosso acampamento base e fornecer segurança. Eles eram soldados das Forças Especiais da TESON, muitos dos quais indígenas Pech, Tawahka, Garifuna e do povo Miskito, do leste de Honduras. "Os soldados são autossuficientes", disse Oseguera. "Eles acampam sozinhos. São muito tradicionalistas e vivem como índios." Os soldados, disse ele, estariam fornecendo segurança contra possíveis narcotraficantes, criminosos ou outros que pudessem estar escondidos na floresta, embora isso parecesse improvável, dada a distância do vale. Acima de tudo, eles participariam de um exercício militar chamado *Operación Bosque*, "Operação Floresta", que iria treiná-los para proteger a floresta tropical e seus tesouros arqueológicos.

Havia ainda outra maneira na qual a exploração do vale do A1 se mesclava com os interesses do presidente recém-eleito. Hernandez havia expressado preocupação com o desmatamento, a pilhagem dos tesouros arqueológicos de Honduras e a necessidade premente de o país baixar sua taxa de criminalidade, reduzir o contrabando de drogas e – acima de tudo – aumentar o turismo como maneira de elevar a economia. Para combater o crime, levou o exército para as ruas. Alguns hondurenhos ficaram indignados com o fato de os militares terem sido enviados para uma função civil, mas o programa era popular nos bairros atormentados por gangues e crimes. A Operação Floresta faria para as matas o que a política de Hernandez estava fazendo nas ruas: soldados treinados para viver de maneira autossuficiente na floresta tropical com postos de trabalho rotativos se tornariam um impeditivo semipermanente para madeireiros ilegais, saqueadores arqueológicos e narcotraficantes, que contam com o isolamento da selva para conduzir seus negócios.

Enquanto eu revisava nossos planos para a expedição, no entanto, Oseguera sentiu-se obrigado a registrar uma séria objeção à nossa logística. Ele notou que estávamos levando apenas sete doses de antídoto para veneno de cobra: duas para picadas de cobra coral e cinco para picadas de crotalídeos (víboras). Ele não acreditava que fossem suficientes; o mínimo seriam pelo menos vinte doses (uma única mordida, dependendo do tamanho da cobra e da quantidade de veneno que ela injeta, geralmente requer doses múltiplas para tratamento). Na experiência do militar, as cobras venenosas estavam em toda parte e eram difíceis de evitar em meio à folhagem pesada. Especialmente problemáticas eram as menores, que descansam em ramos baixos e, quando perturbadas, caem sobre o viajante incauto.

Elkins hesitou: tinha sido quase impossível conseguir aquelas sete doses, devido em parte a uma escassez de antídoto. Elas tinham custado milhares de dólares, e não havia como obter mais em curto prazo. A discussão terminou aí, mas quando olhei em volta notei que várias pessoas pareciam desconfortáveis, eu entre elas.

Naquela noite, o nosso grupo principal – Steve Elkins, Dave Yoder, Chris Fisher e eu – se encontrou com James Nealon, o embaixador americano em Honduras, e sua esposa, Kristin, na fortificada embaixada e residência no topo de uma colina com vista para as luzes cintilantes da cidade. Nealon foi capturado pela história da cidade perdida e ficou fascinado com o que poderíamos encontrar, e nos deu um resumo detalhado e perspicaz sobre Honduras, que, ele observou enfaticamente, era extraoficial. A frase "dissonância cognitiva" surgiu várias vezes. Nós prometemos relatar nossas descobertas quando voltássemos da selva dentro de duas semanas.

Na manhã seguinte, nosso comboio deixou Tegucigalpa em vans, em direção a Catacamas, a quatro horas e meia de distância. O helicóptero AStar da expedição seguiu o comboio do alto. Os soldados hondurenhos em veículos militares à frente e atrás do comboio garantiam a segurança, uma precaução de rotina contra o banditismo e o sequestro, especialmente necessária porque estávamos transportando um tanque de combustível de aviação, altamente cobiçado por contrabandistas de drogas. O comboio estava em constante comunicação conosco e com os outros soldados por rádios de duas vias.

Foi uma longa e poeirenta viagem por estradas montanhosas, até uma sucessão de aldeias empobrecidas com casas dilapidadas, montes de lixo, esgotos a céu aberto e cachorros de carinhas tristes e orelhas caídas perambulando próximo à estrada. Passamos por uma vila bastante diferente e bonita, de casas boas e pintadas com cores alegres – turquesa, rosa, amarelo e azul –, paredes de adobe, cobertas com buganvílias roxas e vasos de flores nas janelas. Aquelas ruas eram limpas e bem varridas mas, quando entramos na cidade, os soldados alertaram pelo rádio que sob nenhuma circunstância deveríamos parar, pois ela era administrada por um poderoso cartel de drogas. Nos asseguraram de que os narcos estavam engajados em seus próprios negócios e não nos incomodariam, desde que nós não os incomodássemos. Seguimos em frente.

Finalmente chegamos à cidade de Catacamas, a base de operações da expedição. Aquela, também, era uma cidade atraente de casas com paredes caiadas, telhados vermelhos, população de 45 mil pessoas, aninhadas contra as montanhas, com vista para uma rica e ampla planície pontilhada com gado de corte e cavalos de boa aparência, banhada pelo Rio Guayape.

A pecuária é uma tradição reverenciada e motivo de orgulho em Catacamas, mas nos últimos anos ela foi ofuscada pelo negócio do contrabando de drogas. A cidade tinha sido tomada pelos senhores do narcotráfico, que passaram a ser conhecidos como o cartel de Catacamas. Ele concorria com outro cartel na cidade vizinha de Juticalpa, e a estrada entre as duas cidades – a qual nós estávamos percorrendo – tinha se tornado uma zona de batalha, assolada por assaltos, assassinatos e roubos violentos de carros, muitas vezes cometidos por criminosos se passando por policiais. O ano 2011 foi cenário de um dos piores massacres relacionados ao tráfico de drogas em Honduras, em que um atirador abriu fogo contra um micro-ônibus de civis, matando oito pessoas, entre mulheres e crianças. Em 2015, no momento em que chegamos, o narcotráfico havia diminuído um pouco, mas a cidade ainda era perigosa. Enquanto estava lá, ouvi de um empresário local que o custo de um assassinato por contrato em Catacamas era de 25 dólares. No entanto, nos asseguraram que não corríamos perigo por causa da nossa guarda de soldados de elite hondurenhos.

O Hotel Papa Beto era o melhor da cidade, uma fortaleza branca localizada no centro da cidade velha, com uma luxuosa piscina e um pátio fechado com portais sombrios, arqueados. O edifício era cercado por seis metros de paredes de concreto cobertas na parte de cima por vidro quebrado e arame farpado. Quando nos registramos e recebemos nossas chaves, nossos soldados de escolta com M16s e armas automáticas Galil israelense ficaram de guarda no saguão. A expedição havia ocupado todo o hotel, e espalhamos nossos equipamentos em pilhas organizadas, prontas para serem embaladas e transportadas para a selva.

Nós passaríamos duas noites no hotel antes de adentrar o desconhecido, voando para o vale e fixando um acampamento de base. Com exceção da escassez do antiveneno de cobra, Elkins e sua equipe tinham planejado tudo até o último detalhe, um trabalho de notável minúcia, mesmo que tivéssemos apenas uma vaga noção das reais condições que poderíamos encontrar no vale do A1 em termos de cobras, insetos, doenças, clima e dificuldade da viagem. Apenas duas pessoas na expedição tinham visto de perto o vale: Juan Carlos e eu (Tom Weinberg fez um breve voo sobre o A1 em 1998 em uma missão de socorro com os militares americanos, para entregar suprimentos para moradores ilhados após o furacão Mitch. Embora a tempestade tivesse descarrilado seus planos, Steve esperava que Tom pudesse ver algo no vale misterioso que ele estava convencido de que continha uma cidade perdida. Então, Tom persuadiu o piloto a alterar seu plano de voo para conseguir uma rápida olhada no caminho, mas não havia nada além de cobertura de árvores densas). Ninguém tinha estado no solo em, talvez, centenas de anos. Não havia ninguém para perguntar, não havia guias para consultar, não havia mapas além das imagens do *lidar* e nenhuma maneira de visualizar o que encontraríamos nas ruínas da cidade. Era ao mesmo tempo enervante e excitante saber que seríamos os primeiros.

Elkins e Benenson haviam contratado três ex-oficiais britânicos dos Serviços Aéreos Especiais (SAS) para lidar com a logística de montar acampamento e navegar pela selva. Seu líder era Andrew Wood. Ele tinha servido em muitas funções no SAS, incluindo a de instrutor sênior de guerra na selva, especialista em explosivos e demolição e médico de trauma avançado em combate; falava árabe, servo-croata e alemão. Era um habilidoso rastreador, atirador de elite e paraquedista de queda livre. Depois de deixar o exército, Woody fundou uma empresa chamada TAFFS, Television and Film Facilitation Services [Serviços de Facilitação de Televisão e Cinema]. A empresa era especializada em levar equipes de cinema e televisão para os ambientes mais perigosos do mundo, mantendo-os vivos para que pudessem filmar seus projetos e, em seguida, trazendo-os de volta em segurança.

A TAFFS lidou com a logística para os programas de sobrevivência em situações extremas de Bear Grylls, e os numerosos créditos de televisão da empresa incluem *Sobrevivendo com Bear Grylls*, *À prova de tudo*, *Extreme Worlds* e *Nu e abandonado*. O próprio Woody, um sobrevivente treinado do mais alto escalão, foi convidado muitas vezes a estrelar seu próprio programa, mas sempre recusou.

Woody trouxe dois parceiros da TAFFS, Iain Mac-Donald Matheson ("Spud") e Steven James Sullivan ("Sully"). Apesar de seus modos britânicos autodepreciativos, ambos também eram ex-SAS e duros na queda. Os três tinham personalidades muito diferentes e cada um desempenhava um papel: Woody, o administrador; Spud, o amigável e descontraído executor; Sully, o sargento treinado cujo papel era intimidar, pressionar e assustar todo mundo.

Quando nos reunimos para essa primeira instrução, tivemos a chance de olhar ao redor da sala e conhecer todos os nossos colegas expedicionários juntos e pela primeira vez. Alguns de nós estiveram envolvidos no levantamento aéreo original: Tom Weinberg, Steve Elkins, Juan Carlos e Mark Adams, o mixer de som da equipe. A maioria era nova: Anna Cohen e Oscar Neil Cruz, arqueólogos; Alicia González, antropóloga; Dave Yoder, o fotógrafo da *National Geographic*; Julie Trampush, gerente de produção; Maritza Carbajal, mediadora local; Sparky Greene, produtor; Lucian Read, diretor de fotografia; e Josh Feezer, operador de câmera. Bill Benenson e vários outros membros chegariam depois, quando o acampamento estivesse consolidado.

Woody começou, inexpressivo, a nos dar a perturbadora palestra sobre cobras e doenças que abriram este livro. Então foi a vez de Sully falar. Sully, que havia passado 33 anos no SAS, fixou os olhos estreitos em todos nós com ceticismo e desaprovação. Ele finalmente focou em um importante membro da expedição que acusou de ter cochilado durante a reunião e cuja atitude ele havia julgado indiferente. "Você tem que se concentrar agora mesmo", disse ele em um sombrio sotaque escocês. O pobre homem parecia um animal na rodovia, apavorado diante do farol. "Talvez você pense que só estamos batendo papo aqui. Talvez pense que já sabe tudo sobre isso. E quando você estiver lá fora e entrar em apuros vai acontecer o quê? Você vai se *ferir* ou vai *morrer*, é isso que vai acontecer. E quem é o maldito responsável? *Nós somos* os malditos responsáveis. Então isso não vai acontecer sob nossos cuidados." Seu olhar de esguelha varreu a todos nós. "*Não sob nossos cuidados.*"

A sala inteira afundou em um pesado silêncio enquanto todos nós nos esforçávamos para parecer estar prestando a máxima atenção. Depois de um longo e desconfortável momento, Sully repassou os planos para o dia seguinte. Dois helicópteros, o AStar da expedição e o Bell 412 dos militares hondurenhos, voariam para o vale para descobrir possíveis zonas de aterrissagem. Quando as áreas de pouso fossem escolhidas, o helicóptero AStar desembarcaria Woody, Sully e Spud com facões e motosserras para limpar a zona de pouso. Se o matagal fosse grosso e alto, Sully disse, as primeiras equipes podiam ter que descer de rapel do helicóptero pairando acima. Steve escolheu um grupo de cinco pessoas, incluindo eu, que estariam no primeiro grupo a pousar na floresta, e Sully agora tinha que nos treinar para fazê-lo com segurança.

Nós seguimos Sully até o pátio externo do hotel, onde ele tinha deixado preparada uma mochila de equipamentos. Ele nos mostrou como colocar um arreio de escalada, como se afastar no pontão de um helicóptero pairando, como descer pela corda usando um dispositivo mecânico de desaceleração chamado *descender*, soltar o clipe, sinalizar e se afastar. Eu tinha alguma experiência de rapel em penhascos e cachoeiras congeladas, mas sempre com a segurança de uma face vertical em que colocar os pés enquanto descia. Descer de um helicóptero flutuante no espaço livre parecia menos seguro, e se você não se soltar corretamente quando chegar no chão, o helicóptero pode decolar com você ainda pendurado. Cada um de nós praticou a manobra várias vezes até que tivéssemos acertado segundo os padrões exigentes de Sully.

O pequeno AStar que entraria primeiro só poderia carregar três passageiros, ou dois com equipamento. A pergunta final era quem exatamente, entre nossos cinco sortudos, conseguiria um lugar cobiçado no primeiro voo. Elkins já havia arbitrado algumas disputas furiosas entre os membros da equipe sobre quem seria incluído. Chris argumentou com sucesso que ele tinha que estar no primeiro voo porque precisava certificar que a zona de pouso não era em si mesma um sítio arqueológico que seria danificado por aterragens de helicópteros. Dave Yoder exigiu estar naquele primeiro voo, de modo que pudesse capturar o momento em que as botas tocassem no chão pela primeira vez; um de seus princípios fundamentais como fotógrafo era nunca fotografar uma reconstituição. Steve designou o terceiro lugar para Lucian Read, o DP (diretor de fotografia) da equipe de filmagem, para que ele pudesse registrar o momento em filme.

Eu voaria na segunda viagem com Juan Carlos e uma carga de equipamento essencial. Os cinco de nós e a equipe de Woody faríamos um acampamento primitivo naquela noite. O resto da expedição, incluindo Steve, voaria para o vale nos dias seguintes. Por mais empolgado que estivesse por realizar o sonho de uma vida inteira, Steve tinha sacrificado seu próprio lugar no helicóptero para nós, porque sentiu que era importante ter os cineastas, o escritor e os cientistas no vale em primeiro lugar. Ele voaria no dia seguinte.

Os militares hondurenhos, com seu helicóptero maior, teriam que encontrar uma zona de pouso mais longe, rio abaixo; os soldados teriam então que subir o rio para estabelecer um acampamento atrás do nosso.

Então, naquele primeiro dia e noite, estaríamos por nossa conta.

CAPÍTULO 14
"NÃO COLHA AS FLORES!"

NO DIA 16 DE FEVEREIRO, ao amanhecer, a primeira equipe se amontoou na van e se dirigiu para o aeroporto de El Aguacate, uma pista de pouso tosca na selva construída pela CIA durante a guerra dos Contras. Era localizada perto da base das montanhas cerca de dezesseis quilômetros a leste de Catacamas. Os dois helicópteros estavam esperando: o AStar, pintado de um brilhante vermelho maçã do amor e branco, que tinha sido trazido de Albuquerque, e um Bell 412 hondurenho, pintado em cinza de combate. Este primeiro voo era para ser apenas um reconhecimento visual, para explorar as duas zonas de aterrissagem possíveis: uma abaixo do sítio arqueológico, a outra na junção dos dois rios. Não haveria pouso em A1 nessa missão aérea.

Eu peguei o helicóptero hondurenho com Dave Yoder, enquanto Elkins pegou o AStar. Decolamos às 9h45 da manhã, rumo ao nordeste, com o combinado de que os dois pássaros manteriam contato visual um com o outro o tempo todo.

O helicóptero hondurenho em que eu estava teve problemas para sair do chão e, assim que decolou, começou a voar de forma irregular, com uma inclinação. Enquanto voávamos, várias luzes vermelhas e um alarme soaram no console, e então viramos e voltamos para o Aguacate, onde o helicóptero fez um pouso abrupto. Descobriu-se que um controle do computador tinha estragado. Eu havia estado em aeronaves duvidosas antes, mas se tratando de um helicóptero o nível de preocupação é outro, porque, se o motor falhar, não dá para planar; o piloto deve tentar executar uma "descida sem alimentação", um eufemismo para cair do céu como uma pedra. Como os helicópteros são muito caros para voar e exigem muita manutenção, as forças armadas hondurenhas não podem se dar ao luxo de dar aos seus pilotos de helicóptero o mesmo número de horas de voo que, por exemplo, os pilotos da Força Aérea dos Estados Unidos têm. Ainda menos reconfortante era o fato de que esses helicópteros eram antigos e tinham circulado pelos espaços aéreos de vários países estrangeiros antes de serem adquiridos por Honduras.

Enquanto esperávamos na pista de pouso, o AStar finalmente retornou. Apesar do acordo para ficarmos juntos, a outra aeronave tinha ido na frente. Elkins saltou para fora. "Bingo", disse ele, levantando o polegar com um sorriso. "Podemos pousar no local! Mas não dá para ver nada das ruínas – é tudo muito denso."

A Força Aérea Hondurenha trouxe um Bell substituto, e ambos os helicópteros fizeram um segundo reconhecimento no vale do A1 mais tarde no mesmo dia. Desta vez, o piloto do AStar queria pairar sobre a zona de pouso potencial e explorá-la mais detidamente. O helicóptero militar, por outro lado, iria examinar a zona de aterragem maior rio abaixo, para ver se poderia acomodar seu tamanho. Como as duas zonas de pouso eram separadas apenas por alguns quilômetros, os dois pássaros voariam juntos e manteriam contato visual sempre.

Mais uma vez eu voei no helicóptero militar. Por meia hora estivemos voando sobre terrenos íngremes, mas vastas áreas de montanhas tinham sido limpas, mesmo em encostas de quarenta a cinquenta graus. Esse território era novo para mim: em 2012, nós voamos a partir do noroeste; agora estávamos voando do sudoeste. Eu podia ver que a clareira não era para extração de madeira; parecia que poucas ou nenhuma árvore tinham sido cortadas, e estavam dispostas no chão para secar e serem queimadas, como evidenciado pelas plumas de fumaça que subiam por toda parte. O objetivo final, eu podia ver, era transformar a terra em pastagem para gado – que pontilhava até as encostas mais íngremes.[14]

Finalmente deixamos os desmatamentos para trás e estávamos voando sobre um tapete virgem de picos camuflados da selva.

Mais uma vez tive a forte sensação, enquanto voava até o vale, de que eu estava saindo inteiramente do século XXI. Um cume íngreme apareceu à frente, marcando o limite sul do A1. O piloto se dirigiu para uma fenda em V ali existente. Quando passamos pela abertura, o vale se abriu em uma paisagem ondulante de esmeralda e ouro,

---

[14] Mais tarde, investiguei o desmatamento ilegal e o responsável por ele. A terra do sudoeste de Mosquitia – o Vale de Olancho e região – é uma das maiores áreas produtoras de carne bovina na América Central, com 750 mil cabeças de pastoreio. As fazendas dos arredores – legais e ilegais – produzem milhares de toneladas de carne para mercados estrangeiros, especialmente os Estados Unidos. Pude verificar (através de uma fonte irrepreensível em Honduras) que, depois de passar por vários intermediários, algumas dessas carnes ilegais da floresta tropical acabam em hambúrgueres para o McDonald's e outras cadeias de *fast food* americanas.

Quando perguntei, algum tempo depois, ao departamento de relações públicas do McDonald's sobre isso, dentro de três dias pessoas em Honduras relataram que a filial da empresa dos Estados Unidos estava fazendo investigações intensivas no país sobre as fontes das carnes de Honduras que iam para os Estados Unidos; a empresa exigia saber o que estava sendo feito para garantir que o gado de corte da região de Mosquitia não viesse de "fazendas responsáveis por esse desmatamento, ou por quaisquer práticas ambientais irresponsáveis", de acordo com as palavras de minha fonte. Uma semana depois, a porta-voz do McDonald's, Becca Hary, me escreveu de volta dizendo: "O McDonald's dos Estados Unidos não importa carne de Honduras ou de qualquer país da América Latina. O McDonald's tem um histórico comprovado de proteção das florestas tropicais na América Latina, garantindo que nenhum gado de terras desmatadas ingresse em sua cadeia de fornecimento".

manchado com as sombras das nuvens. Os dois sinuosos rios corriam por ele, claros e brilhantes, a luz do sol sendo refletida pelas águas onduladas enquanto o helicóptero se inclinava. Eu me lembrava do vale de quando voara com o *lidar* três anos antes, mas agora parecia mais esplêndido. Árvores imponentes da floresta tropical, envoltas em trepadeiras e flores, acarpetavam as colinas, dando lugar a clareiras ensolaradas ao longo das margens dos rios. Bandos de garças voavam abaixo de nós, pontos brancos à deriva contra o verde, e as copas das árvores se mexiam com o movimento de macacos escondidos. Como em 2012, não havia sinal de vida humana – nenhuma estrada, trilha ou tufo de fumaça.

No grande Bell, seguimos o caminho sinuoso do rio. O AStar estava à frente e abaixo de nós, e ao nos aproximarmos da zona de pouso superior, aquela perto das ruínas, ele começou a planar sobre uma área ao longo da margem do rio coberta de vegetação densa. Passamos vinte minutos circulando essa zona de pouso e depois circulamos a segunda, rio abaixo, que era maior e mais aberta. Com ambas as zonas de aterrissagem agora identificadas – uma para o Bell e a outra para o AStar –, voltamos para o Aguacate.

Na manhã seguinte, no dia 17 de fevereiro, chegamos ao Aguacate ao amanhecer para nosso voo até o vale, onde esperávamos aterrissar e armar o acampamento base. O terminal da pista de pouso, uma construção de alvenaria gasta de um cômodo com as telhas do teto caindo, agora estava cheio de equipamentos: geradores portáteis, pilhas de garrafas de água, papel higiênico, caixas plásticas embaladas com comida desidratada, lonas, lanternas Coleman, mesas dobráveis, tendas, cadeiras, camas dobráveis, corda de paraquedas e outras necessidades.

O AStar decolou com Woody, Sully e Spud, equipados com facões e uma motosserra para limpar a zona de pouso perto das ruínas. O helicóptero voltou duas horas depois, tendo tido sucesso em colocá-los em uma área ao lado do córrego onde havia apenas algumas árvores, com uma cobertura vegetal de dois a três metros de profundidade, que poderia ser facilmente limpa com facões. Apenas algumas árvores pequenas teriam que ser cortadas.

Tudo estava indo de acordo com o plano. Provavelmente eles levariam quatro horas para limpar a área. Nós não teríamos que descer planando no fim das contas; o helicóptero seria capaz de pousar com firmeza no chão.

Chris Fisher, Dave Yoder e Lucian Read foram no voo seguinte. Duas horas depois, a aeronave retornou e reabasteceu, e em seguida, Juan Carlos e eu fomos caminhando sobre o asfalto quente para entrar nele. Cada um de nós tinha mochilas com todos os nossos equipamentos essenciais, incluindo comida e água para dois dias, já que o acampamento não seria totalmente abastecido por pelo menos 48 horas. Teríamos que ser autossuficientes naqueles primeiros dias. Como a zona de pouso no sítio era muito pequena e o AStar, incapaz de carregar mais do que uma minúscula quantidade de equipamento, a maior parte seria transportada para o vale no Bell, descarregada na jusante da zona de pouso, e de lá transportada pelo AStar em muitas viagens de idas e vindas.

Juan Carlos e eu posicionamos nossas duas mochilas em uma cesta anexada a bombordo no helicóptero, uma vez que não havia espaço lá dentro. Steve Elkins pegou seu iPhone e fez um vídeo de dez segundos de mim fazendo uma despedida para minha esposa, Christine, uma vez que eu estaria incomunicável pelos próximos nove ou dez dias. Era estranho pensar no que poderia acontecer antes que eu pudesse entrar novamente em contato com ela. Steve prometeu enviar o vídeo para ela por e-mail quando voltasse para Catacamas.

Pouco antes de decolarmos, tive a chance de conversar com nosso copiloto, Rolando Zuniga Bode, um tenente da Força Aérea hondurenha. "Minha avó costumava falar sobre Ciudad Blanca o tempo todo", disse ele. "Ela tinha uma porção de histórias."

"Que histórias?"

Rolando fez um gesto de pouco caso com a mão. "Você sabe, as superstições de sempre. Ela dizia que os conquistadores acharam a Cidade Branca e foram até lá. Mas cometeram um erro: eles colheram flores – e todos morreram." Ele riu e apontou o dedo. "Não colha as flores!"

Juan Carlos e eu vestimos nossos capacetes e nos afivelamos. Ele estava empolgado. "Quando vi pela primeira vez as imagens com as construções, as dimensões dessas coisas – elas são *grandes* –, eu tive dez mil perguntas. Agora estamos prestes a encontrar as respostas."

Depois que o helicóptero decolou, ficamos em silêncio, tirando fotos da paisagem incrivelmente verde e acidentada que se abria abaixo.

"Ali está Las Crucitas", disse Juan Carlos. "Eu pedi ao piloto para nos levar por esse caminho."

Olhei para o sítio arqueológico remoto, o maior que já havia sido encontrado em Mosquitia antes da identificação de A1 e A3. Em uma área aberta e gramada, pude ver uma série de montes definidos, construções de solo e praças, situados em ambos os lados do Rio Aner. Muitos especularam que essa era a Cidade Perdida do Deus Macaco de Morde, mas é claro que agora sabemos que Morde não tinha encontrado tal coisa – e nunca tinha entrado nessa região de Mosquitia.

"Parece A1, você não acha?", Juan Carlos disse.

Eu concordei. Do ar parecia notavelmente semelhante às imagens do *lidar* – os mesmos montes parecidos com ônibus, as mesmas praças, os mesmos aterros paralelos.

Além de Las Crucitas erguiam-se sérias montanhas, algumas com um quilômetro e meio de altura. Enquanto manobramos entre elas, as clareiras deram lugar à cobertura ininterrupta. Em um ponto, com Rolando no leme, o helicóptero balançou violentamente.

"Desculpe. Eu desviei de um abutre", disse ele.

Finalmente, a fenda que indicava A1 apareceu à frente, e em um momento nós o tínhamos transposto e estávamos dentro do vale. Duas araras vermelhas deslizavam abaixo de nós enquanto seguíamos a linha do rio. Pressionado contra a janela, tirei fotos com a minha Nikon. Em alguns minutos a zona de aterrissagem apareceu, um quadrado verde repleto de vegetação cortada; o helicóptero virou, diminuiu a velocidade e desceu. Woody se ajoelhou na beira da zona de pouso, sinalizando para o piloto enquanto ele descia. As árvores e arbustos ao nosso redor se debatiam com o sopro das hélices enquanto descíamos, a superfície do rio se agitando em uma espuma de água branca.

E então estávamos no chão. Nós tínhamos sido instruídos a pegar nosso equipamento e sair da zona de pouso o mais rápido possível, mantendo a cabeça abaixada. Nós saltamos e pegamos nossas coisas, enquanto Woody e Sully correram para o helicóptero e descarregaram equipamentos e suprimentos da cesta, jogando-os em uma pilha na borda da zona de pouso. Em três minutos, o helicóptero estava de volta ao ar.

Eu o observei subir acima das árvores, girar e desaparecer. Fez-se silêncio, logo preenchido por um rugido estranho e alto vindo da floresta. Parecia que alguma máquina gigante ou um dínamo tinha sido iniciado e foi aumentando a velocidade até o máximo.

"Macacos bugios", disse Woody. "Eles começam a chamar a cada vez que o helicóptero entra e sai. Parecem responder ao barulho." A zona de aterrissagem tinha sido cortada com facão sobre uma espessa camada de plantas de helicônia "garra de lagosta", também conhecida como falsa ave-do-paraíso, com seus cotos carnudos vazando seiva branca. As flores vermelhas e amarelas e as folhas verde-escuras estavam espalhadas por toda parte, acarpetando grande parte da zona de pouso. Nós não havíamos apenas colhido as flores; nós as tínhamos massacrado. Uma parte de mim esperava que Rolando não tivesse visto isso quando pousamos.

Woody se virou para nós. "Traga seu kit, pegue um facão, escolha uma área do acampamento e se instale." Ele apontou para a impenetrável parede da selva. Um pequeno buraco escuro, como uma caverna, fora aberto nela, oferecendo um caminho de entrada. Eu ergui minha mochila; Juan Carlos fez o mesmo; e eu o segui até a caverna verde. Três troncos tinham sido colocados por cima de uma piscina de lama, e mais adiante a trilha recém-cortada subia para um aterro de um metro e meio. Nós saímos em uma floresta escura e sombria, com árvores subindo como colunas gigantes de uma catedral dentro da cobertura invisível. Seus troncos, de três a cinco metros de diâmetro, eram reforçados com enormes contrafortes e "joelhos" que se projetavam da raiz. Muitos estavam envoltos por figueiras estranguladoras, chamadas *matapalos* ("matadoras de árvores").

Os macacos bugios continuavam rugindo enquanto meus olhos se ajustavam à penumbra. O ar continha um perfume denso e inebriante de terra, flores, especiarias e matéria em decomposição. Aqui, entre as grandes árvores, o sub-bosque era bastante aberto e o solo era plano.

Chris Fisher, o arqueólogo, apareceu, vestindo um chapéu de cowboy de palha branca que brilhava como um farol na escuridão. "Ei, pessoal, bem-vindos!" Eu olhei em volta. "Então... O que fazemos agora?" Woody e os outros dois homens do SAS estavam ocupados arrumando os suprimentos.

"Você precisa encontrar um lugar para amarrar sua rede. Duas árvores, com mais ou menos essa distância. Deixe-me mostrar a você." Eu o segui pelas árvores até seu acampamento, onde ele tinha uma rede verde armada, com um toldo e uma tela para mosquitos. Ele estava montando uma pequena mesa com pedaços cortados de bambu e tinha amarrado uma lona da qual poderia se sentar embaixo caso chovesse. Era um acampamento muito bom, eficiente e bem organizado.

Eu andei 45 metros na floresta, esperando que a distância garantisse minha privacidade depois que todos os outros chegassem (na selva, 45 metros é uma longa caminhada). Encontrei uma área agradável com duas pequenas árvores com a distância certa. Fisher me emprestou seu facão, me ajudou a abrir uma pequena clareira e me mostrou como pendurar a rede. Enquanto trabalhávamos, ouvimos uma comoção nas copas das árvores. Uma tropa de macacos-aranha tinha se reunido nos ramos acima, e eles estavam bravos. Gritavam e guinchavam, descendo mais, pendurados pela cauda, agitando ramos sobre nós com raiva. Depois de uma boa meia hora de protesto eles sossegaram em um galho, tagarelando e olhando para mim como se eu fosse uma aberração da natureza.

Uma hora depois, Woody veio ver meu acampamento. Olhou meu trabalho com a rede e fez alguns ajustes. Ele parou para ver os macacos. "Esta é a árvore deles", disse, cheirando o ar algumas vezes. "Sente esse cheiro? Mijo de macaco."

Mas estava ficando tarde e eu não queria ter o trabalho de mudar meu acampamento. Eu estava além da orla do grupo e preocupado que, depois que escurecesse, eu precisaria de uma boa trilha para não me perder. Voltei para a zona de pouso, limpando melhor a trilha com o facão, me perdendo várias vezes e tendo que voltar atrás seguindo as plantas cortadas. Encontrei Juan Carlos em seu acampamento recém-montado. Junto com Chris, nós descemos até a margem do riacho e olhamos para o outro lado do rio através da parede de árvores. Elas formavam, camada após camada, uma barricada de verde e castanho, pontilhada de flores e pássaros estridentes. Além delas, a não mais que duzentos metros de distância, começava a borda da cidade perdida e da possível pirâmide encoberta que vimos nas imagens do *lidar*. Elas estavam envoltas na floresta tropical, completamente invisíveis. Eram cerca de cinco horas da tarde. Um sol amarelo suave se derramava sobre a floresta tropical, quebrando-se em raios e manchas de ouro, espalhando moedas no chão da floresta. Algumas nuvens fofas passavam à deriva. O córrego, com cerca de um metro de profundidade e quase cinco de largura, era cristalino, a água límpida borbulhando sobre uma cama de cascalho. Ao nosso redor, a floresta tropical tagarelava com os chamados dos pássaros, dos sapos e de outros animais, os sons misturando-se em um sussurro agradável, pontuado pela chamada e resposta de duas araras vermelhas, uma em uma árvore próxima, a outra distante e invisível. A temperatura era de 21 graus, o ar claro, fresco, e não úmido, perfumado com o cheiro doce de flores e de vegetação.

"Você notou?", disse Chris, levantando as mãos e sorrindo. "Não há nenhum inseto."

Era verdade. As terríveis nuvens de insetos sugadores de sangue sobre as quais nós tínhamos sido avisados estavam longe de ser vistas.

Quando olhei ao redor, pensei comigo mesmo que eu estava certo, e que aquele não era de modo algum o lugar assustador que tinham pintado; em vez disso, parecia o Éden. A sensação de perigo e desconforto que eu estava carregando como um peso inconsciente desde a palestra de Woody diminuiu. A equipe do Serviço Aéreo Especial (SAS), naturalmente, tentou nos preparar para o pior, mas eles tinham exagerado.

Quando o crepúsculo caiu, Woody nos convidou para sua pequena área de acampamento, onde tinha um pequeno fogão com uma panela de água fervente para o chá e para hidratar nosso jantar liofilizado. Eu abri um pacote de tetrazzini de frango, derramei água fervente e então, quando ele absorveu a água, retirei-o da embalagem e coloquei na boca. Tomei uma xícara de chá para ajudar a engolir e nós ficamos por perto ouvindo Woody, Spud e Sully contar histórias de suas aventuras na selva.

Dentro de minutos, a noite caiu como se uma porta tivesse acabado de se fechar – uma escuridão absoluta se abateu sobre nós. Os sons do dia se transformaram em algo mais profundo e misterioso, com trinados, arranhões, grunhidos e chamados como gritos de almas em danação. Agora os insetos começaram a dar as caras, começando com os mosquitos.

Não havia fogueira. Woody acendeu uma lanterna Coleman que fez com que a escuridão recuasse um pouco, e nós nos amontoamos em sua piscina de luz na grande floresta enquanto os grandes animais perambulavam, fazendo barulho mas sem serem vistos, na selva ao nosso redor.

Woody disse que passou grande parte de sua vida nas selvas ao redor do mundo, da Ásia e África à América do Sul e Central. Ele disse que nunca tinha estado em uma como essa, aparentemente intocada. Enquanto estava montando o acampamento, antes de chegarmos, uma codorna veio até ele, ciscando a terra. E um porco selvagem também vagou por lá, indiferente à presença de humanos. Os macacos-aranha, ele disse, eram outro sinal de uma área desabitada, uma vez que eles normalmente fogem à primeira vista de seres humanos, a menos que estejam em uma zona protegida. Ele concluiu: "Acho que os animais daqui nunca viram pessoas antes".

Todos os três ex-membros do SAS estavam absurdamente embrulhados contra os insetos, cobertos da cabeça aos pés com roupa à prova de insetos, que incluía um capuz e uma rede de cabeça.

"Isso é realmente necessário?", perguntei.

"Eu tive dengue duas vezes", disse Woody, e lançou-se em uma descrição chocantemente vívida da doença, que quase o matou na segunda vez. É chamada de "febre do quebra osso", disse ele, porque é tão dolorosa que você se sente como se seus ossos estivessem se partindo.

Depois que seu conto acabou, notei que todos estavam em silêncio aplicando mais repelente. Eu fiz o mesmo. Então, quando a noite se aprofundou, as moscas de areia apareceram – em grande número. Muito menores que os mosquitos, elas pareciam ciscos brancos à deriva na luz da lanterna, tão pequenas que não faziam barulho, e você normalmente não sente suas picadas, ao contrário dos mosquitos. Quanto mais a noite se aprofundava, mais as moscas de areia ficavam ao nosso redor.

Ansioso para gravar algumas das histórias que estavam sendo contadas, eu corri de volta para minha rede do outro lado do acampamento para pegar meu *laptop*. Minha nova lanterna de cabeça estava com defeito, então Juan Carlos me emprestou uma de manivela. Eu fiz o caminho de volta sem dificuldade. Mas no meu retorno, tudo parecia diferente no escuro; eu parava, cercado por vegetação densa, percebendo que de alguma maneira eu tinha me desviado de minha trilha rudimentar. A floresta tropical noturna era escura e viva com barulhos, o ar espesso e doce, as folhas como uma parede me circundando. O feixe fraco da minha lanterna estava desaparecendo. Levei um minuto para dar carga freneticamente nela até obter um brilho maior, e então a apontei cuidadosamente para o chão, procurando por minhas pegadas nas folhas soltas da floresta, ou por qualquer sinal da trilha que eu tinha cortado com meu facão no início do dia.

Pensando ter visto trilhas, me movi nessa direção, andando rapidamente, afastando a vegetação rasteira com uma crescente sensação de alívio – apenas para ser bloqueado por um tronco gigantesco de uma sequoia. Eu nunca tinha visto essa árvore antes. Desorientado, eu tinha me enfiado ainda mais no interior na selva. Levei um momento para recuperar o fôlego e fazer com que meu ritmo cardíaco diminuísse. Eu não conseguia ouvir meus companheiros nem ver a luz de onde eles estavam reunidos. Pensei em chamá-los, pedir a Woody para vir me buscar, mas decidi não me expor como um idiota logo no início da expedição. Depois de examinar atentamente o chão e dar corda na lanterna várias vezes mais, finalmente achei meus rastros reais e os segui, curvado e examinando o chão da floresta, esperando para avançar até que tivesse localizado a próxima marca ou depressão. Alguns minutos depois, notei uma folha recém-cortada no chão, com seiva escorrendo da haste, e depois outra. Eu estava de volta na trilha.

Seguindo as folhas cortadas e as trepadeiras como migalhas de pão, refiz o caminho até o centro do acampamento, onde me recordo de reconhecer com gratidão a rede de Juan Carlos. Emocionado por estar de volta em segurança ao acampamento, eu dei a volta na rede, sondando a parede da floresta com a lanterna em busca do caminho que me levaria aonde o resto do grupo estava conversando. Isso seria fácil: agora eu podia ouvir o murmúrio de vozes e ver a luz da lanterna Coleman relanceando pela vegetação.

Na minha segunda volta ao redor da rede, eu congelei quando meu feixe passou por cima de uma enorme serpente. Ela estava enrolada no chão, bem ao lado da rede de Juan Carlos, a quase um metro de distância de onde eu estava. Impossível de não se ver, a cobra estava tudo, menos camuflada: mesmo no fraco feixe de luz parecia praticamente incandescente, os padrões em suas costas escamosas brilhantemente visíveis contra a noite sombria, seus olhos, dois pontos acesos. Ela estava olhando para mim, em posição de ataque, balançando a cabeça para frente e para trás, a língua entrando e saindo. Eu tinha passado direto por ela duas vezes. Ela parecia hipnotizada pelo feixe de luz, que já estava começando a desaparecer. Eu me apressei a aumentar o brilho.

Recuei lentamente até que estivesse fora do alcance da cobra, que eu imaginei que poderia ter mais de 1,80 metros – algumas cobras podem atacar com o comprimento de todo o corpo. Eu tive muitos encontros com cobras venenosas – fui atacado várias vezes e atingido uma vez (uma cascavel que ricocheteou na ponta da minha bota) –, mas nunca na minha vida me deparei com uma cobra assim: tão completamente excitada, tão intensamente focada, tão perturbadoramente inteligente. Se ela decidisse vir em minha direção, eu não seria capaz de escapar.

"Ei, pessoal?", gritei, tentando manter a voz firme. "Tem uma cobra gigante aqui."

Woody respondeu "Ande para trás. Mas mantenha a luz sobre ela".

A cobra permaneceu imóvel, com os olhos brilhantes fixos em mim. A floresta ficara em silêncio. Woody chegou segundos depois, com o resto do grupo a reboque, os feixes das lanternas de cabeça riscando loucamente através da escuridão.

"Jesus Cristo", disse alguém em voz alta.

Woody disse calmamente: "Todos fiquem para trás, mas mantenham as lanternas sobre ela. É uma ponta-de-lança".

Ele tirou o facão da bainha e, com alguns golpes, transformou uma muda de árvore próxima em um bastão de mais ou menos dois metros, uma vara comprida com um final estreito e bifurcado.

"Eu vou movê-la."

Ele avançou até a cobra e, de repente, em um movimento rápido, prendeu seu corpo ao chão com a ponta bifurcada da vara. A cobra explodiu em um combate furioso, desenrolando-se, torcendo-se, debatendo-se e golpeando em todas as direções, espirrando veneno. Agora víamos o quão grande ela realmente era. Woody fez deslizar a vara bifurcada ao longo do corpo da cobra até o pescoço enquanto ela continuava a chicotear. Sua cauda vibrava furiosamente, fazendo um zumbido baixo. Mantendo seu pescoço preso com o pau e a mão esquerda, Woody agachou e agarrou-a atrás da cabeça com a mão direita. O corpo da cobra, grosso como o braço dele, bateu contra suas pernas, sua boca escancarada deslumbrantemente branca como a neve, presas de mais de três centímetros de comprimento bombeando jatos de líquido amarelo pálido. Como sua cabeça chicoteava para a frente e para trás, esforçando-se para afundar suas presas no punho de Woody, ela expeliu veneno em toda as costas da mão do ex-SAS, fazendo com que sua pele borbulhasse. Woody lutou com a cobra no chão e prendeu seu corpo contorcido com os joelhos. Ele puxou uma faca do cinto e com a mão esquerda, nunca soltando a cobra com a mão direita, cuidadosamente cortou-lhe a cabeça. Empalou a cabeça da cobra com firmeza no chão, passando a faca através dela, e só então soltou a cobra. A cabeça, juntamente com as três polegadas remanescentes do pescoço, mexeu-se e lutou, enquanto a cobra sem cabeça também começou a rastejar, e Woody teve que puxá-la de volta para a luz para evitar sua fuga para o mato.

Durante toda a luta, ele não pronunciou uma palavra. O resto de nós também ficou aturdido em silêncio.

Ele se levantou, enxaguou as mãos e finalmente falou: "Me desculpem por não ter tirado ela daqui. Eu tive que lavar o veneno imediatamente" (mais tarde, ele disse que ficou "um pouco preocupado" quando sentiu o veneno escorrendo até um corte que havia nas costas de sua mão).

Ele segurou a cobra sem cabeça pela cauda, com o sangue ainda saindo do pescoço do animal. Ninguém disse uma palavra. Os músculos da cobra ainda estavam se flexionando lentamente. Curioso para tocá-la, eu estendi o braço e envolvi a mão em torno dela, sentindo as contorções rítmicas dos músculos sob sua pele fria, realmente uma sensação estranha. A cobra tinha cerca 1,80 metros de comprimento, as costas exibiam um impressionante padrão de diamante em cores de chocolate, mogno e creme de café. Todos ficaram olhando para ela enquanto os sons da noite voltavam.

"Nada como isso para concentrar sua mente, não é?", Woody disse. "Fêmea. Elas ficam maiores que os machos. Esta é uma das maiores pontas-de-lança que eu já vi." Ele casualmente pendurou o corpo sobre seu braço. "Nós poderíamos comê-la, elas são deliciosas. Mas eu tenho outro uso para ela. Quando os outros chegarem amanhã, eles precisam ver isso. Todos precisam estar plenamente conscientes de onde estão se metendo."

Acrescentou em voz baixa: "Raramente há apenas uma".

Quando me retirei naquela noite na minha rede, não consegui dormir. A selva, reverberando em sons, era muito mais barulhenta do que durante o dia. Várias vezes ouvi grandes animais passarem por mim na escuridão, tropeçando desajeitadamente na vegetação rasteira, nos galhos crepitantes. Deitei-me no escuro, ouvindo a cacofonia da vida, pensando na perfeição letal da cobra e em sua dignidade natural, lamentando pelo que tínhamos feito, mas perturbado por ter escapado por um triz. Uma mordida de uma cobra assim, se você sobrevivesse de algum modo, seria uma experiência que muda a sua vida. De um jeito estranho o encontro aguçou a experiência de estar ali. Espantou-me que um vale tão primitivo e intocado ainda pudesse existir no século XXI. Era realmente um mundo perdido, um lugar que não nos queria e ao qual não pertencíamos. Planejávamos entrar nas ruínas no dia seguinte. O que nós encontraríamos? Eu não podia nem começar a imaginar.

CAPÍTULO 15
"TODO ESTE TERRENO, TUDO QUE VOCÊ VÊ AQUI, FOI INTEIRAMENTE MODIFICADO POR MÃOS HUMANAS."

FIQUEI ACORDADO EM MINHA rede durante a maior parte da noite. Era uma engenhoca tecnológica, a parte inferior feita de nylon fino, com uma rede de insetos por cima e coberto por um toldo. A entrada é por uma abertura com zíper, mas ela me fazia sentir exposto e balançava com cada movimento que eu fazia. Eu tinha parado de tomar minha dose semanal de cloroquina, um medicamento antimalária, em uma tentativa inútil de aliviar a insônia que ele vinha causando como efeito colateral. Pensei que não poderia haver malária em um lugar desabitado como esse, isolado do mundo.

O clamor noturno da selva era tão alto que eu tive que usar tampões de ouvido. Chris, por outro lado, me confessou tempos depois que tinha gravado a selva de noite em seu iPhone e tocava a gravação para si mesmo no Colorado para ajudar a acalmá-lo quando ele estava estressado ou chateado.

Em algum momento no meio da noite, levantei-me para fazer xixi. Abri o zíper da rede e olhei para fora, sondando todo o chão ao redor com minha lanterna, procurando por cobras. Um frio e uma neblina pegajosa pairavam, e a floresta pingava com a condensação. Não havia cobras, mas todo o chão estava atapetado com baratas brilhantes – milhares delas – farfalhando frenéticas, parecendo um fluxo gorduroso e nervoso, junto com dezenas de aranhas pretas imóveis, cujos múltiplos olhos brilhavam como pontos verdes. Eu fiz xixi a não mais que sessenta centímetros da rede e subi apressadamente de volta. Mas mesmo nesse breve momento, foi impossível manter as moscas de areia fora do espaço interior da rede. Passei uns bons quinze minutos deitado de costas, virando a lanterna de um lado para o outro, espantando as moscas de areia enquanto elas voavam à deriva sobre mim ou pousavam na rede de mosquitos acima. Depois que tive de sair e fazer xixi uma segunda vez, amaldiçoei o hábito britânico de beber chá antes de dormir e jurei que não voltaria a fazer isso.

O pouco sono que eu tive terminou por volta das 5 horas da manhã, com a primeira luz, quando fui acordado por um rugido de macacos bugios, que ecoou pela da floresta como o Godzilla em marcha. Quando eu emergi da rede, a floresta estava envolta em neblina, as copas das árvores desapareciam na névoa, e pingava água por toda parte. Para uma selva subtropical, era surpreendentemente fria. Tomamos um café da manhã com ovos desidratados mexidos e chá fraco (o café ainda não havia chegado). Chris, que parecia preparado para tudo, havia trazido pílulas de cafeína para contingências como essa e engoliu algumas (eu recusei quando ele me ofereceu). O AStar não podia voar até que o nevoeiro desaparecesse, o que finalmente aconteceu no meio da manhã. O primeiro voo trouxe Steve Elkins e dois membros da equipe de filmagem, Mark Adams e Josh Feezer.

Eu cumprimentei Steve depois que o helicóptero decolou. Ele estava andando com uma vara de caminhada e mancando, devido a um problema no pé causado por danos no nervo.

"Legal", ele disse, olhando em volta. "Bem-vindo ao Four Seasons de Mosquitia."

Alicia González, a antropóloga da expedição, chegou no segundo voo, junto com Anna Cohen, uma estudante de graduação em Arqueologia da Universidade de Washington, que era colega de campo de Chris Fisher. Eu logo me tornei amigo de Alicia, que era uma fonte incrível de conhecimento. Com um PhD na Universidade do Texas em Austin, Alicia era uma mulher de 60 anos com pouca estatura, alegre e imperturbável, ex-curadora sênior do Museu Smithsonian do Índio Americano. De ascendência mexicana, judaica e nativa americana, ela era uma autoridade em rotas comerciais mesoamericanas e nos povos indígenas de Honduras.

O helicóptero também trouxe Oscar Neil, chefe de Arqueologia do Instituto Hondurenho de Antropologia e História (IHAH). Neil era uma autoridade nas antigas culturas de Mosquitia. Nós descarregamos o helicóptero com a pressa habitual, jogando tudo em uma pilha para ser organizado e levado para o acampamento mais tarde. A manhã foi gasta deslocando suprimentos e equipamentos, bem como organizando nossos acampamentos. Eu peguei uma barraca e coloquei ao lado da minha rede, grato por estar em terra firme. O forro costurado e à prova d'água da barraca manteria afastadas as cobras, aranhas e baratas. Ampliei minha área de acampamento com um facão, amarrei um varal e peguei, de uma das cargas, uma cadeira dobrável, que coloquei sob a minha rede. Lá, protegido sob a cobertura da rede, eu poderia sentar e escrever no meu caderno. E poderia guardar minhas roupas, livros, câmera e revistas na própria rede, o que servia como um prático compartimento à prova d'água.

Conforme o dia transcorria, Chris Fisher foi ficando cada vez mais impaciente, ansioso para começar nossa extraordinária tarefa de adentrar a cidade perdida. Eu o encontrei na margem do rio, com seu chapéu de palha, andando de um lado para o outro com um GPS Trimble na mão. Woody havia proibido que qualquer um saísse do acampamento sem uma escolta, devido ao perigo de cobras e de se perder. "Isso é ridículo", Fisher disse. "O sítio está *bem ali* – a cem metros de distância!" Ele me mostrou a tela de LED no Trimble, que exibia o mapa do *lidar* e nossa posição sobre ele. Eu podia ver que a cidade estava mesmo do outro lado do rio, completamente escondida pela tela das árvores. "Se Woody não liberar alguém para nos levar até lá, eu vou sozinho – danem-se as cobras." Juan Carlos se juntou a nós no rio, mãos na cintura, olhando para a parede de árvores do outro lado. Ele também estava ansioso para se aventurar nas ruínas. "Nós não temos muito tempo", disse ele. Era verdade: tínhamos apenas dez dias para explorar o vale, nosso tempo sendo estritamente limitado pelo período de aluguel do helicóptero AStar, da Corporate Helicopters em San Diego. Seu piloto, Myles Elsing, tinha que voar de volta para os Estados Unidos – uma jornada de quatro dias – para outra tarefa.

"Alguém tem que falar com Woody", disse Fisher. "É *para isso* que estamos aqui" – ele gesticulou apontando para a cidade escondida do outro lado do rio – "não para ficar fervendo água para a porcaria do chá."

Finalmente, por volta das 3h30 da tarde, Woody concordou em liderar um reconhecimento na cidade antiga. Ele nos disse para estar na zona de pouso em meia hora, com as mochilas totalmente carregadas e com o kit de emergência de pernoite. Teríamos uma hora nas ruínas – não mais que isso.

Na hora marcada, nos reunimos no riacho, fedendo a repelente DEET. Éramos oito no grupo: eu, Woody, Chris Fisher com facão em uma mão e GPS na outra; Oscar Neil; Juan Carlos, também carregando um facão temível; Lucian Read, com uma câmera de vídeo; e Mark Adams, carregando vinte quilos em equipamento de áudio de campo: um sistema de microfone sem fio, mixer/gravador de áudio portátil e um microfone direcional blindado na ponta de uma vara de 1,80 metros. Eu não podia acreditar que Mark iria carregar tudo aquilo nas costas pela selva. Dave Yoder, sobrecarregado com pesados equipamentos de câmeras, seguiu em silêncio atento, filmando incessantemente. Steve Elkins não pôde vir; o dano do nervo, causado por um disco em deterioração em sua espinha, deu-lhe um problema conhecido como pé caído, tornando impossível controlar a posição de seu pé enquanto caminhasse. Ele sentiu que a selva era muito densa e as colinas, muito íngremes para ele correr o risco de se machucar tão cedo na expedição. Não queria ficar acamado, ou pior, ter que ser resgatado. Foi um balde de água fria. "Se vocês encontrarem alguma coisa", disse ele, abanando um rádio de mão dupla, "liguem para mim".

Woody verificou nossas mochilas para se certificar de que tínhamos trazido todo o nosso suprimento para emergências e partimos, atravessando o rio. No outro lado encontramos um bosque de helicônias que formava uma parede praticamente sólida, mas as hastes carnudas eram facilmente derrubadas com golpes de facão. Woody abriu caminho golpeando e talhando a vegetação, um passo de cada vez, com as folhas e flores chovendo para os lados. A vegetação cortada caía tão espessa no chão que não era possível ver onde estávamos colocando os pés. Ainda abalado pelo meu encontro com a ponta-de-lança, não pude deixar de pensar em todas as cobras que deviam estar escondidas naquele mato. Cruzamos dois canais lamacentos, afundando até as coxas, lutando contra o pântano com sons de sucção.

O barranco além da várzea era íngreme: perto de quarenta graus. Nós subimos com as mãos e os pés, agarrando raízes, trepadeiras e galhos, puxando-nos para cima, esperando a qualquer momento dar de cara com uma cobra ponta-de-lança. Conseguíamos enxergar pouco além de três metros em qualquer direção. O barranco ficou abruptamente aplainado, e chegamos a uma longa vala e um monte que Chris e Oscar examinaram e acharam que eram artificiais. Eles pareciam marcar os limites da cidade.

E então chegamos à base de uma presumível pirâmide encoberta. A única indicação de que ela era artificial era que o solo subia bruscamente em uma mudança não natural de inclinação. No entanto, se Chris e Oscar não tivessem apontado para mim, eu nunca a teria identificado. Não conseguimos ver nada além de folhas. Aqui estávamos nós, nos limites de uma cidade perdida, e não tínhamos noção de sua configuração ou da distribuição dos montes e quadrados tão nitidamente visíveis nos mapas de *lidar*. A selva encobria tudo. Subimos por um dos lados da suposta pirâmide e alcançamos o topo. Diante de nós havia algumas depressões estranhas e elementos lineares que Chris acreditava que poderiam ser os restos de uma estrutura, talvez um pequeno templo. Oscar ajoelhou-se e, com uma ferramenta na mão, escavou uma *sondaje*, ou um poço de prova no solo. Ele disse que viu evidências de uma construção deliberada. Eu olhei para as camadas de terra que ele tinha exposto logo abaixo da superfície, mas meu olho destreinado não conseguia distinguir nada.

Mesmo no topo da pirâmide, o ponto mais alto da cidade perdida, estávamos imersos em uma desordem de folhas, trepadeiras, flores e troncos de árvores. Chris ergueu o GPS sobre a cabeça, mas teve problemas em localizar satélites por causa das árvores. Tirei muitas fotos com minha Nikon, mas todas elas acabaram mostrando a mesma coisa: folhas, folhas e mais folhas. Até mesmo Dave teve dificuldade para fazer fotografias de algo que não fosse um oceano verde e infinito de vegetação.

Descemos pelo lado da pirâmide até a primeira praça da cidade. As imagens do *lidar* indicavam que a praça estava cercada em três lados por montes geométricos e terraços. Enquanto Fisher tentou mais uma vez conseguir uma leitura de seu GPS Trimble, a fim de iniciar o mapeamento do solo, Oscar deu um grito. Ele tinha se ajoelhado para limpar a sujeira e as trepadeiras da quina de uma grande pedra, quase completamente invisível no meio das plantas. A pedra tinha uma superfície moldada. Depois de recuar e cortar um pouco da vegetação, começamos a descobrir mais pedras desse tipo – uma longa fila delas, todas planas, apoiadas em tripés de rochas de quartzo branco redondo. Pareciam altares. "Temos que limpar essas pedras", disse Chris, "para ver se há algum entalhe, e precisamos localizá-los no GPS". Ele pegou seu *walkie-talkie* e ligou para Elkins, no acampamento, para relatar as notícias.

Os dois tiveram uma conversa animada que todos nós pudemos ouvir através do alto-falante do *walkie-talkie*. Elkins estava em êxtase. "Isso prova," disse a Chris, "que eles *usaram* pedra cortada para construir. Isso significa que esse era um sítio importante".

O GPS finalmente localizou satélites suficientes para Fisher começar a estabelecer pontos de referências e mapear a cidade. Ele o carregou através da selva, abrindo caminho entre a vegetação, marcando pontos de referência, ávido e impaciente para aproveitar ao máximo nosso curto tempo antes de termos que voltar ao acampamento. Nós o acompanhamos com dificuldade. Passando pelas pedras do altar, chegamos à praça central da cidade, que tinha claramente sido em determinada época um grande espaço público. Era tão plano quanto um campo de futebol e mais aberto do que outros lugares.

"Estes eram provavelmente edifícios públicos", disse Fisher, indicando os montes longos em torno da praça. "Talvez reservados para uma classe de elite ou a realeza. Tudo isso teria sido aberto e muito impressionante. Eu imagino que esta área era onde a maioria das cerimônias ocorriam."

De pé na praça, finalmente comecei a ter uma noção do tamanho e da escala da cidade, ao menos por alto. Chris abriu caminho através dela, dizendo que havia mais três praças e uma possível quadra de esportes mais adiante, junto com um monte peculiar que chamamos de "o ônibus", porque se parecia com um na imagem do *lidar*. Esses montes em forma de ônibus eram proeminentes em A1 e A3, bem definidos, cada um com cerca de trinta metros de comprimento, nove metros de largura e quase cinco metros de altura. Eu também tinha visto vários como esses no sítio de Las Crucitas. Eles eram uma estrutura característica e exclusiva dessa cultura.

Enquanto o resto da equipe ficou para trás, limpando a vegetação das pedras, Woody e eu seguimos Fisher em direção ao norte, tentando mantê-lo à vista. Chegamos a mais montes e a uma ravina íngreme cortando através deles. Olhando dentro do corte, eu pude ver onde a erosão expôs o que parecia ser uma pavimentação de pedra formando uma superfície antiga. Fisher atravessou apressado a ravina, onde a selva se tornou incrivelmente densa. Eu não queria segui-lo naquele emaranhado assustador, tampouco Woody. Ele gritou para Chris não ir mais longe, pois já era hora de voltar, mas ele pareceu não nos ouvir. Momentos depois, vimos seu chapéu branco desaparecer na floresta. A pancada rítmica de seu facão morreu em silêncio. "Maldição", Woody murmurou, e novamente pediu que ele voltasse. Silêncio. Ele chamou novamente. Minutos se passaram. Embora Woody não fosse de expressar emoções, eu podia ver um olhar de irritação e preocupação surgindo em seu rosto. Exatamente quando estávamos pensando que Chris havia partido, ouvimos sua voz fraca vagando entre as árvores e ele emergiu do buraco que havia cortado na vegetação.

"Nós estávamos preocupados de que você estivesse perdido", disse Woody com a voz entrecortada.

"Não com isso", disse ele, acenando com o GPS.

Woody anunciou que era hora de voltar. Enquanto estivemos esperando por Chris, os outros vieram até a ravina. Usando seu próprio GPS, Woody identificou uma rota mais direta de volta ao acampamento, descendo a ravina até a várzea do rio, onde encontramos outra barreira de helicônia, através da qual Woody conseguiu abrir caminho, empunhando habilmente seu facão e lançando flores pelo ar. Tivemos que atravessar três canais paralelos de lama sugadora, mais uma vez afundando até as coxas. Quando chegamos ao córrego, cobertos de lama, nós entramos na água e nos enxaguamos. Enquanto os outros voltaram para o acampamento, eu me despi, torci minhas roupas e as empilhei na praia de cascalho, e então me deitei na água fria e boiei de costas, deixando o rio me carregar por um caminho a jusante, observando as copas das árvores passarem preguiçosamente.

De volta ao acampamento, encontrei Steve num catre do lado de fora de sua barraca, que ele tinha montado perto do meu acampamento do outro lado da árvore dos macacos-aranha. Ele estava deitado de costas, comendo amendoim e olhando diretamente para cima com binóculos para a tropa de macacos-aranha. Os animais estavam em um galho a quase cinco metros de altura, olhando para ele e comendo folhas. Foi uma visão engraçada, duas espécies de primatas curiosos observando-se com fascínio.

Steve estava absolutamente radiante com a descoberta do altar de pedras e cheio de remorso por não ter ido conosco. Ele fez perguntas sobre o quão difícil tinha sido a caminhada, e eu assegurei a ele que, embora ela fosse íngreme e escorregadia, e os poços de lama fossem terríveis, eram apenas algumas centenas de metros e eu tinha quase certeza de que ele poderia fazê-la se fosse devagar.

"Dane-se a perna", disse ele. "Eu vou lá amanhã, de uma forma ou de outra."

Naquela noite, nos sentamos espalhados pelo acampamento e comemos feijão e arroz desidratados à luz de uma lanterna Coleman. Eu evitei o chá, embora tenha aceitado um "gole" do uísque de Woody, racionado em uma tampa de garrafa.

Chris estava exultante. "É exatamente como eu pensei", disse ele. "Todo este terreno, tudo que você vê aqui, foi totalmente modificado por mãos humanas." Em um curto reconhecimento, ele havia confirmado a precisão da pesquisa do *lidar*, verificando no chão todos os elementos vistos nas imagens – bem como muito mais. O "trabalho de campo" tinha começado.

Um vento crescente soprava através das copas das árvores. "Isso significa chuva", disse Woody. "Em dez minutos." Exatamente como previsto, a chuva torrencial trovejou nas copas das árvores. Demorou uns bons dois ou três minutos para a água abrir caminho pela cobertura das árvores e chegar até nós no chão – e então cascatas de água vieram de todas as direções.

CAPÍTULO 16

"NÃO CONSIGO MEXER MINHAS PERNAS. ESTOU AFUNDANDO"

DEPOIS QUE A NOITE CAIU, eu engatinhei para dentro da barraca, feliz por estar no chão firme e não na rede pavorosa. Li minha edição Dover do livro de John Lloyd Stephens iluminando-o com a lanterna enquanto a chuva tamborilava acima. Apesar da chuva, das cobras, da lama e dos insetos, eu me sentia exultante, não apenas pela cidade perdida, mas pela perfeição feroz do vale. Estive em muitas áreas selvagens, mas nunca em um lugar tão puramente preservado quanto esse. A hostilidade do meio ambiente somava-se ao sentimento de ser o primeiro a explorar e descobrir um lugar desconhecido.

Acordei às 5 horas com o rugido de macacos bugios se sobrepondo à percussão da chuva. Era uma manhã tão escura que não parecia que o dia tinha chegado de forma alguma. A floresta estava coberta por um crepúsculo melancólico, envolta em névoa. Chris estava de pé e, como de costume, impaciente para continuar seu trabalho. A área de cozinha e coleta do acampamento havia sido parcialmente erguida. Nos reunimos sob lonas azuis penduradas sobre várias mesas dobráveis de plástico. Um fogão de acampamento estava fervendo a água e o outro aquecia uma panela de café, agora que o suprimento do pó finalmente havia chegado. Do lado de fora, a chuva estava transformando o chão da floresta em uma lama gordurosa que parecia se aprofundar a cada hora que passava. A água se acumulava nas cavidades da lona, que tinha de ser empurrada periodicamente com varas para despejar as poças para fora das beiradas.

No café da manhã, várias pessoas relataram ter ouvido um jaguar rondando o acampamento na calada da noite, fazendo um barulho de rugido. Woody nos garantiu que as onças quase nunca atacam humanos, embora eu tenha me perguntado se isso seria verdade, dada a história de Bruce Heinicke. Outros estavam preocupados com o fato de que os grandes animais ouvidos caminhando entre nós pudessem trombar contra uma barraca e rasgá-la, mas Woody disse que isso era muito improvável, pois os animais que saem à noite podem ver muito bem no escuro.

"Há mais quatro lugares que eu quero olhar", disse Chris, engolindo o café. "Subindo o rio há um monte estranho em forma de L. Eu quero vê-lo. E cerca de um quilômetro abaixo do rio há outro conjunto de lugares. Há muito a fazer – vamos em frente."

Vesti minha capa de chuva, mas a chuva era tão pesada que a água começou a entrar assim mesmo, e usá-la me fez sentir pegajoso e com calor. Notei que nenhum dos membros da equipe de Woody estava usando capa de chuva; eles estavam tratando de seus afazeres completa e alegremente encharcados. "Tire isso", Woody disse para mim. "Melhor adiantar sua vida. Confie em mim: quando estiver completamente molhado, você ficará mais confortável."

Assim que o fiz, fiquei rapidamente encharcado e descobri que Woody estava certo.

Depois do café da manhã, com a chuva ainda caindo, a expedição com a equipe completa se reuniu na beira do rio, e partimos para a nossa segunda exploração do sítio. Apesar da perna machucada, Steve Elkins se juntou ao grupo, carregando um bastão de caminhada azul. Também foram incluídas Alicia González e Anna Cohen. Nós atravessamos o rio andando e seguimos ao longo da trilha aberta no dia anterior. Quando chegamos ao segundo lamaçal, Alice lutou para atravessar a lama, ficou presa, e – enquanto assistíamos horrorizados – começou a afundar.

"Eu não consigo me mexer", disse ela com notável calma, mesmo quando estava afundando. "Não consigo mexer minhas pernas. Estou afundando. Realmente, pessoal, *eu estou afundando*." A lama já estava em sua cintura, e quanto mais Alice lutava, mais ela gorgolejava ao seu redor. Era como uma cena de um filme B de terror. Woody e Sully pularam e agarraram seus braços e, lentamente, conseguiram que ela saísse. Uma vez que estava segura no chão firme, com a lama escoando por ela, ficou claro o que tinha acontecido: a lama tinha enchido as perneiras contra cobra enquanto ela tentava atravessar, criando um instantâneo par de galochas de cimento, que estavam inexoravelmente arrastando-a para baixo a cada movimento que fazia. "Por um momento", ela disse depois, "eu pensei que ia tomar chá com as cobras".

Elkins, por sua vez, conseguiu atravessar o buraco fazendo da vara de caminhada um ponto de equilíbrio, e conseguiu subir o escorregadio aterro usando raízes e pequenos troncos de árvores como apoio.

"Vamos colocar cordas fixas aqui amanhã", disse Sully.

Enquanto contornávamos a base da pirâmide, gritos felizes e cantorias ecoaram do outro lado do rio. Sully chamou Spud no acampamento em seu *walkie-talkie* e soube que os soldados das Forças Especiais de Honduras, enviados para guardar a equipe da expedição, acabavam de chegar animados depois de uma caminhada a montante da junção do rio. Eles não tinham trazido nada, exceto suas armas e as roupas do corpo; pretendiam estabelecer acampamento atrás dos nossos e viver da floresta, construindo abrigos com varas e folhas, caçando sua comida e bebendo água do rio.

"Dê-lhes uma lona", disse Sully. "E também alguns tabletes de purificação de água. Eu não quero um monte de soldados com piriri acampados perto de nós."

Quando alcançamos o altar de pedra, Elkins se ajoelhou e começou a tirar folhas e destroços de cima dele, correndo as mãos sobre suas superfícies talhadas. Uma das pedras tinha um peculiar veio de quartzo que se estendia ao longo dela e parecia ter sido cinzelado de modo a incrementá-lo. Ele corria para o norte. Elkins sentiu que isso era altamente significativo, e alguém sugeriu que poderia ter sido a pedra usada para canalizar sangue de sacrifícios humanos. Chris revirou os olhos. "Não vamos nos perder em especulações aqui, pessoal. Nós não temos ideia do que são essas coisas. Elas poderiam ser pedras de fundação, pedras de altar ou algo totalmente diferente." Chris pediu a Anna para limpar a área e inspecionar as pedras enquanto ele ia para o norte para explorar as quatro praças. Alicia González e Tom Weinberg ficaram para trabalhar com Anna. Dave Yoder, com seu equipamento embrulhado em plástico, manteve-se atrás do grupo para fotografar, juntamente com a equipe de filmagem, que também estava lutando para evitar que o equipamento ficasse encharcado de chuva. A equipe posicionou Elkins ao lado das pedras, prendeu um microfone de lapela sobre ele e filmou uma entrevista.

Chris avançou na frente, atacando mais uma vez a floresta como um maníaco com seu facão brilhante. Todos os facões que carregávamos tinham em suas lâminas tiras de fita adesiva cor-de-rosa fluorescente, para que pudessem ser vistos e evitados. A vegetação era tão densa que era fácil imaginar alguém sendo fatiado por um vizinho empunhando um facão – mesmo com a fita brilhante, houve alguns momentos em que isso chegou perto de acontecer. Woody, Juan Carlos e eu tentamos acompanhar Chris. Além do desfiladeiro, exploramos a segunda praça, duas vezes maior do que a primeira, também delineada por montes, bermas e elevadas plataformas de estruturas de terra. Do outro lado, também havia dois montes baixos, paralelos, com uma área plana no meio, que Fisher mapeou com o GPS. Ele acreditava que poderia ter sido uma quadra mesoamericana para jogo de bola, apresentando geometria e tamanho similares. Isso

Vista do Rio Pao. A cidade perdida se encontra ao longo de um afluente não identificado, a montante desse curso de água.

Primeiras páginas do diário hondurenho de 1933 de William Duncan Strong, um dos primeiros arqueólogos a penetrar essa região.

Sam Glassmire em 1959, na busca da Cidade Branca, acompanhando de um dos seus guias.

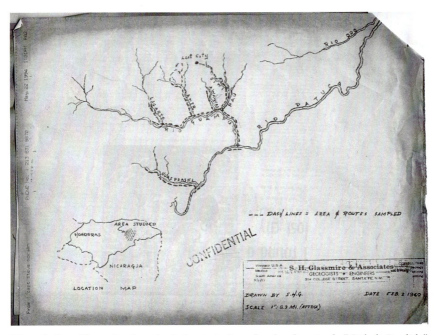

Mapa de Sam Glassmire desenhado à mão indicando a localização da "Cidade Perdida" que ele descobriu durante uma expedição em 1960.

O vale do A1, nas profundezas de Mosquitia e cercado por montanhas praticamente intransponíveis, foi um dos últimos lugares inexplorados pela ciência até a chegada da expedição em fevereiro de 2015.

Theodore Morde subindo o Rio Patuca de barco a motor rumo a Mosquitia, Honduras, 1940.

O Cessna Skymaster carregando uma máquina de *lidar* avaliada em um milhão de dólares protegido pelos soldados hondurenhos. O avião efetuou missões sobrevoando três vales inexplorados nas montanhas remotas de Mosquitia em 2012.

O Dr. Juan Carlos Fernández, engenheiro do Centro Nacional de Cartografia a Laser Embarcado da Universidade de Houston e organizador da missão do *lidar*, opera a máquina durante o sobrevoo do vale do A1, no dia 4 de maio de 2012, que descobriu a cidade antiga.

O autor encolhido na traseira do Cessna, durante o sobrevoo histórico do vale do A1.

Em sua primeira expedição em busca da Cidade Branca, em 1994, Steve Elkins encontrou esta rocha entalhada nas profundezas da selva, que representa um homem plantando sementes, e teve uma revelação de que, em épocas pré-colombianas, uma grande civilização agrícola viveu no que é hoje uma selva quase impenetrável.

Steve Elkins é fotografado saltando uma cerca viva enquanto corre para ver as primeiras imagens da cidade perdida encontradas pelo *lidar* no vale do A1 – o ápice de sua pesquisa de vinte anos.

Em Roatán, Honduras, examinando as primeiras imagens do *lidar* da cidade perdida, 2012. A partir da esquerda: Steve Elkins; Bill Benenson (atrás); Michael Sartori (sentado); Virgilio Paredes; Tom Weinberg; e o autor, Douglas Preston.

Duas imagens do *lidar* de um trecho de colinas do A1, a primeira em tons de cinza e a segunda em um formato rotacionado e a cores. Essa ruína grande e montanhosa ainda não foi explorada.

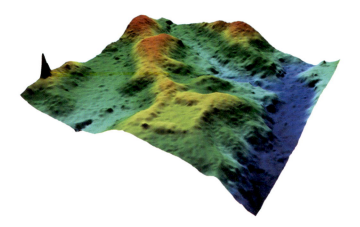

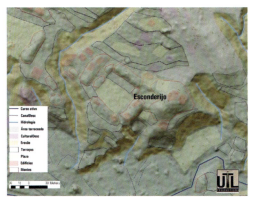

Uma imagem do *lidar* do coração da cidade de A1, mostrando a localização do esconderijo e outras características importantes. Em épocas pré-colombianas, esse foi um território inteiramente modificado e desenhado pelo povo antigo de Mosquitia.

Bruce Heinicke, garimpeiro de ouro, antigo traficante de drogas para um cartel colombiano e saqueador de sítios arqueológicos, que teve um papel indispensável na descoberta da cidade pedida.

O helicóptero AStar da expedição sendo descarregado na área de pouso da selva abaixo das ruínas do A1.

Chris Fisher (atrás), o arqueólogo-chefe da expedição, e o autor exploram o riacho não identificado que corre no vale do A1, na parte baixa das ruínas.

Tom Weinberg, o cronista oficial da expedição, tomando notas no seu laptop, no coração da selva de Mosquitia, 2015.

A selva ao amanhecer, vista da margem do riacho não identificado que atravessa o vale, 2015.

O acampamento do autor abaixo das ruínas, pouco tempo antes de as chuvas torrenciais o transformarem num oceano de lama. Um grupo de macacos-aranha vivia nas árvores acima e balançava os galhos e guinchava para o autor, tentando fazer com que ele saísse de lá. À noite, o chão ficava coberto de baratas e aranhas, enquanto jaguares rondavam a região.

Uma ponta-de-lança, uma das cobras mais perigosas do mundo, entrou no acampamento no primeiro dia e precisou ser morta. Suas presas mediam mais de 2,5 cm. Sua cabeça foi amarrada a uma árvore do acampamento por um dos chefes da expedição para sensibilizar todos os participantes quanto ao alto risco de cobras.

Andrew Wood, chefe da expedição e antigo soldado das Forças Especiais britânicas SAS, segurando a ponta-de-lança decapitada que matou na noite anterior.

Bill Benenson, o cineasta que financiou a busca pela cidade perdida, explorando o riacho não identificado no vale do A1 abaixo das ruínas.

Dra. Alicia González, a antropóloga da expedição, na selva de Mosquitia, 2015. No fundo, da esquerda para a direita estão: Chris Fisher, Anna Cohen e Andrew Wood.

Chris Fisher explorando as ruínas com a ajuda de um GPS Trimble. Essa foto foi tirada na esplanada central da cidade perdida, cercada por montículos e um piramidal de terra. A incrível densidade da selva obscurecia toda a área.

O espaço de "cozinha" do acampamento da expedição nas profundezas da selva de Mosquitia, 2015. A área era tão isolada que os animais pareciam nunca ter visto humanos antes e andavam pela área sem medo.

Soldados das Forças Especiais hondurenhas TESON escoltavam a expedição. Aqui grelham um veado na fogueira do acampamento, em 2015.

Oscar Neil, chefe de arqueologia de Honduras, descobriu o primeiro altar de pedra nas ruínas segundos antes de esta foto ser tirada, em fevereiro de 2015. O altar mal é visível atrás de sua mão direita; uma grande pedra plana colocada em cima de três blocos de quartzo redondos, ao lado da esplanada principal da cidade.

O esconderijo ou oferenda de objetos, vasos, tronos e figuras de pedra, com apenas a extremidade superior visível acima da superfície do solo. A escavação desse esconderijo solucionaria um dos maiores mistérios dessa enigmática civilização: o que causou seu repentino e catastrófico desaparecimento cinco séculos antes?

O Homem-Jaguar tal qual foi descoberto, emergindo do chão. O fotógrafo Dave Yoder arriscou a vida para subir no esconderijo à noite para fotografar os artefatos com uma técnica especial chamada *light-painting*.

A arqueóloga Anna Cohen exuma os recipientes de pedra no misterioso esconderijo. Visível na foto está o vaso do chamado "bebê alien", que pode representar um corpo envolvido em vestes funerárias, um prisioneiro esperando para ser sacrificado ou uma divindade meio macaco, meio humano.

A misteriosa escultura posicionada no centro do esconderijo, encontrada na base da pirâmide central, que os arqueólogos acreditam representar um xamã transformado espiritualmente em abutre.

Desmatamento no caminho para o vale do A1, com o propósito de se abrirem pastos para gado. Um oficial hondurenho estimou que o desmatamento ilegal teria alcançado o vale do A1 em menos de oito anos. A expedição e suas descobertas, porém, motivaram o governo hondurenho a tomar medidas contra o desflorestamento na região de Mosquitia.

O presidente hondurenho Hernández e Steve Elkins após sua chegada de helicóptero à área da cidade perdida, 2016.

era especialmente interessante, uma vez que indicava uma possível ligação entre essa cultura e seus poderosos vizinhos maias a oeste e ao norte. Muito mais do que a casual recreação que vem à mente quando pensamos em jogos de habilidade, em culturas mesoamericanas o jogo de bola era um ritual sagrado que reencenava a luta entre as forças do bem e do mal. Também pode ter sido uma maneira de os grupos evitarem a guerra, resolvendo conflitos através de um jogo, que ocasionalmente terminava com sacrifício humano, incluindo a decapitação do time perdedor ou de seu capitão.

Eu segui Chris e Juan Carlos enquanto eles abriam caminho pela selva, pesquisando e mapeando a praça. Fiquei especialmente intrigado ao ver o famoso monte do "ônibus", que estava tão destacado nas imagens do *lidar*. Na realidade, era uma construção de terra desconcertante, com uma base nitidamente definida e paredes íngremes.

"Que diabos é isso?", perguntei a Chris, enquanto ele o vasculhava marcando pontos de referência no GPS.

"Acho que é a fundação de um prédio ou templo público elevado", ele disse, explicando que estava situado no final do que havia sido uma grande praça, onde ele teria sido proeminentemente visível. "Havia algo no topo que agora já não existe, construído de materiais perecíveis."

A chuva cessou, mas as árvores continuavam derramando milhões de gotas. A luz se infiltrava, verde turva, como se atravessasse a água de um lago. Fiquei ali inspirando o rico odor da vida, maravilhado pelos montes silenciosos, as imensas árvores estranguladas pelas figueiras, os tapetes de trepadeiras dependurados, os gritos dos pássaros e dos animais, as flores acenando sob o peso da água. A conexão com o mundo atual se dissolveu, e eu senti que tínhamos, de alguma forma, passado para uma dimensão além do tempo e do espaço.

Logo a paz foi interrompida por outro aguaceiro. Continuamos explorando. Era uma tarefa exaustiva e encharcada, irromper pela selva, incapazes de ver onde estávamos colocando os pés, o chão escorregadio como gelo. Subimos e descemos barrancos e encostas íngremes, tornados traiçoeiros pela lama. Aprendi da maneira mais difícil a não agarrar uma vara de bambu, porque às vezes ela se estilhaça em pedaços afiados, te cortando e despejando em você uma carga de água que tinha se acumulado em seu interior oco. Outras pegas potenciais ostentavam espinhos brutais ou enxames de formigas vermelhas venenosas. A chuva torrencial começava e parava várias vezes após a chuva torrencial veio e se foi, como alguém abrindo e fechando uma torneira. Por volta de 1 hora da tarde, Woody ficou preocupado que o rio pudesse estar subindo, impedindo nosso retorno para o acampamento, então voltamos para onde Anna, Alicia e Tom estavam trabalhando na fileira de pedras. Enquanto limpavam a área, eles descobriram, no canto da praça, uma escadaria de pedra que descia para dentro da terra, parcialmente enterrada por montículos que haviam desmoronado. Nós paramos na chuva enquanto Woody passava uma garrafa térmica de chá com leite quente e doce. Todo mundo conversava animadamente. Mesmo com a mínima quantidade de limpeza, eu tive uma impressão melhor de como tinha sido esse pequeno canto da cidade, com sua fileira de pedras dispostas sobre pedregulhos. Eles certamente *pareciam* altares, mas seriam lugares de sacrifício, ou assentos para pessoas importantes, ou alguma outra coisa? E a escadaria de pedra que não dava em lugar algum era outro quebra-cabeça. Aonde ela levava lá embaixo – alguma tumba ou câmara subterrânea? Ou ela levava até algo acima que tinha se perdido?

Logo tivemos que sair. Partimos em uma fila única, de volta para o acampamento, novamente contornando a base da pirâmide. Era uma rota que tínhamos tomado várias vezes antes, sem perceber nada de especial. Mas de repente Lucian Read, na parte de trás da fila, chamou: "Ei! Algumas pedras estranhas por aqui!".

Voltamos para olhar e então o caos se instalou.

Em uma ampla área rebaixada, simplesmente brotando do chão, estavam os topos de dezenas de extraordinárias esculturas de pedra entalhada. Os objetos, vislumbrados entre folhas, trepadeiras e tapetes de musgo, tomaram forma no crepúsculo da floresta. A primeira coisa que vi foi a cabeça de um jaguar rugindo se projetando para fora do chão da selva, depois a borda de um vaso decorado com a cabeça de um abutre e grandes jarros de pedra esculpidos com cobras; ao lado deles estava um grupo de objetos que pareciam tronos ou mesas, alguns com entalhes ao longo das bordas e pernas que, à primeira vista, pareciam ser inscrições ou glifos. Eles estavam todos quase inteiramente enterrados, com apenas os topos visíveis, como icebergs de pedra. Eu estava atônito. Essas esculturas estavam em ótimas condições e provavelmente intactas desde que foram deixadas séculos atrás – até tropeçarmos nelas. Isso era prova, se é que alguém tinha alguma dúvida, de que esse vale não tinha sido explorado nos tempos modernos.

A equipe se aglomerou na área, empurrando uns aos outros e exclamando com espanto. A equipe de filmagem estava gravando e Dave Yoder fotografava como um louco, enquanto eu também peguei minha Nikon, tirando fotos na chuva. Chris, o arqueólogo, começou a gritar para todos se afastarem: "Caramba, não toquem em nada, não pisem, olhem por onde andam pelo amor de Deus!". Praguejando e expulsando as pessoas, ele finalmente isolou a área com fita de cena criminal com a palavra CUIDADO, em espanhol, que ele estava carregando (com um poder de presciência notável) em sua mochila.

"Ninguém passa pela fita", ele disse, "exceto eu, Oscar e Anna".

Steve, apoiado na bengala, exausto e com dores pela caminhada extenuante até as ruínas, ficou espantado. "É incrível", disse ele, "que esta joia de lugar exista aqui, tão puro e intocado por séculos!". A chuva caía ao nosso redor, mas ninguém prestava nenhuma atenção. "Quando você chega até aqui e vê toda essa vegetação que cresceu por cima", continuou ele, "quanto foi encoberto pela terra, você vê o quão improvável seria tropeçar nisso tudo. Em um sentido metafísico, é como se tivéssemos sido trazidos até aqui".

Chris Fisher também estava um pouco atordoado. "Eu esperava encontrar uma cidade", ele me disse mais tarde, "mas não esperava *isso*. Esse contexto intocado é raro. Pode ser uma oferenda ou um esconderijo. É uma demonstração ritual poderosa, tirar de circulação objetos de valor". Ele ficou especialmente impressionado com uma cabeça esculpida do que, para ele, podia ser um retrato de um "homem-jaguar", retratando um xamã "em espírito ou estado transformado". Como a figura parecia estar usando um capacete, ele também se perguntou se ela estaria ligada ao jogo de bola. "Mas tudo isso é especulação: nós simplesmente não sabemos." Ele suspeitava que havia muito, muito mais abaixo da superfície.

E havia mesmo, como a posterior escavação revelaria. O esconderijo era vasto, contendo mais de quinhentas peças, porém mais intrigante que seu tamanho era sua própria existência. Esse tipo particular de coleção ritual de artefatos parece ser uma característica dessas cidades perdidas da antiga Mosquitia – que não tinha sido identificada na cultura maia ou em outro lugar –, o que significa que poderiam conter a chave para compreendermos o que distingue o povo de Mosquitia de seus vizinhos e define seu lugar na história. Qual era o propósito desse esconderijo? Por que os objetos foram deixados aqui? Embora esconderijos semelhantes tivessem sido relatados em Mosquitia anteriormente, nenhum fora encontrado tão totalmente intacto, oferecendo uma oportunidade tão rara de se estudar e escavar sistematicamente o local. O significado da oferenda faria dessa a maior descoberta da expedição até agora, uma que teve importantes implicações muito além de Mosquitia. Mas levaria um ano para que percebêssemos o escopo dessas descobertas.

Mesmo com a empolgação intensa e os espíritos elevados, a caminhada de volta para o acampamento foi dura, já que as encostas íngremes eram impossíveis de transpor a não ser escorregando por elas de um modo semicontrolado. Apesar das preocupações de Woody, o riacho não tinha subido muito e permanecia raso. A chuva diminuíra;

o céu começara a clarear; e esperávamos que o helicóptero logo pudesse vir com os suprimentos mais necessários para o acampamento, que ainda estava apenas parcialmente configurado. Faltava-nos comida e água, geradores para carregar os *laptops* e baterias para o equipamento de filmagem, e precisávamos montar uma barraca médica e outras para os cientistas visitantes que eram esperados para os próximos dias.

De volta ao acampamento, Chris declarou que agora iria explorar o que parecia, nas imagens do *lidar*, uma estrutura de terra localizada atrás do nosso acampamento. Sua energia era impressionante. Caminhamos pelos fundos do acampamento, passando pelo dos soldados. Eles estavam construindo uma casa comunal usando uma de nossas lonas e calçando o chão lamacento com folhas grossas. Tinham feito uma fogueira – eu não fazia ideia de como eles conseguiram isso na chuva –, e um soldado estava voltando da caçada com um pernil de cervo jogado sobre o ombro. O cervo, descobriu-se mais tarde, era um espécime de veado-vermelho da América Central, ameaçado de extinção; uma semana depois, o exército hondurenho ordenou que os soldados parassem de caçar e começaram a enviar MREs, alimentos prontos para consumo. Os soldados nos disseram que levaram quase cinco horas para fazer a viagem a pé até o nosso acampamento a partir da zona de pouso inferior no entroncamento do rio, uma distância de cerca de cinco quilômetros. Eles tinham vindo rio acima, um caminho mais fácil e mais seguro do que atravessar pela selva.

Atrás do acampamento dos soldados, um declive íngreme se impunha diante de nós. Essa era a anomalia que Chris queria explorar. Nós escalamos até o topo e descemos do outro lado, chegando a uma área oval com fundo plano, cercada pelo que pareciam ser diques ou leitos artificiais. O espaço era aberto, com pouco sub-bosque. Parecia uma grande piscina, com um fundo plano e paredes íngremes. Uma pequena saída em uma das extremidades levava de volta até a área plana onde estávamos acampados. No outro extremo, uma valeta que parecia uma estrada antiga passava ao lado da colina. Chris concluiu que essas estruturas provavelmente tinham sido um reservatório de água, que era coletada durante a estação chuvosa e liberada durante a estação seca para irrigar os cultivos onde estávamos acampados. "Aquele terraço inteiro em que estamos provavelmente era uma área agrícola", ele disse, que tinha sido artificialmente nivelada. Parte dele pode ter sido um bosque de cacau; Alicia González tinha identificado o que acreditava serem alguns pequenos cacaueiros crescendo perto de seu acampamento.

As nuvens escuras se afastaram e finalmente pedaços de céu azul apareceram pela primeira vez naquele dia. Um sol leitoso surgiu, enviando raios de luz solar através da cobertura de mata enevoada. Uma hora mais tarde ouvimos o barulho do helicóptero e mais uma vez um coro furioso dos macacos bugios. Nós tivemos dois visitantes: o tenente-coronel Oseguera, que tinha vindo verificar a situação de suas tropas, e Virgílio Paredes, o chefe do Instituto Hondurenho de Antropologia e História. O coronel foi rever as tropas e Virgilio se retirou para a área da cozinha e ouviu com interesse enquanto Steve e Chris lhe descreveram a descoberta do esconderijo. Tinha ficado muito tarde para voltarem, então Virgílio e o coronel decidiram passar a noite e visitar o sítio no dia seguinte.

Eu havia conhecido Virgilio pela primeira vez em 2012, durante a pesquisa do *lidar*. Era um homem alto e atencioso que, embora não fosse um arqueólogo, fez perguntas investigativas e tinha se esforçado para se tornar completamente versado no projeto. Ele falava inglês fluentemente. Era descendente de uma antiga família judia sefardita chamada Pardes, que deixou Jerusalém no século XIX e emigrou para Segóvia, na Espanha, onde teve seu nome transformado em Paredes. Durante o regime fascista de Franco, seu avô deixou a Espanha e foi para Honduras. Seu pai cursou medicina no país latino-americano e tornou-se um bioquímico e um homem de negócios, mas agora, perto da aposentadoria, ele estava considerando a aliá, ou seja, se mudar para Israel. Virgílio foi criado como católico, estudou na Escola Americana em Tegucigalpa, obteve um mestrado na London School of Economics e viveu e estudou em diversos lugares do mundo, desde a Alemanha até Trindade e Tobago. Ele estava trabalhando para o Ministério da Cultura na época do golpe de 2009, quando o presidente interino lhe perguntou se queria dirigir o IHAH. Foi uma grande mudança: nos últimos sessenta anos o Instituto Hondurenho de Antropologia e História fora dirigido por um acadêmico, mas o novo governo queria um administrador. Alguns arqueólogos ficaram infelizes. "Os acadêmicos estavam brigando com o setor turístico", Virgílio me disse. "Se você tem a galinha dos ovos de ouro, os arqueólogos não querem que ela produza *nenhum*, mas os caras do turismo, eles querem abri-la e pegar todos os ovos de uma vez. Deve haver um equilíbrio."

Ele conhecia a história da Cidade Branca desde garoto. Quando soube pela primeira vez que o grupo de Steve a estava procurando, pensou que todo o projeto era conversa fiada. Desde que aceitou o cargo, um fluxo constante de pessoas malucas tinha aparecido em seu escritório ou lhe enviado e-mails sobre Atlantis ou naufrágios lendários com milhões em ouro. Ele pensou que Steve estivesse nessa mesma categoria. "Eu disse: 'Conta outra!'." Mas quando Steve descreveu o *lidar* e seu potencial de revelar os segredos de Mosquitia, Paredes se interessou: essa era uma tecnologia séria, e Steve e sua equipe lhe pareceram pessoas capazes.

A chuva começou de novo. Depois do jantar e de outro gole, me recolhi ao meu acampamento, tirei minhas roupas enlameadas, pendurei-as no varal para a chuva enxaguar e engatinhei para minha barraca. Meu acampamento – e tudo em volta – era agora um mar de lama. Copiando a ideia dos soldados, tentei calçar a lama na frente da barraca com folhas enceradas, uma estratégia inútil. No interior, a lama tinha infiltrado sob a barraca, e meu assoalho à prova d'água estava mole como uma cama de água.

Quando me acomodei no saco de dormir, senti insetos rastejando em mim. Eles deviam estar ali comigo o tempo todo sem que eu percebesse até que parei de me mover. Com um grito, abri o zíper do saco e liguei a lanterna. Eu estava coberto de vergões vermelhos feios e de manchas, centenas delas, mas onde estavam os insetos? Senti algo me morder e o arranquei com um beliscão; era um bicho-de-pé do tamanho de um grão de areia, quase pequeno demais para ser visto. Eu tentei esmagá-lo, mas sua casca era muito dura, então o coloquei cuidadosamente sobre a capa do meu livro de John Lloyd Stephens e o esmaguei com a ponta da faca, fazendo um ruído crocante satisfatório. Para meu horror, logo descobri mais bichos-de-pé, não só na minha pele, mas também alguns que tinham caído dentro da minha bolsa. Passei meia hora coletando-os, colocando-os no bloco de execução e apunhalando-os. Mas as minúsculas criaturas eram quase invisíveis na minha cama, então me cobri com o repelente DEET e resignei-me a dormir com bichos-de-pé. No final da viagem, a capa do livro estava tão cheia de marcas de facadas que eu o joguei fora.

No café da manhã Alicia reportou outro jaguar, bem como ter ouvido um ruído baixo e sussurrante rastejando ao lado de sua barraca, que ela tinha certeza de ser de uma cobra muito grande.

CAPÍTULO 17
"É UM LUGAR MUITO ANTIGO, UM LUGAR DE FEITIÇARIA, DIZEM ELES"

NA MANHÃ DO NOSSO terceiro dia na selva, caminhamos para o sítio do esconderijo com Virgílio, o coronel e quatro soldados. Mesmo com as cordas fixas que Sully e Woody tinham amarrado, foi difícil subir a colina. Chris pediu a Anna Cohen para assumir a limpeza da vegetação do sítio do esconderijo, marcando cada objeto, inventariando, registrando e esboçando-os todos *in loco*. Os soldados a ajudariam. Chris, Woody, Steve e eu partimos para explorar a cidade mais ao norte. Com Chris liderando, nós cruzamos a praça 1, subimos e depois descemos a ravina até a praça 2. Abrimos caminho em meio a emaranhados de bambu, trepadeiras e plantas. Fisher tinha uma longa lista de elementos vistos no *lidar* que ele queria visitar no solo, e seu GPS nos levou a uma selva brutalmente densa. Em alguns lugares, foi como cavar um túnel através do verde. Visitamos mais montes, os restos de casas principais e estruturas cerimoniais, mais dois elementos semelhantes a ônibus e vários terraços. Chegamos até uma ruptura na cobertura da selva, onde a queda de uma árvore alta havia trazido consigo dezenas de outras e criado uma abertura para o céu. O sub-bosque tinha proliferado nessa riqueza repentina de luz solar, concentrando-se dentro de um impenetrável bosque de bambu e trepadeiras de acácias que nós contornamos. A visibilidade na vegetação rasteira era tão limitada que Woody, Chris e eu frequentemente rastreávamos um ao outro pelo som, não pela visão, mesmo que estivéssemos a não mais do que três metros e meio de distância.

Quando voltamos para o esconderijo depois de um longo circuito pela cidade, encontramos novamente a companhia em um leve alvoroço. Enquanto os soldados estavam limpando a área e Anna começava a fazer anotações, uma ponta-de-lança irritada tinha disparado de debaixo de um tronco no meio de todos, causando pânico. Ela ficou por ali tempo suficiente para ser fotografada minuciosamente, a equipe de vídeo encantada por ter um extra inesperado na filmagem; mas quando Sully tentou capturá-la e movê-la, ela escapou de volta para debaixo do tronco, onde permaneceu, completamente irritada. Como resultado, ninguém podia se aproximar da área do tronco, que, como conseguíamos perceber, estava cheia de artefatos.

Virgílio, Steve, Woody e eu seguimos de volta para o acampamento. Virgílio foi embora no helicóptero, ansioso para informar ao presidente a descoberta do esconderijo. Enquanto isso, o AStar, que tinha continuado a trazer suprimentos, quase foi derrubado por um abutre naquela tarde. O piloto tinha desviado para evitá-lo, mas o pássaro atingiu uma das pás do rotor e suas entranhas foram sugadas para dentro do espaço de transmissão na base do eixo. O conteúdo de sua refeição final criou uma bagunça horrorosa na transmissão e preencheu a cabine com um odor terrível. O quase acidente nos lembrou de quão dependentes éramos dos dois helicópteros, nossa única conexão com o mundo exterior. Se estivéssemos encalhados, a evacuação teria envolvido uma viagem terrestre de semanas, com suprimentos limitados.

Enquanto estivemos nas ruínas, Alicia tinha passado o dia com os soldados das Forças Especiais em seu acampamento atrás do nosso, e eu estava curioso para ouvir quais *insights* antropológicos ela havia obtido. Muitos dos soldados das Forças Especiais que tomavam parte da *Operación Bosque* eram de grupos indígenas de Honduras. Alguns tinham vindo de Wampusirpi, a cidade indígena mais próxima, no Rio Patuca, a 25 milhas aéreas de distância (cerca de 46 quilômetros), uma vila isolada normalmente acessível somente pela água. O que os soldados pensavam de tudo isso?

"Foi maravilhoso", Alicia me disse. "Eles disseram que nunca tinham visto nada parecido com este lugar, e disseram isso com grande alegria. Estão se sentindo como se estivessem no meio de um paraíso. Claro que alguns deles só querem voltar para suas namoradas, mas a maioria está emocionada por estar aqui." Alguns sentiram que a natureza do vale, semelhante a uma fortaleza, tornou-o uma espécie de lugar sagrado. Ela havia persuadido um dos soldados, que era Pech, a sinalizar os cacaueiros para que ela pudesse mapeá-los e ver se eles eram de fato os restos de um bosque antigo e cultivado. O chocolate era sagrado para os maias, que apreciavam o cacau e o consideravam o alimento dos deuses. Ele era reservado para guerreiros e para a elite dominante, e as vagens às vezes eram usadas como dinheiro. O chocolate também esteve envolvido no ritual do sacrifício humano. Os pés de cacau e o comércio do chocolate provavelmente desempenharam um papel importante na antiga Mosquitia; teria sido uma mercadoria valiosa que era negociada com os maias. "Ele afirmou que é uma variedade de cacau muito antiga, de vagens pequenas", disse Alicia. "Mosquitia é cheia de cacau" (algumas dúvidas foram levantadas em retrospecto, nunca solucionadas, se eles eram realmente cacaueiros ou espécies afins).

Alguns dias depois, alguns dos soldados levaram Alicia para Wampusirpi no helicóptero militar, para encontrar suas famílias. Alicia mostrou a eles as fotos que ela tinha tirado em seu celular do desmatamento ao nordeste de Catacamas. "Eles ficaram impressionados", disse ela, e profundamente perturbados. "Disseram: 'Não admira que os rios estejam secando, os animais estejam indo embora e os peixes, morrendo'".

Wampusirpi tem uma cooperativa de cacau orgânico, que produz blocos de chocolate puro, transportados rio abaixo para o mercado. É tido por entusiastas do chocolate como um dos melhores do planeta, oriundos de uma fonte única. Algumas das vagens de cacau são colhidas de cacaueiros selvagens que crescem nas florestas da Reserva da Biosfera que cercam a cidade. Os homens colhem as vagens e as mulheres as fermentam e as torram. Alicia visitou a cooperativa, e eles deram-lhe um bloco de quase dois quilos de chocolate amargo puro.

Em resposta às suas perguntas sobre a Ciudad Blanca – ou Casa Blanca, como os Pech a chamam –, Alicia foi apresentada a um homem na casa dos 80 anos. Ele contou sobre ela enquanto as crianças se juntavam em volta. "Ele disse que os gringos vieram há muito tempo, levaram todo o ouro e profanaram a Casa Blanca. Disse que a Casa Blanca está bem no alto das montanhas; é pra onde foram os *sukia*, os xamãs, e é controlada por eles. É um lugar muito antigo, um lugar de feitiçaria, dizem eles, habitado por povos anteriores aos Pech."

A manhã do dia 21 chegou como de costume – nublada, gotejante e úmida. Eu já estava na selva havia quatro dias e o tempo parecia estar passando rápido demais. Às 8 horas nós percorremos quatrocentos metros rio acima para examinar o elemento em forma de L que aparecia tão proeminente nas imagens do *lidar*. Andamos no próprio rio, o que era mais fácil e mais seguro do que tentar atravessar a selva ou ir pela margem.

O elemento em forma de L era claramente artificial, uma grande plataforma geométrica de terra erguida cerca de três metros acima da várzea. Árvores enormes cresciam em volta e por cima dela. Uma das árvores era verdadeiramente monstruosa, com um tronco de pelo menos seis metros de diâmetro. Tirei uma enorme quantidade de fotografias, algumas com Steve, e Steve tirou algumas de mim. Segundo Chris, a plataforma provavelmente era a base de uma vizinhança de casas apertadas erguidas acima da zona de inundação sazonal, com campos cultivados na várzea abaixo. Na saída, lutando para descer um barranco na margem, caí no rio. Eu fiquei bem, mas minha câmera Nikon não sobreviveu. Por sorte consegui recuperar todas as fotografias do cartão depois que voltei para a civilização. Pedi para trazerem meu celular (com câmera) junto com os suprimentos no voo seguinte.

Caminhamos rio abaixo por cerca de quinhentos metros até um grande conjunto de praças que eram proeminentes nas imagens do *lidar*. Enquanto andávamos por elas, o rio sem nome mostrou-se um dos mais belos que eu já tinha visto, águas cristalinas correndo sobre um leito de pedras, com barras de cascalho, arbustos floridos ensolarados, corredeiras e piscinas, e de vez em quando uma pequena cachoeira. Em alguns lugares, árvores enormes e outras vegetações inclinavam-se sobre o rio, transformando-o em um túnel verde furtivo assombrado pelo som da água. Cada curva revelava algo novo – uma corredeira cintilante, um tronco de árvore envolto em samambaia, uma piscina profunda reluzindo com peixes prateados, araras vermelhas e garças muito brancas voando das copas das árvores. Eu lamentei não ter uma câmera para registrar essas imagens.

De acordo com nossos mapas *lidar*, o rio fazia uma curva bastante fechada a meio caminho do nosso destino. Woody decidiu que poderíamos economizar tempo com um atalho em frente. A rota nos mergulhou na selva espessa, cada polegada adiante possível apenas com golpes de facão. Cruzamos uma elevação e descemos para dentro de uma ravina que percorremos de volta para o rio. Depois de uma hora, paramos para descansar em uma barra de cascalho em frente às supostas ruínas e almoçamos.

Nós conversamos sobre o quão difícil, se não impossível, teria sido explorar o vale e suas ruínas antes do advento do GPS e do *lidar*.

Sem os mapas do *lidar*, poderíamos ter caminhado bem no meio das ruínas do A1 e nem sequer percebido que elas existiam. Apenas com os mapas nós sabíamos onde procurar por elementos que estavam encobertos pela vegetação. O paredão de árvores do outro lado do rio, depois de um prado, não dava nenhuma indicação de qualquer um dos montes e praças que sabíamos que estavam lá.

Depois do almoço, atravessamos o rio e entramos em um campo de mata alta e fechada, com a lembrança de cobras sempre presente em nossos pensamentos, uma vez que não podíamos ver onde estávamos colocando os pés. Entramos na floresta aliviados e nos deparamos com o primeiro monte bem delimitado, outro ônibus. Montes paralelos estendiam-se a partir dele em ambos os lados. Chris sugeriu que esse sítio era uma extensão da cidade alta, mas Oscar acreditava que era um assentamento inteiramente separado. Este não era um desacordo trivial. As imagens do *lidar* mostravam que havia dezenove grandes sítios espalhados ao longo do vale, todos muito próximos. Eles fariam parte do mesmo regime – da mesma unidade econômica e política –, uma única cidade? Ou eram aldeias separadas, cada uma com sua própria governança? Até agora, as evidências sugerem que a maioria, mas não todas elas, faziam parte de uma cidade estendida, mas a questão permanece sem solução.

Nós exploramos o sítio por várias horas. Ele era muito parecido com o primeiro conjunto de praças, porém menor. Subimos uma colina próxima esperando que pudesse ser outra pirâmide de barro, mas no final Chris e Oscar concluíram que era apenas um morro naturalmente cônico. Encontramos mais filas de pedras planas semelhantes a altares, várias áreas de praças elevadas e montes semelhantes a ônibus. Na saída, na borda de um dos montes, todos nós passamos dasavisados por uma enorme ponta-de-lança. Lucian (novamente na retaguarda) a viu. Cada um de nós tinha caminhado a menos de sessenta centímetros de distância dela, tão perto que poderíamos facilmente ter pisado ou roçado nela. A cobra permaneceu dormindo pacificamente, com a cabeça enfiada nas espirais cor de chocolate. Estava praticamente invisível em meio às folhas secas, embora parecesse ter 1,5 ou 1,8 metros de comprimento, quase tão grande quanto a que nós matamos na primeira noite.

Quando voltamos ao acampamento, mais visitantes haviam chegado. Tom Lutz, escritor, crítico literário e fundador do *Los Angeles Review of Books*, estava cobrindo a expedição como freelancer para o *New York Times*. Bill Benenson, o colíder da expedição e patrocinador financeiro, chegou com ele.

A chuva começou novamente – um maciço temporal –, e eu me enfiei debaixo da minha rede, escrevendo no meu diário, antes de me juntar ao grupo sob a lona da cozinha. A atmosfera estava focada em trabalho: Dave Yoder estava baixando enormes quantidades de fotografias em discos rígidos, enquanto Lucian Read e a equipe de filmagem mexiam com seus equipamentos, limpando e trabalhando para mantê-los secos – um trabalho sem fim – e carregando as baterias com os geradores recém-chegados. A ex-equipe da SAS estava ocupada cortando bambu para estabelecer caminhos sobre a lama, que se aprofundava. Toda a área do acampamento estava inundada, e conforme a lama subia, ela ia brotando debaixo das lonas.

A chuva continuou a tarde toda. Naquela noite, depois do usual jantar desidratado, permanecemos sob as lonas, o trabalho do dia finalmente terminado. Woody tentou acender uma fogueira cavando um buraco no chão, embebendo um rolo de toalhas de papel na gasolina, empilhando madeira molhada em cima e acendendo-o. Mas o acúmulo de água logo chegou ao buraco e o inundou, apagando o fogo precário.

Um desentendimento havia se manifestado naquela manhã sobre o que fazer com os artefatos do esconderijo. Steve convocou uma reunião geral naquela noite. Nos reunimos em um semicírculo de cadeiras à luz das lanternas, fedendo a repelente DEET e mofo, bebendo chá ou café e estapeando os insetos, enquanto a chuva constante soava sobre as lonas do abrigo.

Steve abriu a discussão explicando que o sítio corria sério perigo de ser saqueado. Mesmo se não o tivéssemos encontrado, ele apontou, o desmatamento estava a menos de dezesseis quilômetros da entrada do vale e se aproximando rapidamente. Nesse sentido, nós o salvamos da destruição, mas apenas temporariamente. Virgílio tinha estimado que a extração ilegal de madeira chegaria ao vale em oito anos ou menos, o que resultaria na pilhagem imediata do esconderijo, que talvez valesse milhões de dólares. Ainda mais sinistro, os soldados hondurenhos haviam denunciado que uma pista de pouso de narcotráfico estava sendo aberta na selva além da entrada do vale. Várias pessoas sabiam a localização do A1, disse Steve, não era mais segredo; os narcos tinham dinheiro e aviões; eles saqueariam o sítio assim que saíssemos. Ele achava que a equipe devia remover um artefato – para provar o que tínhamos encontrado e para usá-lo na arrecadação de dinheiro para uma rápida escavação do sítio. "Nós abrimos a caixa de Pandora", disse ele, e agora tínhamos a responsabilidade de proteger os artefatos.

Bill Benenson concordou, argumentando que a remoção de alguns objetos não prejudicaria seu contexto, que era uma espécie de salvamento arqueológico, e que levar um item deslumbrante poderia produzir uma ferramenta de arrecadação efetiva para interessar os doadores na preservação do vale e das ruínas. E se o sítio fosse saqueado, o que parecia possível, pelo menos um artefato seria salvo.

Depois disso, Chris Fisher falou. Ele foi intransigente. "O mundo inteiro estará observando o que fazemos aqui", disse, com a voz levantada. Ele se opôs veementemente a uma escavação apressada de um objeto que fosse. Primeiro, apontou, nós não tínhamos nenhuma permissão de escavação. Em segundo lugar, e mais importante, o valor dos objetos estava em seu contexto, não nas peças individuais. Já havia peças como essas nas coleções de museus, mas nunca um esconderijo havia sido escavado *in situ*. Uma escavação cuidadosa e legítima, por arqueólogos qualificados, poderia revelar uma quantidade enorme de informação sobre essa cultura. Análises químicas poderiam mostrar, por exemplo, se as vasilhas continham oferendas de comida, como chocolate ou milho. Pode haver tumbas da realeza por baixo, e elas teriam que ser manipuladas com cuidado e dignidade. Ele disse que se alguém desenterrasse alguma coisa naquele momento, ele se demitiria imediatamente do projeto, pois isso iria totalmente contra a sua ética profissional.

E se, daqui a três semanas, o esconderijo for saqueado?, perguntou Benenson.

"Que seja", disse Chris. Ele disse que não poderíamos nos envolver em comportamento antiético em antecipação ao comportamento ilegal dos outros. Nós não devíamos fazer nada que pudesse ser visto como não profissional pela comunidade arqueológica. E além do mais, ele disse, não era uma decisão nossa; aquele não era o nosso país; o esconderijo era patrimônio nacional de Honduras. O sítio era *deles* e cabia a *eles* decidir se iríamos ou não escavar. Mas ele esperava de todo o coração que os hondurenhos não tomassem a decisão errada, porque escavar apressadamente, agora mesmo, não só iria colocar a comunidade arqueológica contra o projeto, mas destruiria o valor primário dessa descoberta.

Chris se virou para Oscar Neil e lhe perguntou em espanhol: "O que você acha?".

Até então, Oscar estava ouvindo em silêncio. Como chefe de arqueologia de Honduras, a decisão de escavar seria sua, em consulta com Virgilio Paredes. Respondendo em espanhol, ele concordou plenamente com Chris. Indicou que os mesmos narcotraficantes que Steve havia mencionado como uma ameaça na verdade manteriam os saqueadores a distância, pois não os queriam em seu território. "Os narcos são os proprietários do território periférico aqui", disse ele.

A floresta impenetrável em si era a proteção; os artefatos estiveram lá por talvez oitocentos anos, e enquanto a floresta permanecesse intacta, eles estariam naturalmente salvaguardados. Os saqueadores estariam interessados em sítios mais acessíveis – e havia sítios muito mais fáceis de acessar do que esse. Os narcos não se incomodariam em saqueá-lo; eles tinham seus próprios negócios muito mais lucrativos. Finalmente, ele disse, o exército hondurenho já estava discutindo planos para entrar, patrulhar o vale estabelecer o poder do governo hondurenho sobre uma área que estava além do controle soberano.[15]

Os argumentos de Oscar e Chris prevaleceram, e foi decidido que deixariam tudo *in situ*, intocado por enquanto, para esperar a escavação cuidadosa e adequada.

Após a reunião, Sully tocou meu braço e falou comigo, abaixando a voz: "Eu *conheço* soldados. Eu fui um soldado. Eu posso dizer a você que o perigo não são alguns narcotraficantes ou saqueadores de fora – ele está *exatamente ali*". Ele meneou a cabeça em direção ao acampamento dos soldados no escuro atrás de nós. "Eles já estão planejando como fazer isso. Lá em cima, estavam marcando todos os sítios com o GPS. Rio abaixo estão ampliando sua zona de pouso. Os militares não vão deixar saqueadores entrar aqui porque *eles* são os saqueadores. Depois que você sair, tudo terá sumido em uma semana. Eu já vi esse tipo de corrupção em todo o mundo – acredite em mim, é isso que vai acontecer."

Ele disse isso para mim como um aparte, e ainda que eu me preocupasse que ele pudesse estar certo, a decisão havia sido tomada: o esconderijo seria deixado intocado. Sully manteve sua opinião em segredo e não compartilhou com Chris e Oscar.

---

[15] Tom Lutz mais tarde escreveu um interessante relato dessa discussão no *New York Times*, em um editorial intitulado "Encontrar essa Cidade Perdida em Honduras foi a parte fácil", publicado em 20 de março de 2015.

A essa altura, as trilhas no acampamento tinham sido transformadas em poças de lama tão fundas que afundávamos os tornozelos nelas. Tirei minhas roupas do lado de fora da barraca, pendurei-as e me arrastei para dentro. Catei os bichos-de-pé, esfaqueei-os no meu livro e esmaguei as moscas de areia que haviam entrado. Deitei-me no escuro, miseravelmente molhado, ouvindo as habituais bestas noturnas andando em volta da barraca e pensando que, no fim das contas, talvez os caras do SAS não tivessem exagerado sobre os desafios deste lugar.

CAPÍTULO 18
"ESTE ERA UM LUGAR ESQUECIDO – MAS NÃO ESTÁ MAIS ESQUECIDO!"

COMO SEMPRE, CHOVEU a noite toda, às vezes com uma ferocidade ensurdecedora, e ainda estava chovendo quando acordamos com o despertador macaco bugio.

Quando engatinhei para fora da barraca e vesti minhas roupas encharcadas, Steve, ao lado, estava olhando para os macacos-aranha que pareciam tão miseráveis quanto nós. Eu me perguntei como eles conseguiam aguentar a chuva, dia após dia. Teoricamente essa era a estação seca em Honduras, mas nessa área remota parecia prevalecer um tipo de microclima louco.

No café da manhã, a discussão se voltou para o A3. O mau tempo impediria o reconhecimento aéreo de A3 planejado para aquele dia. A outra cidade ficava cerca de 32 quilômetros ao norte, e Chris estava profundamente ansioso para ter um vislumbre dela, pelo menos do ar, se o tempo desse uma trégua.

Esperamos por uma pausa na chuva. Quando ela veio, o AStar apareceu com mais dois membros da expedição: Mark Plotkin, o notável etnobotânico, presidente da Equipe de Conservação da Amazônia e autor do livro best-seller *Tales of a Shaman's Apprentice* [Histórias de um aprendiz de xamã]; e seu colega, o Prof. Luis Poveda, um etnobotânico da Universidade Nacional da Costa Rica. Sua esperança era registrar e estudar a botânica do vale do A1, especialmente em relação aos seus antigos habitantes; eles planejavam inventariar quaisquer plantas legadas que pudessem existir de épocas pré-colombianas, bem como identificar árvores e plantas medicinais biologicamente úteis. Quase imediatamente depois que o helicóptero saiu, as chuvas vieram novamente. Nós nos preparamos para outra caminhada nas ruínas. Desta vez Juan Carlos carregava uma enorme maleta de plástico presa às costas. Dentro dela havia uma unidade *lidar* de transporte terrestre de 120 mil dólares, uma máquina em um tripé, com a qual ele pretendia digitalizar o esconderijo de esculturas.

Enquanto nos agarrávamos às cordas fixas da trilha íngreme e escorregadia, o Prof. Poveda, que entrava na casa dos 70 anos, caiu e rolou colina abaixo, distendendo um músculo da perna. Ele teve que ser carregado de volta para o acampamento e evacuado de helicóptero. No esconderijo estava chovendo tão forte que Juan Carlos teve que esperar uma hora antes de ousar remover a máquina de *lidar* de seu estojo. Ele a fixou no declive inferior da pirâmide logo acima do aglomerado de esculturas. Ajoelhando-se na lama, com uma lona sobre a cabeça, se ocupou com o seu MacBook Pro, plugado à unidade *lidar* servindo de controlador. Parecia duvidoso que seu equipamento sobrevivesse à provação. Finalmente, horas depois, a chuva diminuiu o suficiente para ele descobrir a máquina e fazer uma digitalização de onze minutos do sítio. Sua intenção era fazer seis varreduras, em diferentes ângulos, para completar uma imagem tridimensional, mas uma nova chuva torrencial causou um atraso e ele finalmente guardou o equipamento naquele dia. Deixou o equipamento lá em cima, muito bem coberto, para completar as digitalizações no dia seguinte. A chuva voltou a cair a noite toda, e eu acordei com o agora familiar tamborilar dos pingos sobre a tenda da barraca. Agora ela inteira estava afundando na lama, e a água entrava e começava a se acumular.

No café da manhã, Oscar passou o celular com uma foto que ele tinha tirado naquela manhã da rede dele. Assim que estava colocando o pé para fora para pisar no chão, ele disse, "tive uma sensação estranha". Ele recolheu o pé descalço e colocou a cabeça para fora da rede, olhando para o chão abaixo. Diretamente debaixo dele, rastejando em marcha lenta, estava uma ponta-de-lança tão grande quanto a sua rede. Quando ela passou, ele desceu e se vestiu.

Sully olhou para a foto. "Linda maneira de começar o dia, companheiro", disse ele, passando-a adiante.

Durante a manhã fiquei debaixo da lona da cozinha, escrevendo no meu caderno, pensando em como os dias haviam passado rápido. Nós só tínhamos mais alguns dias antes que tivéssemos que desmanchar o acampamento, embalar tudo e voar para casa. Eu tive uma sensação quase de pânico de que mal tínhamos visto a ponta do iceberg. Explorar a cidade seria claramente uma empreitada que levaria anos.

Enquanto isso, o acampamento havia se transformado em um atoleiro, a lama tinha quinze centímetros ou mais de profundidade, exceto nos lugares onde havia pequenas lagoas de água. As varas de bambu colocadas sobre os piores pontos afundaram logo que foram pisadas e desapareceram na lama. Spud cortaria mais para colocar em cima deles e estes também seriam engolidos.

Naquela tarde, o tempo deu uma trégua suficiente para um rápido reconhecimento do A3. Steve se juntou ao voo, junto com Dave e Chris. Eu queria ir, mas não havia espaço. O AStar levantou voo no início da tarde e retornou algumas horas depois.

"Você viu alguma coisa?", perguntei a Steve quando ele voltou para o acampamento.

"É lindo. Inacreditavelmente lindo. É como um paraíso." O piloto havia baixado quase até o solo, pairando a um pé sobre um banco de areia, enquanto Dave tirava fotos. Steve descreveu o vale de A3 como mais suave e mais aberto do que A1, uma vasta extensão que mais parecia um parque, cortada por rios claros com praias arenosas ao longo dos bancos. Os rios eram cercados por campos de mato alto, com mais de 1,80 metros de altura, interrompidos aqui e ali por grupos de árvores gigantes. A maioria das ruínas ficava nos terrenos acima do rio e estava escondida na floresta. O vale era limitado a leste por um cume elevado, onde um rio sem nome fluía através de uma lacuna, indo em direção ao distante Patuca; A3 também era cercado por picos nos outros três lados. Steve disse que não havia sinais óbvios de habitação humana, "apenas floresta e pastagens, tão longe quanto os olhos podem ver". O helicóptero foi capaz de pairar em A3 por apenas alguns minutos antes de voltar para A1.

No ano seguinte, Chris e Juan Carlos tentariam um reconhecimento mais sério de A3. Em meados de janeiro de 2016, os militares hondurenhos voaram com eles em um helicóptero para A3 e foram capazes de pousá-lo em um banco de areia.

"Nós desembarcamos", lembrou Chris, "e o piloto disse que tínhamos algumas horas." Mas o mato era tão alto e denso que eles levaram uma hora e meia para abrir meros trezentos metros, cortando incessantemente com facões a dura erva, de haste grossa. Era impossível enxergar qualquer coisa, e eles estavam com muito medo de cobras. Mas quando eles finalmente saíram da várzea e subiram para as terras de erosão escalonada, encontraram uma visão incrível: "Eram praças a perder de vista", disse Chris, "com pequenos montes em torno delas, e mais praças e pequenos montes, até onde pudemos ir. É muito maior que A1. Era enorme. Devia haver muita gente morando ali". O vale do A3, como A1, deu toda indicação de ser outro deserto intocado sem nenhuma evidência de presença humana recente ou de uso indígena. No momento da escrita deste livro, exceto por essas duas missões de reconhecimento, A3 permanece inexplorado.

Por volta do meio-dia, Mark Plotkin retornou ao acampamento carregando uma tartaruga. Eu estava curioso para ouvir o que ele, como etnobotânico da floresta tropical, estava encontrando no vale. "Nós subimos o rio", disse ele. "Estávamos procurando evidências de habitação recente, mas não vimos nenhuma. Mas vimos muitas plantas úteis." Ele começou a citar as que conseguiu se lembrar. Um gengibre usado para tratar o câncer; uma planta similar ao figo usada pelos xamãs; árvores de balsa; as maiores árvores de castanha-do-maí que ele já tinha visto, que produz uma fruta e uma noz altamente nutritivas; incontáveis árvores Virola, usadas para tratar infecções fúngicas e para fazer um rapé alucinógeno usado em cerimônias sagradas. "Eu não vi nenhuma árvore ou planta que indicasse qualquer presença humana recente", disse ele. "Procurei por pimentas – não vi nenhuma. E nenhuma *Castilla*." A *Castilla elastica*, explicou, era uma importante árvore para os antigos maias, que a usavam como fonte de látex, para fazer borracha para as bolas usadas no jogo sagrado. Também não viu árvores de mogno. "O que está motivando o desmatamento por daqui", disse ele, confirmando o que outros me haviam dito, "não são as árvores de mogno, mas a limpeza da terra para o gado".

Ele havia encontrado um enorme bando de macacos-aranha no rio, muito maior do que a família acima do meu acampamento. "Estes são os primeiros animais caçados", disse ele. "Quando você vê macacos-aranha que não fogem, mas se aproximam e olham para você, isso é excepcional." Mais tarde, Chris Fisher desceu o rio e topou com outro grande grupo de macacos, que estavam sentados em galhos sobre a água e comendo flores. Eles gritaram e balançaram galhos para ele. Quando o primata interior de Chris emergiu e começou a piar e a agitar os arbustos de volta para eles, eles o bombardearam com flores.

Plotkin ficou profundamente impressionado com o vale. Ele disse que em todos os seus anos vagando pela selva, ele nunca tinha visto um lugar como esse. "Esta é claramente uma das florestas tropicais mais intocadas da América Central", disse. "A importância deste lugar não pode ser superestimada. Ruínas espetaculares, natureza imaculada – esse lugar tem tudo isso. Eu tenho andado por florestas tropicais americanas há trinta anos e nunca encontrei uma coleção de artefatos como essa. E provavelmente nunca mais voltarei a encontrar."

Eu perguntei a ele, como autoridade sobre a conservação da floresta tropical, o que poderia ser feito para preservar o vale e o local. Ele disse que era um problema muito difícil. "A conservação é uma prática espiritual", disse ele. "Este lugar é um dos mais importantes locais intocados na Terra. Este era um lugar esquecido – mas não está mais esquecido! Vivemos em um mundo enlouquecido por recursos. Qualquer um pode ver este lugar no Google Earth agora. Se vocês não se moverem para protegê-lo, ele desaparecerá. *Tudo* no mundo é vulnerável. É incrível para mim que não tenha sido saqueado até agora."

"Então, o que deve ser feito?", perguntei. "Criar um parque nacional?"

"Isso supostamente já é uma reserva da biosfera. Onde estão os guardas? O problema é que as pessoas estabelecem um parque nacional e acham que ganharam a guerra. De jeito nenhum. Isso é apenas o primeiro passo – uma batalha em uma longa guerra. O bom desta expedição é que pelo menos você está chamando a atenção para este lugar e agora ele pode ser salvo. Caso contrário, não durará muito tempo. Você viu o desmatamento fora do vale. Totalmente desaparecido em poucos anos."

Naquela noite, a chuva continuou a cair. Fiquei surpreso ao ver Dave Yoder arrumando seu equipamento de câmera com um jogo de luzes portátil e jogando tudo nas costas. Ele disse que estava insatisfeito com as fotos que havia feito do esconderijo. A luz do dia que se infiltrava sobre eles estava muito difusa. Ele ia subir até lá no escuro com Sully para que pudesse fazer um "light-painting" dos artefatos. Essa é uma difícil técnica fotográfica em que a câmera, em um tripé, é deixada com o obturador aberto enquanto o fotógrafo joga feixes de luz sobre os objetos de diferentes ângulos, para destacar detalhes específicos e adicionar um toque de drama e mistério.

"Você é louco", eu disse. "Você vai até lá no breu total, cheio de cobras, na chuva, andando com lama até as bolas, subindo a colina com uma tonelada de equipamento nas costas? Você vai se matar."

Ele resmungou e saiu no escuro, com sua lanterna de cabeça dançando no ar antes de se apagar completamente. Enquanto eu me agachava dentro da minha barraca, ouvindo a chuva, me senti muito feliz por ser apenas um escritor.

A chuva parou no meio da noite e – finalmente – a manhã de 24 de fevereiro amanheceu lindamente, com a luz solar fresca deslizando pelas copas das árvores. Alguns dos soldados hondurenhos disseram ter visto petróglifos na vazante, onde o rio entra na abertura em seu curso para fora do vale. Uma expedição foi organizada para investigar. Chris Fisher e sua equipe decidiram usar o bom tempo para continuar mapeando o sítio, enquanto Juan Carlos esperava terminar sua varredura *lidar* do esconderijo. Steve e Bill Benenson juntaram-se ao nosso grupo rio abaixo, junto com Alicia e Oscar.

O tempo estava glorioso. Eu lavei minhas roupas barrentas e mofadas no rio e as vesti em seguida, depois fiquei na margem do rio sob a luz do sol quente, mantendo os braços abertos e me virando em um esforço desesperado para secar minhas roupas. Depois de tantas noites e dias de chuva, mesmo depois de lavadas, elas cheiravam como se estivessem apodrecendo.

O AStar nos levou da nossa zona de pouso para a zona de pouso hondurenha correnteza abaixo no entroncamento do rio. Um segundo grupo de soldados havia fixado um acampamento na junção, com lonas e palmas de folhas erguidas como barracas, forradas com bambu cortado. Esta era a única zona de pouso para o helicóptero hondurenho Bell, e os soldados ajudaram a transportar os suprimentos para dentro e para fora e serviram de apoio para o grupo rio acima. Um lado de costelas de cervo e duas ancas estavam assando no fogo, pois a regra contra a caça ainda não tinha sido instituída.

Nós partimos caminhando rio abaixo, Steve mancando ao andar, vadeando na água com seu bastão de caminhada, usando um chapéu Tilley. A viagem descendo esse rio mágico foi uma das mais belas e memoráveis da minha vida. Seguimos principalmente pelo leito do rio, evitando tanto quanto possível as margens mais densas, que sabíamos ser o habitat favorito de cobras (cobras venenosas são mais fáceis de ver e menos comuns na água). Nuvens do tipo cúmulo flutuavam no limpo céu azul. A área onde os dois rios se encontravam se abria em um amplo campo gramado, e pela primeira vez pudemos olhar em volta e realmente ver a forma do terreno. A colina circundante formava um arco na nossa frente, coberta de árvores; o rio unificado fazia uma curva brusca para a direita, correndo ao longo do sopé da cordilheira, e então virava abruptamente para a esquerda, cortando as montanhas e correndo através do barranco. Pela primeira vez, também, pudemos ver as árvores da floresta tropical de cima para baixo. De dentro da floresta, você não pode ver as copas das árvores nem ter uma noção de como e quão altas elas são.

Depois de atravessar o campo, nós entramos no rio e caminhamos seguindo a corrente. Uma árvore havia caído sobre o rio, com um emaranhado de galhos dentro e fora da água. O tronco estava fervilhando de formigas vermelhas irascíveis e nocivas, que o usavam como ponte. Nos esgueiramos cuidadosamente pela trama de galhos com o máximo cuidado para não perturbá-las. Tivemos sorte de ninguém na expedição ter sido atacado por essas formigas até ali, o que exigiria uma evacuação ou talvez até uma viagem para o hospital. O rio fez uma ampla volta contra o cume circundante, correndo ao longo de uma encosta rochosa íngreme com árvores que se inclinavam sobre o curso, deixando cair cortinas de trepadeiras e raízes aéreas que se arrastavam pela água, balançando na corrente. A água era cristalina até pisarmos no fundo, quando florescia opaca com nuvens de limo castanho-avermelhado. Em algumas áreas o rio se estreitava e se tornava muito forte e profundo para ser vadeado; fomos forçados a subir para a margem, onde seguimos os soldados hondurenhos enquanto eles abriam caminho para nós, passando hábil e rapidamente seus facões para a esquerda e para a direita, as lâminas sibilando, entalhando, travando, estalando – cada espécie de plantas fazendo um som diferente quando era cortada.

Como de costume, não conseguíamos ver onde estávamos colocando os pés, e o medo das cobras nunca esteve longe de nossas mentes. E nós realmente vimos uma: uma bela cobra coral, com faixas em cores brilhantes de vermelho, amarelo e preto, deslizando pela grama. Essa cobra tem uma mordida que injeta uma neurotoxina potente, mas, ao contrário da ponta-de-lança, é tímida e relutante em atacar.

Algumas vezes tivemos que atravessar o rio pelas corredeiras; lá os soldados formaram uma ponte humana, dando-se os braços na água, enquanto nós atravessámos pela correnteza, pendurados neles com unhas e dentes. Quando atingimos a fissura, vimos a primeira evidência de ocupação humana histórica no vale – um conjunto esfarrapado de bananeiras silvestres. Bananeiras não eram nativas ali; originalmente da Ásia, elas foram trazidas para a América Central pelos espanhóis. Esse foi o único sinal que vimos da habitação pós-conquista no vale.

Nos aproximamos da brecha: dois declives arborizados que se juntavam em um entalhe em V. O rio fazia uma curva de noventa graus em um lugar com uma beleza de partir o coração, com espessos estrados de flores dando lugar a um exuberante prado e uma praia. O rio fluía em uma curva murmurante sobre pedras redondas e se derramava em uma cachoeira sobre uma crista de basalto. Nos baixios ao longo das margens do riacho cresciam suculentas flores aquáticas vermelho-sangue.

Depois da curva o rio corria em linha reta como uma estrada através da fenda, mais rápido e mais profundo, caindo sobre rochas e árvores tombadas, varrendo bancos de areia, salpicados pela luz do sol. Árvores gigantes das florestas tropicais se inclinavam sobre o rio de ambos os lados, formando uma grande caverna que ecoava com os sons de araras, sapos e insetos. O cheiro enfastiante da selva deu lugar a um leve aroma de água.

A maioria das pessoas do nosso grupo parou na abertura para a ravina. Steve se esticou em uma pedra plana na beira do rio, secando-se na rara luz do sol, não querendo arriscar sua perna ruim indo em frente. Oscar cortou algumas folhas grandes e as colocou no chão, fazendo uma cama, sobre a qual ele tirou uma soneca. Eu decidi continuar descendo o rio à procura de petróglifos, junto com Bill Benenson, três soldados e a equipe de filmagem.

Além da fenda, a correnteza do rio ficou mais traiçoeira, com correntes até a cintura, rochas escondidas, membros submersos e buracos. Em alguns lugares, gigantescos troncos de árvores cobertos de musgo haviam caído sobre o rio, atravessando a fenda. Nos trechos onde o rio ficava muito rápido, subimos pelo barranco íngreme. Uma trilha apagada de animais corria ao longo, e os soldados identificaram estrume de antas e excrementos de jaguar. O caráter do rio, agora fluindo rapidamente entre penhascos e ladeado por árvores, tornou-se mais sombrio, misterioso e inquietante. Havia muitos pedregulhos e saliências que saíam da água, mas não encontramos petróglifos; os soldados suspeitavam que a água havia subido e inundando as gravuras rupestres. Nós voltamos quando o rio finalmente se tornou muito fundo e as paredes da ravina, muito íngremes para continuar. Em vários pontos eu temi que um de nós pudesse ser levado embora.

De fato, enquanto retornávamos à fenda, Bill quase foi carregado pela corrente enquanto cruzava um trecho de águas profundas. Steve o resgatou, esticando o pé, que Bill agarrou. Quando cheguei, Steve me entregou seu iPhone, que estava muito quente. Ele o deixou cair na água e não tinha fechado direito a tampinha do carregador em sua capa à prova d'água. Como resultado, o iPhone tinha fritado e ele tinha perdido todas as fotografias que havia feito da expedição que ele passou vinte anos planejando (ele passaria mais de um ano trabalhando com a Apple para recuperar as fotos, sem resultado; elas se perderam para sempre).

Nós caminhamos de volta para a zona de pouso hondurenha, onde o AStar nos pegou e nos levou de volta ao acampamento. Quando chegamos, Woody nos disse que era esperado mais tempo ruim. Não querendo arriscar que alguém ficasse encalhado, decidiu começar a retirar a equipe da selva um dia mais cedo. Disse-me que havia me colocado em um voo dali a uma hora em ponto; eu deveria desmanchar meu acampamento, fazer as malas e estar esperando com meu equipamento na zona de pouso naquele horário. Fiquei surpreso e desapontado, mas ele disse que tinha definido a evacuação por escrito e era assim que deveria ser. Até mesmo Steve teve que ir embora naquele dia. Ele me deu um tapinha no ombro: "Desculpe, cara".

As copas das árvores estavam se enchendo de luz dourada quando o helicóptero chegou. Fiquei chateado de ter de ir embora justo quando o tempo tinha finalmente clareado, mas senti um certo prazer culpado pelo fato de as chuvas torrenciais estarem voltando em breve para atormentar os sortudos que ficariam. Joguei minha bagagem na cesta, embarquei, afivelei o cinto e coloquei meu fone; nós estaríamos no ar em sessenta segundos. Conforme o helicóptero se inclinava para fora da zona de pouso, a luz do sol bateu na ondulação do riacho, transformando-a por um instante em uma cimitarra brilhante à medida que acelerávamos para cima, limpando as copas das árvores, em direção à fenda.

Enquanto avançávamos pela abertura, um sentimento de melancolia tomou conta de mim ao deixar o vale. Ele já não era uma *terra incognita*. O A1 havia finalmente se juntado ao resto do mundo ao ser descoberto, explorado, mapeado, medido, pisado e fotografado – não mais um lugar esquecido. Por mais empolgado que eu estivesse por ter sido um membro desses primeiros felizardos, tive a sensação de que a nossa exploração o diminuiu, despojando-o de seus segredos. Logo, o desmatamento das montanhas estava à vista, junto às onipresentes colunas de fumaça, fazendas com cintilantes telhados de zinco, trilhas, estradas e pastos pontilhados de gado. Nós tínhamos voltado para a "civilização."

CAPÍTULO 19
"ESTES SÃO OS NOSSOS PAIS ANCESTRAIS"

DESCEMOS DO HELICÓPTERO para o calor seco e cintilante do asfalto. Foi um abençoado alívio da selva pegajosa. Os soldados que guardavam a pista ficaram surpresos ao nos ver molhados e cobertos de lama porque, segundo eles, não havia chovido nada em Catacamas, a cerca de 130 quilômetros de distância. Antes de nos deixarem entrar na van, nos pediram educadamente para que nos limpássemos. Eu acatei e raspei a lama das minhas botas com uma vareta; mesmo usando a mangueira, demorou uns bons cinco minutos para tirar a argila grudenta. De volta ao hotel, liguei para minha esposa, tomei um banho e vesti uma roupa limpa. Empacotei minhas roupas fedorentas em um saco e as enviei para a lavandaria do hotel, sentindo pena de quem fosse o encarregado de lavá-las. Deitei na cama, com as mãos atrás da cabeça e sentindo minha melancolia por ter que sair do A1, misturada com a gloriosa sensação de estar seco pela primeira vez em oito dias, ainda que coberto com picadas de insetos.

Mais tarde me juntei a Steve na piscina, onde nos afundamos em cadeiras de plástico e pedimos garrafas geladas de Port Royal. Ele parecia esgotado. "É um milagre que todos tenhamos saído de lá a salvo", disse ele, enxugando a testa com um guardanapo.

"E ninguém foi mordido por uma cobra. Mas, meu Deus, que esforço! Eu comecei com um simples objetivo: provar ou refutar a lenda da Ciudad Blanca. Esse foi o começo, mas levou a muito mais. Talvez fosse o que o deus macaco queria, nos atrair até lá."

"O que você acha? Você conseguiu provar?"

"Bem, o que provamos é que havia uma grande população em Mosquitia com uma cultura sofisticada que não se compara a nada na América Central. Se pudermos trabalhar com Honduras para preservar aquele lugar, vou sentir que realmente realizei alguma coisa. É um trabalho em andamento. Provavelmente continuará pelo resto da minha vida."

Naquela noite, Virgilio se juntou a nós no jantar. Eu perguntei a ele sobre o desmatamento que havíamos sobrevoado e que transformava a selva em um tabuleiro de xadrez. Ele estava chocado e preocupado com o que tinha visto. Disse que havíamos encontrado o sítio no momento certo, antes de o desmatamento e os saques o alcançarem. Ele tinha discutido a questão com o presidente, que estava determinado a impedir e até mesmo reverter o desmatamento ilegal. Estendeu as mãos. "O governo hondurenho está empenhado em proteger essa área, mas não tem o dinheiro. Precisamos urgentemente de apoio internacional."

Esse apoio logo estaria chegando. Um ano depois, a Conservation International investigaria o vale como um potencial projeto de preservação. A organização enviou Trond Larsen, um biólogo e diretor do Programa de Avaliação Rápida da CI, para dentro do A1 a fim de investigar se o vale era biologicamente importante e se era digno de proteção especial. O CI liderava os esforços vitais de conservação em todo o mundo, trabalhando com os governos e outros para salvar áreas de alta importância ecológica. É uma das organizações de conservação mais eficazes no mundo de hoje, tendo ajudado a proteger mais de 7 milhões de quilômetros quadrados de áreas interiores, costeiras e marinhas em 78 países.

Os militares hondurenhos levaram Larsen para o vale, onde ele fez um corte transversal de cinco milhas, explorou os cumes, e viajou a norte e a sul ao longo do rio sem nome. Seu interesse era unicamente na biologia, não na arqueologia.

Larsen ficou profundamente impressionado com sua visita. "Para a América Central, ele é único", disse-me ele, uma "floresta tropical intacta e intocada" com "árvores muito antigas" que "não viram uma presença humana em muito tempo" – talvez por, até mesmo, quinhentos anos. Ele disse que era um habitat perfeito para jaguares, como estava evidenciado por todas as trilhas e excrementos espalhados por toda parte. Era também, notou ele, um habitat ideal para muitos animais da floresta tropical, especialmente macacos-aranha. "O fato de serem muito abundantes é um fantástico indicador da saúde da floresta", disse-me ele. "Eles são uma das espécies mais sensíveis de todas. Isso é realmente um bom sinal de que não tem havido a presença humana por um tempo." Compartilhou as fotos que tinha feito dos macacos-aranha com o célebre primatologista Russell Mittermeier. Mittermeier ficou intrigado, porque ele sentia que os sinais nesses macacos eram excepcionalmente brancos e podiam indicar que eram uma subespécie desconhecida, embora ele tivesse que observar espécimes vivos para ter certeza.

Esta breve exploração impressionou tanto a Conservation International que seu vice-presidente – Harrison Ford, o ator – enviou uma carta ao presidente Hernandez de Honduras elogiando-o por seus esforços de preservação. Ford escreveu que a CI havia determinado que essa era uma das "florestas tropicais mais saudáveis das Américas", e que o vale do A1 e arredores eram "extraordinários, um tesouro ecológico e cultural globalmente significativo".

Na noite após termos deixado a selva, Virgílio me disse que o presidente queria receber as notícias dos nossos achados no A1 e que elas se espalhassem pelo mundo o mais rapidamente possível, antes que rumores e histórias imprecisas vazassem. Eu perguntei se a *National*

Geographic poderia postar algo em seu *website*. No dia seguinte, submeti à *Geographic* uma história curta de oitocentas palavras, que foi publicada em 2 de março de 2015. A história dizia, em parte:

EXCLUSIVO: CIDADE PERDIDA DESCOBERTA NA FLORESTA TROPICAL HONDURENHA

Em busca da lendária "Cidade do Deus Macaco", exploradores encontram as ruínas intocadas de uma cultura desaparecida.

Uma expedição a Honduras emergiu da selva com notícias dramáticas da descoberta de uma misteriosa cidade perdida da cultura, nunca antes explorada. A equipe foi levada à região remota, desabitada, por rumores de longa data de que era o local da célebre "Cidade Branca", também referida na lenda como a "Cidade do Deus Macaco".

Os arqueólogos pesquisaram e mapearam extensas praças, estruturas de terra, montes e uma pirâmide de terra pertencente a uma cultura que prosperou há mil anos, e depois desapareceu. A equipe, que retornou do sítio na quarta-feira passada, também descobriu um notável esconderijo de esculturas de pedra que ficaram intocadas desde que a cidade foi abandonada.

A peça fez barulho. Ela se tornou viral e acumulou 8 milhões de visualizações e centenas de milhares de "compartilhamentos" nas mídias sociais, tornando-se o segundo artigo mais popular que a *National Geographic* já havia publicado online. A história foi capturada e se tornou notícia de primeira página em Honduras e na América Central. Inevitavelmente, muitas agências de notícias informaram que a Cidade Branca havia sido encontrada.

O presidente Hernández ordenou o envio de uma unidade militar em tempo integral para o sítio a fim de protegê-lo contra saqueadores que pudessem ter descoberto sua localização. Várias semanas depois, ele voou de helicóptero para vê-lo em primeira mão. Depois de sair, prometeu que seu governo faria "o que fosse preciso" para proteger o vale e seus arredores. Ele prometeu interromper o desmatamento ilegal que estava avançando em direção ao vale. "Nós hondurenhos", o presidente disse em seu discurso, "temos a obrigação de preservar nossa cultura e os valores ancestrais. Precisamos procurar conhecer e aprender sobre as culturas que vieram antes de nós; estes são nossos pais ancestrais que enriqueceram nossa nacionalidade. Por esta razão meu governo fará o que for preciso para iniciar a investigação e a exploração desta nova descoberta arqueológica".

Patrick Leahy, um senador de Vermont que tem um interesse especial por Honduras, fez um discurso no Senado pedindo que os Estados Unidos apoiassem os esforços de Honduras para "garantir e preservar" o sítio do A1.

Enquanto isso acontecia, a polêmica estourou. Christopher Begley, da Universidade da Transilvânia (o arqueólogo em *Jungleland*), e Rosemary Joyce, de Berkeley, começaram a circular uma carta criticando a expedição e convidando seus colegas e alunos a assiná-la. A carta alegava que a expedição havia feito "falsas alegações de descoberta" exagerando a importância do sítio; que ela não havia reconhecido a pesquisa arqueológica anterior em Mosquitia; e que havia desrespeitado pessoas indígenas por não reconhecer que eles já sabiam do sítio. Criticou as histórias publicadas na *National Geographic* e na *New Yorker*, dizendo que elas exibiam "elementos retóricos que representam atitudes etnocêntricas antiquadas e ofensivas", que estavam "em desacordo com os esforços substanciais da antropologia de inclusão e multivocalidade". Eles estavam preocupados com a linguagem, que parecia um retrocesso aos velhos tempos da arqueologia má e colonialista estilo Indiana Jones.

A carta trazia alguns pontos válidos. Existem certas frases associadas com a arqueologia do passado que a profissão havia banido. A triste verdade é que, até recentemente, muitos arqueólogos eram chocantemente insensíveis e arrogantes na forma como conduziam o trabalho de campo, passando por cima dos sentimentos, crenças religiosas e tradições dos povos indígenas. Eles escavavam cemitérios sem permissão, às vezes saqueando a sepultura de pessoas recém-enterradas. Colocavam restos humanos e bens de sepultura sensíveis em exposição pública nos museus. Transportavam objetos sagrados aos quais eles não tinham direito legal de propriedade. Falavam sobre índios "pré-históricos" como se não tivessem história antes de chegarem os europeus. Ensinavam as pessoas nativas sobre o que era o seu passado e de onde eles vieram, dispensando como mitos as suas próprias crenças de origem. Alegavam ter "descoberto" sítios que já eram bem conhecidos dos nativos. A ofensa final era a ideia de que os europeus, para começar, "descobriram" o Novo Mundo, como se as pessoas que viviam ali não existissem antes que os europeus as vissem. Frases como "cidades perdidas" e "civilização perdida" estavam incomodamente associadas com a arqueologia do passado.

Embora eu concorde com a maior parte desse argumento e fique muito satisfeito com o fato de que o vocabulário arqueológico moderno esteja cada vez mais matizado e sensível, isso representa um desafio para aqueles que escrevem sobre arqueologia para um público leigo, já que é quase impossível encontrar contornos para palavras comuns como "perdido", "civilização" e "descoberta" sem prender a língua em amarras.

Mas a carta foi muito além de criticar o uso da linguagem. A acusação de que a equipe era ignorante sobre – ou pior, de que ignorava deliberadamente – a pesquisa arqueológica sobre Mosquitia enfureceu seriamente alguns acadêmicos. Isso também era falso. Steve Elkins e seus pesquisadores estudaram arquivos tanto em Honduras quanto nos Estados Unidos, coletando cópias de todas as publicações e trabalhos não publicados, relatórios, fotografias, mapas, diários, registros de acesso e notas rabiscadas que pudessem encontrar sobre Mosquitia, datando de quase um século. E meu artigo da *New Yorker* em 2013 sobre a descoberta do *lidar* destacou Begley e seu trabalho, citou extensivamente Joyce e outros arqueólogos, e continha uma visão geral da arqueologia de Mosquitia. As reportagens da *National Geographic* sobre a descoberta traziam *links* para esse artigo. Ninguém havia sido ignorado.

Begley também alegou que ninguém da equipe havia entrado em contato com ele, mas isso também não era verdade. Tom Weinberg tinha de fato recrutado a ajuda de Begley no final da década de 1990 – como comprova uma série de e-mails e relatórios –, mas Steve abriu mão dele no projeto mais tarde. Após a bem-sucedida missão *lidar* em 2012, Begley enviou vários e-mails para Steve oferecendo seus conhecimentos, escrevendo: "Eu ficaria feliz em ajudar no trabalho de campo ou de qualquer outra maneira que eu possa". Steve recusou a ajuda a conselho de outros envolvidos no projeto – que pediram que Steve não incluísse Begley pelas razões mencionadas a seguir.

A revista *American Archaelogy* enviou um repórter, Charles Poling, para cobrir a controvérsia. Ele entrevistou Begley e vários outros signatários. Begley expandiu extensamente as acusações feita na carta. Disse que a publicidade que acompanhou a descoberta não foi justificada. Ele disse a Poling: "Esse sítio não é realmente diferente do que os arqueólogos encontraram lá por anos, seja em tamanho ou nos artefatos de pedra na superfície. O que justifica toda essa publicidade?". Ele se opôs ao envolvimento de cineastas na descoberta e chamou isso de um "filme B de fantasia", que estava ressuscitando o "clichê" do "grande explorador herói". Disse que, embora não estivesse sabendo da localização do sítio, estava, no entanto, "certo de que as pessoas locais conheciam o sítio e a área" – e também sugeriu que ele próprio provavelmente já havia explorado as ruínas. Outros signatários foram igualmente desdenhosos. Joyce disse à *American Archaeology* que, na sua opinião, a expedição foi uma "aventura fantasiosa". Mark Bonta, um geógrafo cultural e etnobotânico na Universidade Penn State, especializado em Honduras, disse sobre a expedição: "Um dia é isto, no dia seguinte é a Atlântida. É quase como um *reality show*". Outro assinante da carta, John Hoopes, presidente do Departamento de Antropologia da Universidade do Kansas e autoridade em cultura hondurenha antiga, postou em sua página no Facebook uma imagem do *lidar* de uma seção do A1 que foi publicada pela UTL, e ridicularizou seu tamanho pequeno. "As 'cidades perdidas' em Honduras são realmente liliputianas em escala?", perguntava ele sarcasticamente. Begley e outros se juntaram para postar comentários de zombaria sobre o pequeno tamanho do sítio – até Juan Carlos apontar para Hoopes que ele tinha interpretado mal as barras de escala na imagem de *lidar* por um fator de dez: o que ele achava que era uma centena de metros era na verdade um quilômetro.

O repórter da *American Archaeology* apontou que o próprio Begley vinha havia anos levando cineastas e celebridades para sítios em Mosquitia, que anteriormente ele já havia publicado sua própria busca pela Ciudad Blanca e a "Cidade Perdida", e que um artigo em seu website se referia a ele como o "Indiana Jones da arqueologia". Como isso era diferente? Begley respondeu: "Eu não sou contra a mídia popular. Eu faço isso, mas faço diferente". Ele falou sobre a expedição: "Esse tipo de caça ao tesouro, de mentalidade de descoberta de cidade perdida, coloca em risco os recursos arqueológicos". Begley continuou a reclamar da expedição em seu blog, comparando-a a "crianças encenando um filme de fantasia" e dizendo que "a maioria dos acadêmicos está revoltada" pelo "discurso colonialista".

Os dez cientistas com PhD que haviam participado da expedição ficaram chocados. A ferocidade das críticas foi muito além da rusga acadêmica usual ou de uma discussão sobre linguagem, e eles ficaram surpresos que esses estudiosos, que nunca tinham ido até o sítio e não tinham ideia de onde ele ficava, fizessem afirmações como essas com tanta certeza. Mas entenderam que uma carta assinada por duas dúzias de professores e alunos, incluindo eruditos respeitados como Joyce e Hoopes, tinha que ser levada a sério. Vendo que a carta continha erros factuais, Juan Carlos, Chris Fisher e Alicia González escreveram um FAQ[16] sobre a expedição, tentando responder aos seus críticos. "O objetivo final do nosso trabalho é destacar o rico patrimônio cultural e ecológico dessa região ameaçada, para que a cooperação internacional e os recursos possam ser usados para ajudar a iniciar uma conservação eficaz [...] A equipe insta a esses arqueólogos e outros preocupados com Honduras e com seu patrimônio cultural único para que, por favor, se juntem a nós nesse esforço crucial, que vai empregar a sinergia de colaboração e boa vontade entre todos os envolvidos." A carta lembrou que nenhum dos sítios encontrados em A1 ou A3 havia sido "previamente registrado no Governo de Honduras em seu banco de dados de patrimônio cultural."

Uma série de agências de notícias, incluindo o *Washington Post* e o *Guardian* (Reino Unido), publicou artigos sobre a controvérsia que repetiam as acusações e citavam Begley e outros questionando o significado – e até mesmo a própria existência – do achado. "Curiosamente", Chris me escreveu, "muitos repórteres, depois que eu os fiz tomar conhecimento do FAQ, se mostraram desinteressados em lê-lo. Eles só queriam citações lascivas de todos os envolvidos para ajudar a 'alimentar' uma polêmica".

"Eu sinto como se estivéssemos em julgamento", Alicia Gonzalez me escreveu. "Como eles ousam? Merda!"

---

[16] FAQ: *frequently asked questions*, tradução literal para "perguntas mais frequentes", uma seção comum em websites. [N.T.]

Chris Fisher disse à *American Archaeology* que as acusações eram "ridículas". "Nosso trabalho resultou em proteção para a área. Estamos preparando publicações acadêmicas sobre o material. O mapa digitaliza os recursos arqueológicos que vimos. O principal objetivo era confirmar o que vimos no *lidar*. Não penso que isto seja estar se aventurando." Ele estava particularmente consternado com o fato de que Begley o chamara de "caçador de tesouros", o insulto mais sujo da arqueologia. Chris me disse: "Onde estão as publicações de Begley avaliadas por seus pares? Onde está sua bolsa de estudos? Eu não consigo encontrar um único artigo revisado por pares que ele publicou. E se ele afirma que visitou essas ruínas, onde está o mapa? Onde está o relatório do sítio?". Chris continuou: "Quando você faz arqueologia, você pesquisa, você faz mapas, você tira fotos, toma notas, etc. Se ele [Begley] tivesse aquelas localizações elas deveriam ter sido entregues ao IHAH, uma vez que é o seu patrimônio cultural. Não fazer isso é colonial e antiético". Mas nos últimos vinte anos, de acordo com o IHAH, Begley não havia depositado nenhum relato de seu trabalho, violando os regulamentos das autoridades hondurenhas.

A *National Geographic Society* publicou a resposta da expedição: "Esperamos que nossos colegas percebam a enorme contribuição e a atenção que esse projeto trouxe, não apenas para a comunidade acadêmica que trabalha na área, mas para o povo e o governo de Honduras, e esperamos que, juntos, seremos capazes de promover e encorajar uma maior capacidade acadêmica de pesquisa na área".

Virgilio Paredes, na qualidade de diretor do IHAH, escreveu uma carta de apoio que a expedição postou com o FAQ. Em particular, disse estar chateado com os ataques acadêmicos. Ele me disse que tinha verificado os registros do IHAH e eles mostraram que, de fato, Begley não havia conseguido uma permissão arqueológica em Honduras desde 1996, embora ele continuasse a "ilegalmente" conduzir pesquisas e exploração, bem como guiar celebridades, cineastas, jornalistas e turistas aventureiros a sítios arqueológicos remotos mediante pagamento. Quando dei a Begley a oportunidade de refutar essa séria acusação, em uma troca de e-mails ele se mostrou indisposto ou incapaz de fazer isso, dizendo apenas que eu estava "sendo enganado". Ele escreveu em sua defesa: "Todas as minhas viagens a Honduras tiveram as permissões necessárias ou não envolveram quaisquer atividades que legalmente ou pelos regulamentos do IHAH exigiriam uma permissão". Ele recusou-se a fornecer quaisquer detalhes, e não quis esclarecer a natureza de seu trabalho em Honduras desde 1996 – fosse ele arqueológico, comercial ou turístico. Encerrou nossa correspondência por e-mail escrevendo: "Espero que isso possa colocar fim a esta linha de interrogação [...] Isso é tudo o que tenho a dizer sobre este assunto".

"Eles criticaram", disse Virgilio, "porque não estavam envolvidos. Ora vamos! Eles deveriam estar dizendo: 'Como nós podemos nos envolver e ajudar?'. Este é um projeto para o meu país, Honduras – para os filhos dos meus filhos".

Juan Carlos Fernández refletiu secamente: "Eles estão chateados porque nós invadimos sua caixa de areia".

Originalmente, parecia que as desavenças vinham de uma preocupação quanto à pureza acadêmica e de suposições incorretas, fossem elas intencionais ou não, sobre a localização do sítio. Mas eu acabei descobrindo que havia razões mais profundas para o rebuliço acadêmico, inadvertidamente reveladas a mim por um dos signatários das cartas, que pediu para permanecer anônimo. Muitos dos signatários foram defensores da administração de Zelaya. Depois que Zelaya foi deposto no golpe militar de 2009, o novo governo removeu o diretor anterior do IHAH, Dario Euraque, e o substituiu por Virgilio Paredes. A fonte reclamou para mim que, por causa do golpe, o atual governo de Honduras era ilegítimo e Virgílio Paredes "está ilegalmente no comando", e "eu não vou trabalhar com ele". Euraque, que leciona na Trinity College em Connecticut, foi um dos principais críticos e reclamou para o *Guardian* que a expedição era "irrelevante", uma atração publicitária, e alegou que nela "não havia arqueólogos de renome".

Tudo isso deixou claro que a carta de protesto era, em parte, um ataque por procuração ao atual governo hondurenho, um exemplo de como o golpe e suas consequências deixaram a comunidade arqueológica hondurenha zangada e dividida. Veríamos mais evidências disso quando as escavações começaram no ano seguinte, reacendendo a controvérsia. Muitos dos signatários da carta tiveram dificuldade em deixar de lado a disputa e continuaram a desacreditar o projeto.

CAPÍTULO 20
"A CHAVE PARA UNIR AS AMÉRICAS"

NOSSA CURTA EXPLORAÇÃO das ruínas foi apenas o começo para entendermos o significado do sítio e de seus tesouros. A escavação do esconderijo – e a revelação de seus segredos – viriam apenas quando a equipe pudesse retornar à selva durante a estação seca do ano seguinte. Mas antes de podermos entender a importância da própria cidade, precisávamos responder a pergunta mais imediata: quem eram as pessoas que a construíram? Uma pista para a resposta estava nas estupendas Cavernas Talgua, nas montanhas Agalta ao norte de Catacamas.

Em abril de 1994, dois voluntários do Corpo da Paz que moravam em Catacamas, Timothy Berg e Greg Cabe, ouviram falar de algumas cavernas ao longo do Rio Talgua, nas montanhas, a cerca de seis quilômetros e meio da cidade. As cavernas eram um local popular de piqueniques para os moradores locais, e os homens estavam curiosos para explorá-las. Reunindo-se com dois amigos hondurenhos, Desiderio Reyes e Jorge Yáñez, Berg e Cabe engataram uma viagem até o final da estrada mais próxima e subiram o rio. Os quatro pararam para explorar a maior caverna, uma gigante fissura nas falésias calcárias a trinta metros de altura. Uma corrente de água subterrânea saía da abertura, caindo em cachoeiras para o rio abaixo.

Os amigos subiram até a caverna e se aventuraram no interior com lanternas, andando pelo riacho raso. A caverna era larga e espaçosa, com um piso plano, oferecendo uma caminhada fácil até as profundezas da montanha. A cerca de oitocentos metros, um deles percebeu uma saliência situada a mais ou menos três metros e meio acima do chão da caverna, que parecia poder levar a algum lugar. Eles deram um impulso em uma das pessoas para que desse uma olhada, e ele puxou outra para cima.

Para sua surpresa, os dois jovens viram que a saliência estava cheia de artefatos pré-colombianos, incluindo cerâmica quebrada. Parecia que ninguém tinha subido lá antes, pelo menos na história recente. Enquanto eles olhavam em volta procurando mais peças de cerâmica, perceberam outro parapeito a seis metros de altura. Além dele parecia haver uma abertura enigmática.

Voltando três semanas depois com uma escada e cordas, eles alcançaram a saliência mais alta. De fato ela era a porta de entrada para um novo sistema de cavernas. E enquanto eles estavam no seu limiar, contemplaram uma visão inimaginável. Como Berg escreveu mais tarde, "vimos muitos ossos reluzentes espalhados pelo chão da passagem, a maioria deles cimentada no lugar, e uma série de cerâmicas e vasilhas de mármore. Tudo isso era complementado por muitas formações espetaculares, fendas escondidas cheias de mais ossos e de pedaços de cerâmica em pilhas de poeira fina". Os crânios eram estranhamente alongados e glaçados como doces polvilhados com açúcar, cobertos com brilhantes cristais de calcita.

Eles haviam descoberto um espetacular ossuário antigo, que viria a ser um dos mais importantes achados arqueológicos em Honduras desde a descoberta de Copán.

Por pura coincidência, a descoberta aconteceu quando Steve Elkins estava no país com Steve Morgan, filmando e procurando pela Cidade Branca. Naquele momento, eles estavam filmando a escavação de um sítio arqueológico em uma ilha hondurenha chamada Santa Elena, adjacente a Roatán. Elkins recebeu uma chamada de rádio de Bruce Heinicke, que tinha ficado sabendo da descoberta através de um boato. No caminho de volta da ilha em um barco, Elkins e sua equipe discutiram animadamente sobre o que os crânios cobertos de cristais podiam significar. Steve Morgan cunhou um nome para o sítio: a "Caverna dos Crânios Brilhantes". Embora ele não fosse completamente preciso (os crânios não brilhavam de fato), uma vez que o nome foi sugerido, ele pegou, e é assim que a região é conhecida hoje.

Os jovens descobridores relataram os achados para George Hasemann, o diretor do IHAH na época. Hasemann tinha estado trabalhando com Elkins no projeto da Cidade Branca, e os dois discutiram o que fazer. Elkins, que a essa altura estava a caminho de volta para Los Angeles, transferiu dinheiro para o IHAH para que o instituto contratasse segurança para a caverna para evitar saques e a fim de conduzir uma exploração preliminar. Quando Hasemann entrou, ele também ficou chocado com o que viu. Ele e Elkins contataram um renomado arqueólogo de cavernas maias chamado James Brady. Juntos, Hasemann e Brady organizaram uma exploração conjunta hondurenha-americana da necrópole, que começou no mês de setembro seguinte em 1995, com Brady como arqueólogo-chefe.

Brady e sua equipe exploraram o ossuário, que ocupava um labirinto de buracos, alcovas e cavernas laterais cheias de ossos. No fundo do complexo, eles observaram ainda outro buraco no teto de uma câmara, subiram até ela e entraram no que parecia ser a câmara funerária central. Era uma caverna de aproximadamente trinta metros de comprimento e três metros e meio de largura, com quase oito metros de altura. À medida que passaram suas luzes ao redor da câmara, eles viram um espaço de tirar o fôlego, contendo intrincados estalactites, pingadouros de pedra e folhas translúcidas de calcita penduradas como cortinas a partir do teto. Cada borda, fenda e prateleira estava cheia de ossos humanos e crânios boquiabertos, cobertos com uma camada de cristais brancos deslumbrantes. Os ossos raramente sobrevivem por muito tempo nos trópicos, mas neste caso o revestimento de calcita os preservou. "Nunca vimos ou ouvimos falar de material esquelético preservado em uma escala tão grande", escreveu Brady. "O registro arqueológico é apresentado como um livro aberto para nós lermos."

Colocados entre os ossos havia lindos artefatos, incluindo delicados potes e jarras de mármore e de cerâmica pintados, colares de jade, facas de obsidiana e pontas de lança. Algumas tigelas de cerâmica tinham buracos perfurados no fundo, uma prática curiosa e amplamente disseminada na América pré-colombiana, a "morte" ritual de um objeto colocado em uma sepultura para liberar seu espírito de modo que ele pudesse seguir seu dono para o submundo.

Brady e sua equipe determinaram que essas pilhas de ossos eram sepultamentos secundários. Os cadáveres dos mortos haviam sido enterrados em outro lugar e, em seguida, quando a carne tinha sido destruída, os ossos foram removidos, raspados para limpeza, pintados com ocre vermelho, trazidos para a caverna e empilhados com os pertences restantes. Muitos dos artefatos eram adições posteriores, deixados anos mais tarde como oferendas aos mortos.

Nos meses entre a descoberta e a pesquisa de Brady, apesar dos esforços de segurança, vândalos e saqueadores tinham dizimado muitos dos depósitos. "Mesmo quando estávamos tentando trabalhar lá", Brady me disse recentemente, "eles estavam entrando e saqueando. Cada vez que voltávamos, havia muitas mudanças dramáticas na quantidade de destruição. Estavam fuçando no material esquelético, quebrando-o em pedacinhos, procurando por algum tipo de tesouro".

Por mais espetacular que fosse esse achado, o verdadeiro choque veio quando foi feita a datação dos ossos com o carbono. Os mais antigos tinham 3 mil anos, muito mais antigos do que qualquer um havia presumido, e os enterros haviam ocorrido ao longo de um período de mil anos. Isso tornava o ossuário a mais antiga evidência de ocupação humana em Honduras e um dos mais antigos sítios arqueológicos da região da América Central.

Como Brady recordou, alguns dias depois de começarem o trabalho "comecei a perceber que esse não era um padrão de enterro maia". Embora a caverna estivesse localizada na fronteira maia, parecia pertencer a uma cultura inteiramente diferente e praticamente desconhecida. Ainda que os maias também enterrassem seus mortos em cavernas, a maneira em que esses ossos foram arranjados e os tipos de artefatos que tinham sido deixados com eles eram diferentes do que se esperaria dos enterros maias em cavernas. O ossuário era o trabalho de uma cultura sofisticada, socialmente estratificada e artisticamente avançada, uma cultura que se desenvolveu surpreendentemente cedo, antes mesmo dos maias. Disse Brady: "Se nós apenas soubéssemos quem era esse povo!".

Mas os maias e esse povo desconhecido, disse Brady, pareciam compartilhar uma visão cosmológica similar. Em ambas as culturas, "há um foco na terra viva e sagrada, que é a mais importante força no universo". Em contraste com a ideia do Velho Mundo de que os mortos vivem nos céus, na crença mesoamericana os mortos vivem dentro da terra e das montanhas. As cavernas são sagradas, já que elas são uma conexão direta com esse mundo espiritual subterrâneo. Os ancestrais que vivem no subsolo continuam cuidando dos vivos, vigiando-os. Os vivos podem contatar os mortos entrando profundamente no interior das cavernas, deixando oferendas, realizando rituais e orando. A caverna é uma igreja, na essência, um lugar onde os vivos vêm para pedir a seus antepassados auxílio e proteção.

A Caverna dos Crânios Brilhantes e as cavernas ossuárias similares descobertas na mesma época permanecem como as primeiras evidências da ocupação humana em Honduras. Mas seriam essas pessoas os *reais* ancestrais daqueles que, mil anos depois, construíram as cidades em Mosquitia que encontramos em A1 e A3?

"Merda, eu não sei", disse Brady. "Temos muito pouco conhecimento nesse oceano de ignorância. E, claro, Mosquitia é mais para dentro da fronteira, e é ainda menos conhecida." De 3 a 2 mil anos atrás, ele disse, nós temos os enterros, mas não os assentamentos; e depois, mil anos mais tarde, temos os assentamentos, mas não os enterros.

Depois das cavernas de Talgua, o registro arqueológico fica em silêncio por mil anos. As pessoas viveram no leste de Honduras durante esse período, mas ainda não foi encontrado nenhum vestígio delas.

Após essa lacuna de mil anos em nosso conhecimento da préhistória de Honduras, pequenos assentamentos começam a aparecer em Mosquitia, começando por volta de 400 a 500 d.C. Os arqueólogos acreditam que o povo de Mosquitia falava um dialeto de Chibchan, um grupo de línguas que englobam desde a Baixa América Central até a Colômbia. Isso sugere que Mosquitia estava mais conectada a seus vizinhos do sul do que com os maias, que falavam um conjunto de idiomas sem qualquer parentesco com sua língua.

A principal civilização de língua Chibchan, a Muisca, viveu na Colômbia. Era uma poderosa tribo conhecida por intrincada ourivesaria. A confederação Muisca foi a fonte das lendas do El Dorado, baseadas em uma tradição real em que um novo rei, manchado de lama pegajosa e depois coberto com pó de ouro, mergulhava no Lago Guatavita, na Colômbia, lavando o ouro no lago como uma oferenda aos deuses.[17]

O povo original de Mosquitia pode ter vindo do sul ou ter sido influenciado por essa direção. Mas aquela orientação em direção ao

---

[17] Nos séculos passados muitos esforços para drenar o lago e recuperar o ouro foram feitos, alguns dos quais encontraram extraordinárias esculturas de ouro e arte ornamental. O lago é agora protegido pelo governo colombiano de novas caças ao tesouro.

sul mudaria à medida que a cidade maia de Copán, três quilômetros a oeste de Mosquitia, crescia em poder e prestígio. O aparecimento de assentamentos modestos em Mosquitia por volta de 400 até 500 d.C. coincide com a fundação da dominante dinastia de Copán. Não sabemos se os dois eventos estavam ligados. Nós sabemos muita coisa sobre o estabelecimento de Copán, uma das cidades mais estudadas no reino dos maias. A população de Copán alcançou alturas notáveis na arte, na arquitetura, na matemática, na astronomia e na escrita hieroglífica, e os magníficos monumentos públicos da cidade contêm muitas inscrições descrevendo a sua fundação e a sua história. A influência de Copán acabaria por alcançar Mosquitia.

Em 426 d.C., um governante chamado K'inich Yax K'uk 'Mo' (Sol de Olhos Resplandecentes Quetzal Macaw) desceu da cidade maia de Tikal, na Guatemala, e assumiu o controle do assentamento de Copán em um golpe ou invasão. Tornou-se o primeiro "Santo Senhor" de Copán e fundou uma dinastia de dezesseis senhores que a elevariam a uma cidade gloriosa que dominaria a área durante séculos.

Quetzal Macaw e sua força de elite de guerreiros maias se impuseram sobre uma população local que já vivia no vale de Copán. Esse povo original pode ter sido falante de língua Chibchan parente daqueles de Mosquitia. O trabalho arqueológico em Copán sugere que, após a conquista de Macaw, ela era uma cidade multiétnica. Alguns bairros tinham metates decorados com cabeças de animais como aquelas encontradas em Mosquitia. Macaw se casou com uma mulher de Copán, provavelmente a filha de um senhor local, sem dúvida para garantir sua legitimidade e formar uma aliança com a nobreza local, assim como fizeram um dia os reis europeus.

Copán fica na ponta sul do que parece ter sido o alcance dos maias. Talvez eles estivessem desmotivados pelas montanhas ameaçadoras e pela selva. Talvez tenham encontrado resistência. Como resultado, mesmo depois da invasão dos maias em Copán no século V, Mosquitia foi deixada para se desenvolver por conta própria.

As duas civilizações não foram, no entanto, isoladas uma da outra. Pelo contrário, houve provavelmente um comércio vigoroso entre elas, e possivelmente até guerra. De muitas inscrições de gloriosos combates e ações, nós sabemos que as cidades maias eram beligerantes e engajadas em batalhas frequentes umas com as outras e com seus vizinhos. Esses conflitos se intensificaram à medida que a riqueza e as populações das cidades maias aumentaram, expandindo sua fome por recursos.

Em 2000, os arqueólogos encontraram a tumba de Quetzal Macaw. Por séculos, uma curva no Rio Copán passou dentro da acrópole central da cidade, e apesar de seu curso ter sido alterado anos atrás, o antigo leito permaneceu. A erosão havia exposto camada sobre camada de edifícios erguidos enquanto a cidade crescia. Cada templo principal em Copán tinha sido construído sobre e ao redor do anterior, criando uma série de edifícios aninhados como bonecas matrioscas russas.

Em uma façanha de engenhoso trabalho de detetive, os arqueólogos localizaram o túmulo examinando as margens do antigo leito e identificando o piso original da mais antiga plataforma da construção. Então cavaram um túnel a partir do corte, seguindo o chão, até que chegaram a uma escadaria preenchida que levava ao interior do templo original, coberto por oito templos consecutivos. Eles limparam a escada e encontraram no topo uma câmara de sepultamento suntuosa contendo o esqueleto de um homem. Ele tinha cerca de 1,67 metros de altura e entre 55 e 70 anos de idade. Inscrições, oferendas de sepultura e outras evidências confirmaram que era o túmulo de Quetzel Macaw.

Os restos mortais do Sagrado Senhor estavam cobertos de joias e conchas deslumbrantes de jade, e ele usava uma peculiar tiara de olhos esbugalhados feita de concha cortada. Seus ossos mostraram que ele havia levado uma boa surra ao longo de sua vida: seu esqueleto estava salpicado de fraturas curadas, incluindo dois braços quebrados, um ombro estilhaçado, trauma contuso no peito, costelas quebradas, crânio rachado e um pescoço quebrado. O antropólogo físico que analisou seus restos mortais escreveu que "no mundo de hoje, parece que o falecido tinha sobrevivido a um acidente de carro em que tinha sido jogado do veículo". Mas no mundo antigo, as lesões provavelmente foram causadas por jogar o famoso jogo de bola mesoamericano chamado *pitz* em maia clássico (a guerra maia, que usava armas perfurantes, como a lança e o arremessador de lança, e o combate corpo a corpo de curta duração envolvendo o empurrão, o esfaqueamento e o esmagamento, provavelmente teria produzido uma mistura diferente de ferimentos). Sabemos pelas primeiras narrativas e ilustrações pré-colombianas que o jogo era extremamente feroz. Um frade do século XVI, rara testemunha ocular, falou de jogadores sendo mortos instantaneamente quando a bola de quase dois quilos e meio, feita de látex sólido, os atingia em um duro rebote; ele também descreveu muitos outros que "sofreram ferimentos terríveis" e foram carregados para fora do campo para morrer mais tarde. O jogo de bola era um ritual mesoamericano vital e jogá-lo era essencial para manter a ordem cósmica, bem como a saúde e a prosperidade da comunidade. Como a maioria das lesões de Quetzal Macaw havia ocorrido quando ele era jovem, antes de chegar em Copán, ele poderia ter conseguido seu papel de liderança jogando; alternativamente, é possível que ele tivesse sido obrigado a jogar por causa de seu status elevado. De qualquer maneira, seu enterro confirmou que ele não tinha ascendido dinasticamente para o trono vindo de uma elite local; ele era definitivamente um estrangeiro para Copán. Símbolos em seu escudo e o cocar de olhos arregalados estilo Groucho Marx o conectavam com a antiga cidade de Teotihuacan, localizada ao norte da Cidade do México, que na sua época era a maior cidade no Novo Mundo (hoje é uma ruína magnífica que contém algumas das maiores pirâmides das Américas). Uma análise de isótopos em seus ossos, no entanto, mostrou que ele havia crescido não em Teotihuacan, mas provavelmente na cidade maia de Tikal, no norte da Guatemala, quase 322 quilômetros ao norte de Copán (a água potável, que varia de lugar para lugar, deixa uma assinatura química única nos ossos).

Quatro séculos após o domínio da Macaw, no seu ápice por volta do ano 800 d.C., Copán se tornou uma cidade grande e poderosa de talvez 25 mil habitantes, espalhados por muitos quilômetros quadrados. Mas nem tudo estava bem; uma podridão crescente – ambiental, econômica e social – vinha minando a sua sociedade havia algum tempo e por fim a levaria à destruição. Os estudiosos debateram muito o mistério em torno do colapso e do abandono de Copán e das outras cidades magníficas do reino dos maias.

Esqueletos falam com eloquência, e as numerosas sepulturas desenterradas em Copán mostram que, após 650 d.C., a saúde e a nutrição das pessoas comuns pareceu declinar. Isso aconteceu mesmo quando as classes dominantes aparentemente aumentaram de tamanho ao longo de sucessivas gerações, com cada geração maior do que a última – no que os arqueólogos chamam de "papel cada vez mais parasitário da elite" (nós vemos o mesmo processo hoje na expansão bruta da família real saudita em não menos que 15 mil príncipes e princesas). Essa proliferação de linhagens nobres pode ter desencadeado uma viciosa guerra mortífera e matança entre a elite.

Jared Diamond, em seu livro *Collapse*, argumenta que a destruição de Copán foi causada pela degradação ambiental combinada com a negligência real e a incompetência. Começando por volta de 650 d.C., os governantes engajaram-se em uma farra de construção, edificando templos e monumentos maravilhosos que glorificavam a si mesmos e a suas façanhas. Como é típico nas inscrições maias, nem uma única inscrição na cidade menciona um plebeu. Os trabalhadores braçais tinham que construir todos aqueles edifícios. Os agricultores tinham que alimentar todos aqueles trabalhadores, além dos senhores sagrados e dos nobres. Este tipo de divisão de classes normalmente funciona quando todos acreditam que fazem parte de um sistema, com cada pessoa ocupando um lugar valorizado na sociedade e contribuindo para as cerimônias vitais que mantêm a ordem cósmica.

Na cultura maia, os senhores sagrados tinham a responsabilidade de manter o cosmos em ordem e apaziguar os deuses através de cerimônias e rituais. Os plebeus estavam dispostos a apoiar essas classes privilegiadas contanto que elas mantivessem sua parte do acordo com rituais eficazes. Mas depois de 650, o desmatamento, a erosão e a exaustão do solo começaram a reduzir o rendimento das culturas. As classes trabalhadoras, os agricultores e os construtores de monumentos podem ter sofrido uma crescente fome e doenças, mesmo quando os governantes monopolizavam uma parte cada vez maior da parcela dos recursos. A sociedade estava caminhando para uma crise.

Diamond escreve: "Temos que nos perguntar por que os reis e os nobres fracassaram em reconhecer e resolver esses problemas a princípio óbvios que minavam sua sociedade. Sua atenção estava evidentemente concentrada em suas preocupações de curto prazo de enriquecerem a si próprios, travando guerras, erguendo monumentos, competindo um com o outro e extraindo comida suficiente dos camponeses para apoiar todas essas atividades" (se isso soa familiar, eu notaria que a arqueologia é abundante em lições de vida que falam diretamente ao século XXI).

Outros arqueólogos dizem que essa conclusão é simples demais e que os senhores sagrados realmente viram que as coisas estavam indo mal. Eles tentaram resolver esses problemas com soluções que funcionaram em séculos passados: aumento dos projetos de construção (um programa de empregos) e mais invasões (aquisição de recursos), ambos os quais envolviam mover trabalhadores de fazendas remotas para a cidade. Mas desta vez as soluções antigas falharam. Os desajeitados projetos de construção aceleraram o desmatamento que já estava reduzindo a chuva e aceleraram a perda de solo, a erosão e o assoreamento de preciosas terras agrícolas e de rios.

Uma série de secas entre 760 e 800 d.C. parece ter sido o gatilho para a fome que atingiu as pessoas comuns de forma desproporcionalmente dura. Foi a última gota para uma sociedade que oscilava no limite da alienação e do conflito. Aqui estava a prova de que os senhores não estavam cumprindo suas promessas sociais. Todos os projetos de construção foram interrompidos; a última inscrição encontrada na cidade data de 822 d.C.; e por volta de 850 d.C. o palácio real ardeu em chamas. A cidade nunca se recuperou. Algumas pessoas morreram de doença e fome, mas a maioria das classes camponesas e artesãs parecem ter simplesmente ter ido embora. Ao longo dos séculos, a região experimentou um implacável declínio da população e, por volta de 1250, o vale de Copán tinha voltado amplamente para a floresta selvagem. O mesmo processo ocorreu nas outras cidades-estados maias, não todas ao mesmo tempo, mas de forma escalonada.

Entre 400 e 800 d.C., durante a ascensão de Copán, pequenos assentamentos em Mosquitia surgiram e cresceram em um ritmo modesto. Mas quando Copán desmoronou, a civilização em Mosquitia experimentou o oposto: um tremendo florescimento. Por volta do ano 1000 d.C., mesmo que a maioria das cidades maias estivesse deixada para os macacos e os pássaros, os antigos habitantes de Mosquitia estavam construindo suas próprias cidades, que começavam a parecer vagamente com a configuração maia, com praças, plataformas elevadas, estruturas de terra, montes geométricos e pirâmides de barro. É aqui também que eles parecem ter adotado o jogo de bola mesoamericano.

Como esses povos antigos da floresta tropical de Mosquitia foram capazes de se estabelecer e prosperar em uma selva coberta de cobras e doenças, uma área muito mais desafiadora do que a maioria das terras colonizadas pelos maias? Qual era a relação deles com seus vizinhos poderosos e o que lhes permitiu florescer mesmo quando Copán estava desmoronando? Em outras palavras, como eles sobreviveram ao que os maias não conseguiram – e o que por fim os derrubou?

Enquanto os maias são os mais estudados entre as culturas antigas nas Américas, o povo de Mosquitia tem estado entre os menos estudados – um ponto de interrogação incorporado pela lenda da Cidade Branca. Essa cultura é tão pouco conhecida que nem sequer recebeu um nome formal. Nesse contexto, a descoberta e continuada exploração de A1 e A3 tornaram-se enormemente significativas, trazendo a região para a atenção mundial e representando um divisor de águas em nossa compreensão desse povo desaparecido. Foi uma civilização formidável, ocupando mais de 26 mil quilômetros quadrados do oeste de Honduras, na encruzilhada do comércio e das viagens entre a Mesoamérica e as poderosas civilizações falantes de Chibchan ao sul.

A escavação do A1 está lançando luz sobre essa cultura, mas também aprofundando seu mistério. "Há muito que não sabemos sobre essa grande cultura", Oscar Neil me disse. "O que não sabemos é, de fato, quase tudo." Apenas um pequeno número de sítios arqueológicos foi identificado em Mosquitia, e nenhum foi totalmente escavado. A arqueologia que foi feita não é suficiente para responder nem mesmo às questões mais básicas sobre a cultura. Como um arqueólogo disse: "Não há muitas pessoas que querem sofrer o tipo de dor que é preciso para trabalhar ali". Até que fossem feitas imagens de A1 e A3, nenhum único sítio grande em Mosquitia tinha sido mapeado de forma abrangente.

Nós sabemos pela arqueologia recente em outros ambientes de florestas tropicais – tais como as planícies maias e a bacia Amazônica – que sociedades agrícolas complexas foram capazes de prosperar até nas áreas de floresta tropical mais difíceis. A engenhosidade humana é ilimitada. Os agricultores da floresta tropical desenvolveram estratégias inteligentes para enriquecer o solo. Na Amazônia, por exemplo, eles superaram os pobres solos da floresta misturando-os com carvão e outros nutrientes para criar um solo artificial chamado "*tierra preta*", ou "terra preta", construído em canteiros elevados para agricultura intensiva. Pode haver até cerca de 130 mil quilômetros quadrados na Amazônia cobertos artificialmente com esse solo preto enriquecido – uma realização impressionante que nos diz que a Amazônia foi densamente povoada na época pré-colombiana (se uma pesquisa com *lidar* fosse feita na bacia Amazônica, ela seria, sem dúvida, uma revelação absoluta). Até agora, quase nenhum estudo foi feito sobre o modo como as pessoas de Mosquitia cultivavam seu ambiente de floresta tropical. Em A1, encontramos prováveis canais de irrigação e um reservatório que teria ajudado a tornar a agricultura possível durante a estação semisseca de janeiro a abril. Mas além disso há muito, muito mais a ser aprendido.

Os antigos povos de Mosquitia foram negligenciados pelos pesquisadores em parte por causa de sua proximidade com os maias, como John Hoopes reconhece. "Nessa área, essas pessoas estavam na sombra dos maias", disse-me ele. "Há apenas algumas poucas culturas arqueológicas realmente importantes no mundo: a egípcia e a maia. Isso atrai pessoas e recursos para longe das áreas circunvizinhas." Essa desconsideração, sente Hoopes, tem prejudicado nossa compreensão da região que, acredita ele, "detém a chave para unir as Américas", porque ocupa a fronteira entre a Mesoamérica, a baixa América Central e a América do Sul.

Outra razão para essa negligência é que os montes sufocados na selva de Mosquitia não são, à primeira vista, tão atraentes quanto os templos dos maias de pedra cortada ou a intrincada arte de ouro dos Muisca. O povo de Mosquitia, embora tenha deixado para trás impressionantes esculturas, não erigiu grandes edifícios ou monumentos em pedra, o tipo de estruturas que se tornam dramáticas ruínas que impressionam as pessoas a cinco séculos no futuro. Em vez disso, construíram suas pirâmides, templos e prédios públicos com cascalho dos rios, adobe, varas revestidas com argamassa e provavelmente madeira dura tropical. Eles tinham madeiras lindas à sua disposição, como o mogno, o jacarandá roxo, o cedro aromático e a goma doce. Temos razões para acreditar que sua tecelagem e tecnologia de fibra foi realmente espetacular. Imagine um templo feito de madeiras tropicais altamente polidas, com paredes de adobe que tinham sido habilmente rebocadas, pintadas, gravadas e decoradas, os interiores envoltos em ricas tecelagens e tecidos coloridos. Tais templos podem ter sido tão magníficos quanto os dos maias. Mas uma vez abandonados, dissolveram-se na chuva e apodreceram, deixando para trás montes inexpressivos de sujeira e entulho que foram rapidamente engolidos pela vegetação. Nos solos ácidos da floresta úmida, nenhum dos restos orgânicos sobrevivem – nem mesmo os ossos dos mortos.

Mais intrigantemente, por volta da época da queda de Copán, a população de Mosquitia começou a adotar aspectos da cultura maia.

A teoria mais simples e mais convincente sobre como a influência maia seguiu até Mosquitia diz que quando Copán foi atingida pela fome e pela agitação, alguns dos originais Chibchas, o povo da cidade, simplesmente fizeram as malas e foram embora, buscando refúgio em Mosquitia, onde tinham laços linguísticos e possivelmente até parentes. Sabemos que a maioria da população de Copán foi embora; Mosquitia foi provavelmente um dos seus destinos. Alguns arqueólogos levam isso mais longe: pensam que durante o caos do colapso dos maias, um grupo de guerreiros se aproximou de Copán e assumiu o controle de Mosquitia. Como prova, eles citam o fato de que, quando os primeiros espanhóis chegaram em Honduras, eles encontraram tribos indígenas de fala Nahua/Asteca em Honduras, no sudoeste de Mosquitia, que podem ter sido remanescentes de um tal grupo invasor (outros acham que essas tribos eram descendentes de comerciantes astecas, não invasores).

Uma das mais intrigantes teorias sobre por que Mosquitia começou a se parecer com os maias envolve o que os arqueólogos chamam de modelo de "conhecimento esotérico". Em muitas sociedades, a elite governa sobre as pessoas comuns e as leva a fazer o que ela quer pela exibição de sua sacralidade e santidade. A classe dominante de padres e senhores intimida o populacho com rituais misteriosos e cerimônias usando conhecimentos secretos. Os padres afirmam, e é claro que eles próprios acreditam, que estão executando ritos essenciais para apaziguar os deuses e obter a graça divina para benefício de todos – para evitar o desastre, a doença e a derrota nas batalhas, enquanto encorajam a fertilidade, as chuvas e as colheitas abundantes. Na Mesoamérica, e provavelmente também em Mosquitia, esses rituais eram dramáticos e envolviam sacrifício humano. Aqueles nobres com acesso à "última das verdades" lançam mão desse conhecimento para controlar as massas, evitar o trabalho pesado e acumular riquezas para si próprios.[18] Parte do fascínio e do prestígio do conhecimento esotérico, segundo a teoria, é sua associação com terras distantes e exóticas – nesse caso, as terras dos maias. A "maianização" de Mosquitia, portanto, pode não ter exigido uma invasão; pode, em vez disso, ter sido um método para as elites locais ganharem e manterem a supremacia sobre o povo comum.

A cidade do A1 no auge de seu poder teria sido, de fato, impressionante. "Mesmo nessa selva remota", disse Chris Fisher para mim, "onde as pessoas não esperariam isso, havia populações densas vivendo em cidades – milhares de pessoas. Isso é *profundo*". A1 consistiu de dezenove assentamentos distribuídos ao longo do vale. Foi um imenso ambiente de engenharia humana, no qual o antigo

---

[18] Nós vemos esse fenômeno na sociedade ocidental não apenas em religiões e cultos estabelecidos, como a Cientologia, mas também na prática quase religiosa do capitalismo: especificamente, na extremamente alta remuneração do diretor executivo ou CEO (necessária devido ao conhecimento esotérico) e em Wall Street, onde os banqueiros rebatem as críticas alegando que as pessoas comuns não entendem as transações financeiras complexas, importantes e multifacetadas em que eles estão engajados enquanto fazem o "trabalho de Deus" – para citar o CEO da Goldman Sachs.

povo de Mosquitia transformou a floresta tropical em uma paisagem exuberante e protegida. Eles nivelaram terraços, remodelaram colinas e construíram estradas, reservatórios e canais de irrigação. Em seu auge, o A1 provavelmente parecia um jardim inglês desleixado, com tramas de culturas alimentares e plantas medicinais misturadas com estrados de árvores valiosas como a do cacau e de frutas, ao lado de grandes áreas abertas para cerimônias públicas, jogos e atividades em grupo, e áreas cobertas para o trabalho e a socialização. Havia extensos canteiros de flores, porque as flores eram uma cultura importante usada em cerimônias religiosas. Todas essas áreas de cultivo foram misturadas com casas residenciais, muitas em plataformas de terra erguidas no alto para evitar a inundação sazonal, e conectadas por caminhos. "O fato de estes jardins serem incorporados a áreas urbanas", disse Fisher, "é uma característica das cidades do Novo Mundo que as tornou sustentáveis e habitáveis".

Mesmo as vistas foram cuidadas, com linhas de visão aberta para a arquitetura sagrada. As pirâmides e os templos precisavam ser vistos de longe, para que as pessoas pudessem apreciar seu poder e assistir a cerimônias importantes. O efeito causado por tudo isso pode ter sido algo como a visão de Frederick Law Olmsted para o Central Park, porém mais selvagem.

Se agora o vale é espetacularmente isolado, em seu auge ele era um centro de negócio e de comércio. "Quando você está aqui hoje", Chris disse, "você se sente totalmente desconectado. É um deserto, e é difícil imaginar que você está mesmo no século XXI. Mas no passado, não era isolado de modo algum. Estava no meio de uma intensa rede de interação humana". Situado em um vale semelhante a uma fortaleza, a cidade de A1 teria sido um lugar de retiro altamente defensável, algo semelhante a um castelo medieval que era normalmente um centro movimentado de comércio, mas, se ameaçado, poderia recolher sua ponte levadiça, armar as ameias e defender-se do ataque. Por causa disso, A1 pode ter sido parte de uma zona estratégica de controle na época pré-colombiana, possivelmente uma âncora que defendia a terra dos invasores vindos para o interior a partir da costa. Pode também tem sido um anteparo contra os ataques do reino dos maias.

E então, por volta de 1500, essa cultura entrou em colapso. Mas ao contrário dos maias, que experimentaram um colapso de vários níveis, com várias cidades-estado declinando em diferentes épocas, a civilização de Mosquitia desapareceu de todos os lugares ao mesmo tempo – em uma súbita catástrofe da civilização. "Temos apenas um vislumbre dessa grande cultura", disse Oscar Neil, "antes que ela desaparecesse na floresta".

CAPÍTULO 21

"O ABUTRE - O SÍMBOLO DA MORTE E DA TRANSIÇÃO - FOI COLOCADO NO MEIO"

O ESCONDERIJO INTACTO de esculturas foi um achado extraordinário – mas sua real importância só seria revelada através da escavação. Embora esconderijos similares de objetos tenham sido encontrados em grandes ruínas em Mosquitia remontando à década de 1920, nem um único já tinha sido profissionalmente escavado; a arqueologia em Mosquitia é, como já observei, uma atividade perigosa, cara e árdua. Quando os arqueólogos encontraram a maioria desses esconderijos, eles já tinham sido cavados ou parcialmente saqueados. Até mesmo os poucos deles, de certa forma *in situ*, que ainda existem hoje – talvez quatro ou cinco – foram irremediavelmente perturbados. O que isso significa é que os especialistas nunca foram capazes de estudá-los adequadamente e persuadi-los a revelar seus segredos, as pistas para o que torna Mosquitia tão especial. Até então, os arqueólogos não tinham ideia de para que servem os esconderijos, por que eles foram criados ou o que as esculturas significavam. Chris esperava que uma escavação científica e meticulosa do esconderijo em A1 pudesse mudar isso.

Quando Chris e sua equipe retornaram à selva, eles começaram a escavar o esconderijo assim que chegou a próxima estação seca, em janeiro de 2016, e dentro de um mês descobriram um tesouro de mais de duzentos artefatos de pedra e cerâmica, muitos em fragmentos, porém centenas mais ainda enterradas. Isso era uma incrível concentração de riqueza empilhada em uma área de apenas algumas centenas de metros quadrados – em um sítio arqueológico com vários quilômetros quadrados de extensão. Para o antigo povo de Mosquitia, esse pequeno lugar era claramente de suprema importância ritual.

O esconderijo, concluiu Chris, era uma oferenda, uma espécie de santuário. Esses eram objetos preciosos, esculpidos por artesãos, a partir de riolito duro ou basalto. Havia pelo menos cinco tipos de pedra de diferentes áreas, sugerindo uma rede de comércio de pedras finas com outras comunidades. Não tendo ferramentas de metal para cinzelar, esses escultores antigos moldavam o material usando um laborioso processo de moagem, usando pedras menores e areia para dar a forma desejada a um bloco. Os arqueólogos chamavam esse resultado de objetos de "pedra moída", ao contrário dos objetos esculpidos usando os tradicionais martelos e formões. Uma tremenda quantidade de trabalho, habilidade e talento artístico era empregada na criação de cada escultura. Apenas uma classe de artesãos especializados poderia tê-las criado.

As oferendas foram colocadas na área do esconderijo, na base da pirâmide, todas ao mesmo tempo, em um solo semelhante a argila vermelha. O chão de barro teria sido especialmente alisado e preparado para exibir esses objetos. A análise revelou que era feito de um tipo de terra vermelha chamada laterita, que forma boa parte do subsolo do vale – um eco intrigante da Terra Antiga de Solo Vermelho, de Cortés.

A oferenda ou santuário estava longe de ser uma pilha desorganizada: tudo havia sido cuidadosamente arrumado na fundação de barro. As peças foram organizadas em torno de uma escultura-chave central: um enigmático abutre de pé com asas caídas. Cercando-o havia vasos de pedra rituais, cujas bordas estavam decoradas com abutres e cobras. Alguns vasos tinham esculturas representando uma figura humanoide bizarra com uma cabeça triangular, olhos ocos, e uma boca aberta, empoleirada em um pequeno corpo nu masculino. Dezenas de metates foram organizados em torno desse aglomerado central de artefatos, incluindo o jaguar. Muitas delas foram lindamente esculpidas e decoradas com cabeças e caudas de animais, as pernas e os aros gravados com marcações semelhantes a glifos e desenhos.

Uma datação de carbono do esconderijo não seria possível, uma vez que as altas acidez e umidade do ambiente da selva tinham destruído quaisquer artefatos e ossos orgânicos. Mas com base no estilo e na iconografia, os objetos datam da fase pós-clássica mesoamericana, entre 1000 d.C. e 1500 d.C., também chamada de Período Cocal pelos arqueólogos que preferem não usar o sistema de datação mesoamericana para uma cultura não mesoamericana.

A maioria dos objetos no esconderijo eram metates. Normalmente a palavra "metate" descreve uma pedra para moer o milho. Mas esses metates, encontrados não apenas em Mosquitia, mas em toda a região da América Central Inferior, são diferentes, e ninguém sabe exatamente para que eles serviam ou como eram usados. Eles são de fato moldadas em forma de mesas ou plataformas para moagem, e são encontradas com rolos de moagem de pedra. O enigma é que a maioria deles é muito grande e desajeitada para ser usada de modo a obter uma moagem eficiente. Os arqueólogos acreditam que eles poderiam ter sido tronos ou assentos de poder. Foram encontradas estatuetas de cerâmica que retratam as pessoas sentadas em grandes metates. Pode ser que eles fossem projetados para se parecerem com pedras de moagem de milho reais porque o milho era sagrado nas Américas; um mito da criação maia diz que os seres humanos eram formados a partir de massa de fubá. Como os metates são encontrados às vezes em cima de sepulturas, quase como lápides, algumas pessoas acreditam eles podem ter sido usados como assentos para transportar os mortos até seu lugar de descanso final.

As figuras humanoides com cabeça triangular encontradas nas bordas de alguns jarros do esconderijo, que Chris e sua equipe chamavam carinhosamente de bebês alienígenas, apresentam outro enigma. Chris acredita que eles podem representar uma "figura da morte", talvez o cadáver empacotado de um ancestral. Elas também podem representar cativos amarrados, prontos para sacrifício; os cativos eram frequentemente retratados em humilhação com os genitais expostos.

Mas esses metates e jarros podem ter servido a um propósito ainda mais obscuro. Eu enviei algumas das imagens para John Hoopes, que é uma destacada autoridade em cerâmica da América Central. Apesar de ser um crítico do projeto, ele ficou impressionado e estava disposto a compartilhar comigo suas ideias, que enfatizou serem especulativas. "Eu penso que eles também podem ter sido usados para triturar ossos", disse ele, referindo-se aos metates. O povo falante de língua Chibchan mais ao sul na Costa Rica e no Panamá, ele disse, coletava cabeças e corpos como troféus. "Talvez eles estivessem usando esses metates", disse ele, "para pulverizar cabeças e corpos" de seus inimigos como uma "forma de exterminar aquele indivíduo completamente". Mostrou que no reino maia, quando um rei era derrotado, antes da execução, era às vezes forçado a testemunhar o assassinato de toda a sua família e a profanação de seus túmulos, em que os cadáveres eram removidos e ritualmente destruídos em um lugar público. "Ele não apenas vê sua família sendo destruída", disse Hoopes, "mas toda a sua dinastia sendo apagada". Alguns metates na Costa Rica, observou, são decorados com pequenas cabeças de troféu, que podem conectá-los a cerimônias de moagem e eliminação de ossos. A representação do que parecem ser cativos presos em alguns jarros apoia essa ideia.[19] Em algum momento, os jarros e as superfícies dos metates serão submetidos a uma "análise de resíduos",

---

[19] Quando comentei essa ideia de trituração de ossos com Chris Fisher, ele disse: "Isso é loucura. Não publique isso".

que poderia determinar quais ofertas poderiam ter estado dentro deles, ou que substâncias, se houve alguma, foram moídas sobre eles.

Eu também mostrei fotos de alguns dos artefatos para Rosemary Joyce, outra crítica disposta a compartilhar seus pensamentos. Joyce é uma destacada autoridade em iconografia na arte pré-colombiana hondurenha, e ela discordou de tudo isso. A figura humanoide, ela disse, não é um corpo empacotado para o enterro ou um prisioneiro. A chave, aponta ela, é que a figura parece ter uma ereção. Isso, disse ela, é tipicamente como os macacos são retratados na cerâmica hondurenha antiga: mostrado como parte humano e parte animal, com círculos redondos como olhos e a boca – e uma ereção. Na mitologia de algumas tribos indígenas em Honduras, os macacos foram as primeiras pessoas, banidos para a floresta quando os humanos chegaram. Os macacos desempenharam um papel central na criação do mundo e nas histórias e mitos de Honduras. Isso é provavelmente de onde veio a ideia de uma "Cidade do Deus Macaco"; alguns relatos iniciais de exploradores dizem que os índios lhes contaram histórias de deuses macacos e de seres meio macaco e meio homem vivendo na floresta, que aterrorizavam seus ancestrais, invadindo aldeias e roubando mulheres humanas para manter sua raça híbrida.

O esconderijo é rico em imagens de animais: abutres, serpentes, jaguares e macacos. Joyce explicou que, nas Américas, os tradicionais xamãs e sacerdotes reivindicam relacionamentos especiais com certos animais. A cabeça do "jaguar" é um exemplo clássico de seres meio humanos, meio animais, retratados na cerâmica e na escultura antigas. De acordo com histórias e mitos da criação, jaguares, macacos, abutres e cobras eram todos vistos como animais com grande poder, e foram adotados pelos xamãs como seus avatares ou dublês espirituais.

Cada espécie de animal tem um ser espiritual, um "mestre" que olha por eles e os protege. O caçador humano deve satisfazer esse mestre dos animais, a fim de caçar com sucesso esse tipo particular de animal. Depois de matá-lo, o caçador deve pedir perdão ao mestre e fazer uma oferenda. O mestre garante que os caçadores humanos não matem arbitrariamente os animais sob sua proteção, e ele recompensa apenas aqueles caçadores que são respeitosos, observam os rituais e pegam exatamente o que precisam.

Um xamã que adotou um animal como seu espírito de poder pode se comunicar (às vezes usando alucinógenos) com esse mestre. É daí que vem o poder do xamã: sua habilidade para se transformar em um jaguar, por exemplo, e se comunicar com o mestre dos jaguares. Através do mestre ele pode influenciar todos os jaguares do reino. Cada mestre dos animais atua como um canal espiritual para sua espécie particular. Devido a isso, muitos antropólogos acreditam que os metates com cabeças de animais eram assentos de poder usados pelos xamãs ou senhores sagrados como uma maneira de se mover entre os planos terrestre e espiritual, uma entrada para o poder de seu animal particular.

De acordo com Joyce, o abutre que foi encontrado no lugar de honra no centro do esconderijo A1, suas asas pendendo para baixo como braços, é um ser humano que se tornou parte abutre, um xamã que foi transformado em seu espírito animal. Na cerâmica e na escultura da América Central, os abutres eram frequentemente mostrados festejando sobre cadáveres humanos ou guardando as cabeças decepadas dos inimigos mortos em batalha. E como se acreditava que os abutres tinham a capacidade de atravessar do reino terrestre para o celestial, o abutre central pode estar associado com a morte, a transfiguração e a transição para o mundo espiritual. Tudo isso sugere que o significado do esconderijo de alguma forma envolvia morte e transição. Mas a morte e transição de quem, ou do quê?

Os motivos esculpidos em algumas dos metates fornecem outra pista. Joyce interpreta o duplo motivo espiral em um metate do A1 como representando a névoa que emerge das cavernas nas montanhas, que simbolizam lugares de origem ancestral. As faixas cruzadas, ela diz, parecem mostrar pontos de entrada na terra sagrada: portas para um lugar de origem ou de nascimento. O tema do "nó celta" tão comum nos artefatos de A1 é um quincunce, um arranjo geométrico representando as quatro direções sagradas e o ponto central do mundo – um símbolo do próprio universo (os metates também exibem muitos motivos adicionais intrigantes que poderiam ser alguma forma de escrita idiográfica, ainda por ser decifrada).

Seguindo esta linha de raciocínio, parece que o foco do esconderijo estava em nascimento, morte e transição para o mundo espiritual. Mas por que as pessoas dessa cidade deixariam nesse lugar uma massa tão concentrada de objetos sagrados e poderosos, provavelmente pertencentes à elite dominante, os xamãs e senhores sagrados?

Chris fez duas descobertas importantes que ajudaram a desvendar esse mistério. A primeira é que isso não era um acúmulo de oferendas depositadas ao longo de muitos anos ou séculos: todas elas tinham sido deixadas ao mesmo tempo. A segunda pista é ainda mais reveladora: a maioria dos objetos foi quebrada. Esses artefatos foram quebrados naturalmente ao longo dos séculos por causa de árvores gigantes da floresta caindo sobre eles? Ou foram deliberadamente quebrados? No esconderijo, Fisher e sua equipe encontraram um moedor ou rolo de moagem enorme esculpido em basalto e polido. Tem mais de um metro de comprimento, um tamanho desajeitado e muito finamente acabado para ter sido útil na moagem real, indicando que era um objeto ritual. Mesmo que seja tudo menos frágil, foi encontrado quebrado em seis pedaços. A mera queda de árvores não é a causa provável de ter quebrado tão completamente essa pedra. Nem parece possível, por números absolutos, que muitos dos outros artefatos feitos de basalto duro pudessem ter se quebrado naturalmente ao longo do tempo. Esses artefatos, Chris concluiu, devem ter sido deliberadamente esmagados. Eles foram destruídos pela mesma razão pela qual os vasos encontrados na Caverna dos Crânios Brilhantes tinham sido ritualmente "mortos"; povos antigos se envolveram nessa destruição cerimonial em cemitérios para que objetos pudessem viajar com o falecido para o outro mundo. Isso era verdade não apenas para potes e artefatos, mas também envolveu a destruição ritual de edifícios sagrados e até de estradas. No sudoeste americano, por exemplo, partes do grande sistema rodoviário de Anasazi e suas estações de parada foram fechadas, no século XIII, pela queima de arbustos e pela quebra de potes sagrados ao longo dele, quando as pessoas do ancestral Pueblo abandonaram a região.

Consideradas em conjunto, essas pistas implicam que o esconderijo foi montado durante um ritual de fechamento da cidade no momento de seu abandono final. Nesse cenário, os últimos habitantes remanescentes da cidade reuniram seus objetos sagrados e os deixaram como uma oferenda final aos deuses quando partiram, quebrando-os para liberar seus espíritos.

É razoável pensar que os outros esconderijos de artefatos observados em Mosquitia podem ter sido deixados para o mesmo propósito, durante o abandono desses assentamentos. Parece que uma catástrofe total da civilização envolvendo a "morte" de todas essas cidades ocorreu aproximadamente na mesma época, por volta de 1500 – a época da conquista espanhola. No entanto, os espanhóis nunca conquistaram a região; eles nunca exploraram ou sequer penetraram nessas selvas remotas.

O que nos leva à pergunta decisiva: se não foi por causa da invasão ou conquista espanhola, por que a cidade e o resto de Mosquitia foram abandonados? O esconderijo organizado sugeriu que os últimos habitantes simplesmente se afastaram de suas casas na selva, indo para partes desconhecidas, por razões desconhecidas. Para a resposta a esses mistérios, temos que revisitar a lenda, e a maldição, da Ciudad Blanca.

CAPÍTULO 22
"ELES VIERAM PARA MURCHAR AS FLORES"

OS MITOS DA Cidade Branca, da Cidade do Deus Macaco, da Casa Blanca ou Kaha Kamasa têm um arco similar: há tempos existiu uma grande cidade nas montanhas, destruída por uma série de catástrofes, após a qual seu povo, concluindo que os deuses estavam zangados, foi embora, deixando para trás suas posses. Depois disso ela foi evitada como um lugar amaldiçoado, proibido, sendo aqueles que ousaram entrar visitados pela morte.

Uma lenda, certamente, mas as lendas são frequentemente baseadas na verdade, e esta, tão persistente e duradoura, não é uma exceção.

Para extrair a verdade do mito, temos que voltar no tempo, até a descoberta do Novo Mundo pelos europeus. Em outubro de 1493, Colombo partiu em sua segunda viagem para a América. Essa expedição era muito diferente da primeira. Aquela, com três navios, havia sido uma viagem de exploração: essa visava principalmente a subjugação, a colonização e a catequização. A enorme flotilha de Colombo naquela segunda viagem consistia em dezessete navios, que transportavam 1.500 homens e milhares de cabeças de gado, incluindo cavalos, bovinos, cães, gatos, galinhas e porcos. Mas a bordo desses navios havia algo muito mais ameaçador do que soldados com armas e armaduras de aço, sacerdotes com cruzes e animais que perturbariam a ecologia do Novo Mundo. Colombo e seus homens carregavam involuntariamente patógenos microscópicos, aos quais as pessoas do Novo Mundo nunca tinham sido expostas e contra o qual não tinham resistência genética. O Novo Mundo era como uma vasta e seca floresta esperando para queimar – e Colombo trouxe o fogo. Que as doenças europeias correm desenfreadas no Novo Mundo é uma história antiga, mas descobertas recentes em genética, epidemiologia e arqueologia pintaram um retrato da morte que é verdadeiramente apocalíptico; a experiência vivida pelas comunidades indígenas durante esse genocídio supera o pior filme de horror já imaginado. Foi a doença, mais do que qualquer outra coisa, que permitiu aos espanhóis estabelecer o primeiro *imperio en el que nunca se pone el sol*, "império em que o sol nunca se põe", assim chamado porque ocupou uma faixa de território tão extensa que parte dela estava sempre à luz do dia.

Colombo tinha se gabado em sua primeira viagem de que "ninguém tinha ficado doente ou sequer teve uma dor de cabeça", exceto por um homem velho com pedras nos rins. A segunda viagem, transportando soldados de diferentes partes da Espanha e carga abundante de gado, era uma arca de Noé de pestilência. Mesmo durante a travessia do Atlântico, centenas de homens e animais a bordo da flotilha de Colombo começaram a adoecer. Quando chegaram às ilhas exteriores do Caribe, os navios, carregando sua carga madura de doença, fez uma grande turnê nas ilhas, aterrissando em Dominica, Monserrat, Antigua e outras ilhas das Pequenas Antilhas antes de partir para Puerto Rico e Hispaniola, onde a maioria dos homens desembarcou. Mesmo com ele e seus homens ficando mais doentes, Colombo tomou uma frota menor que, em seguida, explorou Cuba e Jamaica antes de retornar para Hispaniola.

As primeiras descrições que Colombo faz de Hispaniola revela um lugar impressionantemente fértil, uma ilha "maior que Portugal com o dobro da população", que ele exaltou como "a mais bela terra que eu já vi".[20] Hispaniola (hoje dividida entre os países Haiti e República Dominicana) era ricamente habitada por índios Taíno, mas seu número é contestado pelos historiadores. Bartolomé de las Casas, o antigo cronista espanhol que escreveu um amplo relato ocular da colonização das Índias, disse que a população indígena de Hispaniola quando Colombo chegou era de cerca de 1 milhão, o que mais tarde revisou aumentando-a para 3 milhões. Muitos historiadores modernos acreditam que las Casas exagerou nos números e que a população atual era talvez de cerca de meio milhão. Independentemente disso, Hispaniola e todas as grandes ilhas do Caribe eram incrivelmente prósperas. Na vizinha Jamaica, Colombo encontrou "toda a costa e a terra cheias de cidades e excelentes portos" onde um "infinito número de índios nos seguiram em suas canoas".

Tudo isso estava prestes a mudar.

Naquela fatídica segunda viagem, o próprio Colombo ficou tão doente que quase morreu, e por semanas parou de escrever em seu diário. A flotilha chegou a Hispaniola em 22 de novembro de 1493 e restabeleceu um assentamento espanhol para substituir o que tinha sido destruído pelos índios em sua ausência. A essa altura, muitos dos espanhóis tinham ficado doentes, e vários deles tinham morrido, devido às condições insalubres a bordo do navio e à impossibilidade de escapar ao contágio. Em poucos anos, metade dos 1.500 soldados de Colombo estaria morta por doença. Mas isso foi nada comparado ao que aconteceu com as populações nativas.

Em sua passagem pelo Caribe, os navios com suas tripulações doentes inconscientemente espalharam epidemias em muitos dos portos que visitaram. Em 1494, essas epidemias se fundiram em uma praga que devastou Hispaniola e o resto do Caribe. "Ali [entre os

---

[20] Na verdade, é um pouco menor. Portugal tinha uma população de cerca de um milhão em 1500.

índios] veio tal doença, morte e miséria", escreveu Bartolomé de las Casas, "que pais, mães e crianças, em número infinito, lamentavelmente morreram". Ele estimava que um terço da população morrera nos dois anos entre 1494 e 1496.

Uma tabela de estatísticas para a ilha de Hispaniola conta a história:

DATA	POPULAÇÃO NATIVA
1492	≅ 500.000
1508	60.000
1510	33.523
1514	26.334
1518 [antes da varíola]	18.000
1519 [depois da varíola]	1.000
1542	0

Nem todas essas mortes foram causadas por doença, é claro; trabalho forçado, fome, crueldade, assassinato, estupro, escravidão e realocação também contribuíram fortemente para a extinção dos índios Taíno de Hispaniola e outros povos do Caribe. Mas o fator primordial foi a doença europeia, contra a qual o Novo Mundo quase não tinha resistência. Epidemiologistas modernos estudaram os antigos cálculos para descobrir quais doenças atingiram os índios durante essas primeiras epidemias. Seus melhores palpites são gripe, tifo e disenteria. Muitas doenças posteriores se juntaram às primeiras no desencadeamento de onda após onda de mortalidade, incluindo sarampo, caxumba, febre-amarela, malária, catapora, febre tifoide, praga, difteria, coqueluche, tuberculose e a mais mortífera de todas: varíola.

Essas epidemias não ficaram nas ilhas. Las Casas descreveu uma "rede de arrasto" de morte que se espalhou para o continente da América

Central e "devastou toda essa esfera". Os comerciantes nativos podem ter começado a espalhar o contágio no continente antes de 1500; as pessoas podem ter começado a morrer ali antes mesmo da chegada dos europeus. Mas sabemos com certeza que Colombo, em sua quarta viagem em 1502, inadvertidamente desencadeou a doença no continente americano.

Enquanto sondava uma passagem a oeste para as Índias, Colombo chegou às Ilhas da Baía de Honduras em 30 de julho de 1502. Depois de passar algumas semanas ali, ele navegou para a parte principal da América Central, tornando-se o primeiro europeu a tocar aquela terra. Ancorou em um porto perto da atual cidade de Trujillo e batizou a nova terra de "Honduras" (as profundidades) por causa da água muito profunda que encontrou perto da costa. Depois de desembarcar no continente hondurenho, ele e seus homens realizaram uma missa cristã em 14 de agosto de 1502 e reivindicaram a terra para Isabella e Ferdinando da Espanha.

Depois de se encontrar com índios amigáveis, Colombo, que estava doente mais uma vez (de quê não se sabe ao certo), continuou explorando em direção ao sul com seus muitos homens doentes, navegando ao longo da linha costeira de Honduras, Nicarágua e Panamá, parando frequentemente ao longo do caminho. Como focos de incêndios na floresta, a doença se espalhou para fora desses pontos de contato, queimando profundamente nas terras do interior, ultrapassando de longe a atual exploração europeia. Nós não sabemos quantas pessoas morreram nessas primeiras epidemias; os nativos que as testemunharam não deixaram nenhum relato, e não houve cronistas europeus.

Mas o verdadeiro apocalipse ainda estava por vir. Ele chegou na forma da varíola. Las Casas escreveu que "ela foi trazida por alguém de Castela", e chegou em Hispaniola em dezembro de 1518. "Da imensidão de povos que esta ilha continha, e que vimos com nossos próprios olhos", escreveu Las Casas, apenas "1 mil" restaram no final de 1519. Em janeiro, ela se espalhou para Porto Rico, e de lá se espalhou pelo Caribe e saltou para o continente. Em setembro de 1519, a varíola tinha alcançado o vale do México.

Remédios tradicionais indígenas contra doenças – suores, banhos frios e ervas medicinais – foram ineficazes contra a varíola. De fato, muitos esforços de cura só pareciam apressar a morte. Na Europa, na pior das hipóteses, a varíola matava cerca de uma em cada três pessoas infectadas; nas Américas, a taxa de mortalidade foi maior que 50% e, em muitos casos, aproximou-se de 90 a 95%.

Os epidemiologistas geralmente concordam que a varíola é a doença mais cruel que já afligiu a raça humana. No século antes de ela ser erradicada (na década de 1970), matou mais de meio bilhão de pessoas e deixou milhões de outros horrivelmente marcados e cegos. Ela inflige um sofrimento insuportável, tanto físico como psicológico. Geralmente começa como uma gripe, com dor de cabeça, febre e dores no corpo; e depois irrompe como uma dor de garganta que logo se espalha em uma erupção cutânea. Como a doença se desenvolve na semana seguinte, a vítima muitas vezes experimenta terríveis sonhos alucinatórios e é atormentada por uma misteriosa sensação de horror existencial. A erupção cutânea se transforma em manchas que incham em pápulas e, em seguida, em pústulas cheias de líquido que cobrem todo o corpo, incluindo as solas dos pés. Essas pústulas às vezes se fundem, e a camada externa da pele se desprende do corpo. Na variedade mais mortal da varíola, a forma hemorrágica, chamada de varíola preta, a pele fica roxa ou assume uma aparência queimada, e se descama em folhas. A vítima muitas vezes sangra por todos os orifícios do corpo. É extremamente contagiosa. Ao contrário da maioria dos outros vírus, a varíola pode sobreviver e permanecer virulenta por meses ou anos fora do corpo em roupas, cobertores e quartos de enfermarias.

Os índios ficaram totalmente aterrorizados com essa doença. Não era como nada que já tivessem experimentado antes. A história da conquista contém muitos relatos oculares espanhóis que atestam os horrores da pandemia. "Foi uma doença terrível", escreveu um frade, "e muitas pessoas morreram por causa dela. Ninguém podia andar; só podiam ficar estendidos em suas camas. Ninguém podia se mover, nem mesmo virar a cabeça. A pessoa não podia se deitar de bruços, ou se deitar de costas. Quando eles faziam um movimento, gritavam de dor [...] Muitos morreram com isso, mas muitos morreram apenas de fome. Houve mortes por inanição, porque as pessoas não tinham ninguém para cuidar delas".

Essas epidemias de doenças enfraqueceram a resistência militar indígena, e em muitos casos ajudou os espanhóis em sua conquista. Mas no geral, os espanhóis (e pessoalmente Colombo) estavam profundamente consternados com as vastas mortes; as mortes de tantos índios interferiram em seus negócios de escravização, mataram seus servos e esvaziaram suas plantações e minas de trabalho forçado. Quando a varíola chegava, os índios frequentemente respondiam com pânico e fuga, abandonando vilas e cidades, deixando para trás os doentes e os mortos. E embora os espanhóis fossem menos suscetíveis a essas epidemias, eles não estavam imunes, e muitos também morreram na conflagração geral.

As epidemias limparam enormes faixas do Novo Mundo, mesmo antes que os europeus chegassem lá. Existem inúmeras narrativas de exploradores europeus que chegam em uma aldeia pela primeira vez, apenas para encontrar todos mortos, as casas cheias de apodrecimento, cobertas de cadáveres com pústulas.

Os historiadores ficavam maravilhados com a forma como Cortés, com seu exército de quinhentos soldados, derrotou o império asteca de mais de um milhão de pessoas. Várias ideias foram propostas: que o espanhol tinha vantagens tecnológicas cruciais em cavalos, espadas, bestas, canhão e armadura; que os espanhóis tinham táticas superiores aprimoradas durante séculos de luta contra os mouros; que os índios se retraíam, temerosos de que os espanhóis fossem deuses; e que a conquista dos astecas e o desgoverno das chefias circunvizinhas tinham criado condições perfeitas para a revolta. Tudo isso é verdade. Mas o verdadeiro conquistador foi a varíola. Cortés e suas tropas ocuparam a capital asteca de Tenochtitlan (a futura Cidade do México) em 1519, mas isso não podia ser contado como uma conquista: o inquieto imperador asteca, Moctezuma, convidou Cortés para a cidade, sem saber se ele era deus ou homem. Oito meses depois, após Moctezuma ser assassinado em circunstâncias obscuras (talvez pelos espanhóis, talvez pelo seu próprio povo), os índios se levantaram e habilmente dirigiram os espanhóis para fora da cidade, na chamada *Noche Triste*, a "Noite das tristezas". Nessa derrota esmagadora, muitos soldados espanhóis foram mortos ou se afogaram enquanto fugiam da ilha onde a cidade fora construída, porque tinham sobrecarregado os bolsos com ouro. Após sua fuga, os espanhóis acamparam em Tlaxcala, 48 quilômetros a leste de Tenochtitlan, lambendo as feridas e imaginando o que fazer a seguir. Naquele momento, a varíola invadiu o vale do México.

"Quando os cristãos estavam exaustos da guerra", um frade escreveu: "Deus achou por bem enviar a varíola para os índios". Em sessenta dias, a doença levou pelo menos metade dos habitantes de Tenochtitlan, que tinha uma população anterior ao contato de 300 mil habitantes ou mais. A varíola também matou o competente sucessor de Moctezuma, o imperador Cuitláhuac, que em seus quarenta dias de governo estava rapidamente construindo alianças militares que, se ele tivesse sobrevivido, teriam muito provavelmente repelido Cortés. Mas com pelo menos metade da população morta e a cidade e a zona rural circundante mergulhadas no caos da epidemia, Cortés foi capaz de retomar a cidade em 1521. O pior efeito da varíola foi a completa desmoralização dos índios: eles viram claramente que a doença os dizimava enquanto poupava em grande parte os espanhóis, e concluíram que tinham sido amaldiçoados e rejeitados por seus deuses, que haviam mudado para o lado dos espanhóis. Quando os espanhóis marcharam para dentro da cidade, um observador escreveu: "As ruas estavam tão cheias de pessoas mortas e doentes, que nossos homens andaram sobre nada além de corpos".

Ao mesmo tempo em que a varíola estava devastando o México, ela se alastrava para o sul no reino dos maias antes de os espanhóis chegarem. Embora as cidades maias não fossem mais habitadas, o povo estava espalhado pela região e ainda era conhecido por sua ferocidade e proezas militares. O contágio abriu o caminho para a conquista da Guatemala quatro anos depois por um dos capitães de Cortés.

Nos dez anos que se seguiram ao primeiro surto de varíola no Novo Mundo, a doença havia se espalhado pela América do Sul. As pandemias também derrubaram vários dos grandes reinos pré-colombianos na América do Norte. De 1539 a 1541, o explorador Hernando de Soto passou por uma poderosa e florescente tribo chamada Coosa, que ocupava territórios que abrangiam partes do Tennessee, da Geórgia e do Alabama, e tinha uma população de talvez 50 mil pessoas. Porém, vinte anos depois, por volta da época em que o próximo europeu chegou, Coosa tinha sido quase completamente abandonada, a paisagem repleta de casas vazias, os jardins outrora abundantes cobertos de cardos e ervas daninhas. No vale do Rio Mississippi, De Soto encontrou 49 cidades, mas os exploradores franceses La Salle e Joliet, um século mais tarde, encontraram apenas sete assentamentos miseráveis, um declínio de 86%. A maior parte do sudeste da América do Norte tinha sido esvaziada por uma enorme mortandade provocada pela doença.

Embora os números sejam muito discutidos, os estudiosos estimam que, antes da chegada de Colombo, a população da América do Norte era de cerca de 4,4 milhões; do México, por volta de 21 milhões; do Caribe, 6 milhões; e da América Central, outros 6 milhões. Mas em 1543, os povos indígenas das principais ilhas do Caribe (Cuba, Jamaica, Hispaniola, Porto Rico) tornaram-se extintos: quase 6 milhões de mortos. Nas ilhas menores, algumas populações nativas despedaçadas agarravam-se a uma existência precária. A queda de Tenochtitlan, o colapso geral das populações nativas em todos os lugares e as contínuas ondas de pandemias permitiram aos espanhóis destruir rapidamente a resistência indígena na maior parte da América Central.

Compare isso com a conquista espanhola das Filipinas, que ocorreu ao mesmo tempo. Os espanhóis também foram muito implacáveis ali, mas a conquista não foi ajudada pela doença: os filipinos eram resistentes a doenças do Velho Mundo, e as ilhas não experimentaram nenhuma morte em massa ou quedas de população. Como resultado, os espanhóis foram forçados a se acomodar e ajustar-se à coexistência com os povos indígenas das Filipinas, que permaneceram fortes e retiveram suas línguas e culturas. Depois que os espanhóis foram embora, a influência ibérica diminuiu em grande parte, juntamente com a língua espanhola, que hoje é falada por poucos.

Mas será que essa catástrofe atingiu Mosquitia? E, em caso afirmativo, como isso aconteceu no interior remoto, tão longe do contato espanhol? Nós não temos muita fonte de material sobre como a epidemia da varíola de 1519 afetou Honduras especificamente. O senso comum nos diz que, com a varíola devastando o norte e o sul, Honduras deve ter sido gravemente atingida. Dez anos após a varíola, outra terrível pandemia varreu o Novo Mundo: o sarampo. Essa nós sabemos que devastou Honduras com crueldade excepcional. Para os europeus, o sarampo é uma doença muito mais branda que a varíola; apesar de se espalhar com facilidade, ela raramente mata. Mas quando chegou ao Novo Mundo, provou ser quase tão letal quanto, matando pelo menos 25% da população afetada. O conquistador Pedro de Alvarado enviou um relatório da Guatemala para Carlos V em 1532: "Em toda a Nova Espanha, passou uma doença que eles dizem que é o sarampo, que atingiu os índios e varreu a terra, deixando-a totalmente vazia". A pandemia do sarampo coincidiu com epidemias de outras doenças em Honduras, entre elas, possivelmente, a febre tifoide, a gripe e a peste.

Antonio de Herrera, outro cronista espanhol daquele período, escreveu que "neste tempo [1532] houve uma epidemia de sarampo tão grande na Província de Honduras, espalhando-se de casa em casa e de aldeia em aldeia, que muitas pessoas morreram [...] e dois anos atrás, houve uma epidemia geral de pleurisia e dores de estômago que também levou muitos índios". Oviedo escreveu que metade da população de Honduras morreu de doença nos anos de 1530 a 1532. Um missionário espanhol lamentou que apenas 3% da população da costa sobrevivera e "é provável que o restante dos índios em breve decairá".

A geógrafa britânica Linda Newson produziu um magistral estudo da catástrofe demográfica em Honduras durante o período espanhol, intitulado *The Cost of Conquest: Indian Decline in Honduras Under Spanish Rule* [O custo da conquista: o declínio indígena em Honduras sob o jugo espanhol]. É a análise mais detalhada do que aconteceu naquele país. Números precisos da população original são difíceis de encontrar, especialmente para o leste de Honduras e Mosquitia, que permaneceram não colonizadas, mas Newson avaliou uma vasta quantidade de evidências e forneceu as melhores estimativas possíveis – apesar de, observou ela, ter sido prejudicada pela falta de trabalho arqueológico de qualidade.

Baseando-se em narrativas precoces, estimativas populacionais, estudos culturais e dados ecológicos, Newson concluiu que as áreas de Honduras colonizadas pela primeira vez pelos espanhóis começaram com uma população pré-conquista de 600 mil nativos. Em 1550, apenas 32 mil pessoas nativas permaneceram. Este é um colapso da população de 95%, uma estatística surpreendente. Ela dividiu as cifras desse modo: 30 mil a 50 mil foram mortos em guerras de conquista, enquanto outros 100 mil a 150 mil foram capturados em incursões de escravos e transportados para fora do país. Quase todo o resto – mais de 400 mil – morreu devido a doenças.

No leste de Honduras, que inclui Mosquitia, Newson estimou uma densidade populacional da pré-conquista em cerca de trinta pessoas por quilômetro quadrado, estabelecendo a população das montanhas do interior de Mosquitia em cerca de 150 mil indivíduos. No entanto, a descoberta de grandes cidades como A1 e A3 – que Newson desconhecia quando escreveu seu livro em 1986 – altera significativamente esse cálculo. Independentemente dos números atuais, sabemos agora que essa era uma região em grande expansão e próspera, ligada aos seus vizinhos por extensas rotas comerciais; não era de modo algum a selva remota e desabitada que encontramos hoje. Temos o testemunho de Cortés e Pedraza de províncias extensas e ricas, e temos as evidências de A1 e A3, Las Crucitas, Wankibila e outras antigas cidades em Mosquitia.

Os vales montanhosos como o A1 estavam inseridos muito profundamente na selva para interesserem os conquistadores ou escravagistas; as pessoas que viviam ali deveriam ter continuado a florescer muito tempo depois da chegada dos europeus. Muitas dessas áreas não foram exploradas até o século XX ou mais tarde e, como sabemos agora, partes delas permanecem inexploradas até hoje. Mas, com base no modo como as doenças se espalham, é virtualmente impossível que o vale A1 tenha escapado do contágio geral. Quase certamente, epidemias de doenças europeias varreram A1, A3 e o resto de Mosquitia em algum momento entre 1520 e 1550 (para apurar isso será necessária uma arqueologia mais extensa e qualificada; talvez as escavações contínuas em A1 contribuam).

Esses patógenos invadiram Mosquitia por dois caminhos. O primeiro foi através do comércio. Quando Colombo desembarcou nas Ilhas da Baía de Honduras, ele descreveu uma paisagem memorável: uma enorme canoa de comércio, com cerca de 2,5 metros de largura e 18 metros de comprimento, tripulada por 25 remadores. A canoa tinha uma cabana construída a meia-nau e estava abarrotada de valiosos bens comerciais: cobre, sílex, armas, têxteis e cerveja. Havia um extenso comércio marítimo em todo o Caribe e América Central. Alguns historiadores dizem que a canoa que Colombo viu deve ter sido operada por comerciantes maias, porém é mais provável que eles fossem Chibcha, dado que as Ilhas da Baía não foram colonizadas pelos maias, mas pelos povos falantes de Chibchan que tinham laços com Mosquitia. Esses comerciantes, quem quer que fossem, certamente estavam negociando com o continente, bem como com Cuba, Hispaniola e Porto Rico – alguns arqueólogos acreditam que eles podem ter seguido ao norte até o delta do Rio Mississippi. E as duas principais rodovias dentro de Mosquitia – o Rio Plátano e o Rio Patuca – correm para o mar não muito ao leste das Ilhas da Baía. Durante o tempo das pragas no Caribe, resta pouca dúvida de que esses comerciantes, vendendo mercadorias das ilhas e das costas, carregassem agentes patogênicos europeus ao subir os rios em Mosquitia, e que esses micróbios escapassem para as populações locais e ficassem profundamente incrustadas no interior.

Uma segunda pista provável de infecção foi o tráfico de escravos. Antes de a escravidão ser restringida pela coroa espanhola em 1542, grupos escravagistas varreram Honduras, sequestrando índios para trabalhar nas plantações, nas minas e nas residências. Os primeiros índios escravizados vieram das ilhas e das costas. À medida que a doença eliminou esses primeiros cativos, os invasores espanhóis entraram mais profundamente no campo para encontrar substitutos (o comércio de escravos africanos também aumentou nesse momento). Por volta da década de 1530, os traficantes de escravos estavam devastando a Costa do Mosquito e o Vale do Olancho, onde Catacamas está situada hoje, destruindo aldeias e juntando pessoas como se fossem gado. Em três lados – oeste, norte e sul – Mosquitia foi cercada por invasões brutais em busca de escravos. Milhares de índios fugindo de suas aldeias se refugiaram na floresta tropical. Um grande número desapareceu nas montanhas de Mosquitia. Alguns desses refugiados, infelizmente, carregaram a doença europeia para dentro dos vales, anteriormente bem protegidos.

Se seguirmos esse cenário hipotético até a sua conclusão, então em algum momento no início dos anos 1500 várias epidemias varreram A1 numa sucessão próxima. Se as taxas de mortalidade fossem semelhantes às do resto de Honduras e da América Central, cerca de 90% dos habitantes morreram de doenças. Os sobreviventes, despedaçados e traumatizados, abandonaram a cidade, deixando o esconderijo de objetos sagrados para trás como uma oferenda final aos deuses, quebrando ritualmente muitos deles para liberar seus espíritos. Essa não era uma oferenda de sepultura para um indivíduo; foi uma oferta para uma cidade inteira, o cenotáfio de uma civilização. O mesmo abandono, com oferendas quebradas, ocorreu em toda a região.

"Pense nisso", disse Chris Fisher. "Mesmo que eles estivessem sofrendo com a devastação dessas doenças, o fato de fazerem essa oferenda realmente ressalta a importância" do local onde o esconderijo foi encontrado e o significado primordial do próprio esconderijo. "Esses lugares eram ritualmente carregados e permaneceram assim para sempre." E assim foi até meio milênio mais tarde, quando nosso pequeno grupo tropeçou no esconderijo – um memorial trágico para o que um dia foi uma grande cultura.

Como se verificou, uma das respostas para o mistério da Cidade Branca estava posto diante de nós o tempo todo: os vários mitos da Ciudad Blanca, de seu abandono e de sua natureza amaldiçoada, provavelmente se originaram nesta história sombria. Vistas na luz dessas pandemias, as lendas da Cidade Branca são uma descrição bastante simples de uma cidade (ou várias) varrida pela doença e abandonada por seu povo – um lugar que, além disso, pode ter permanecido uma zona crítica durante algum tempo depois.

Nós temos poucas narrativas que contam o ponto de vista do nativo sobre essas pandemias. Um dos mais emocionantes é uma rara descrição de uma testemunha ocular, chamada o *Livro de Chilam Balam de Chumayel*, que relembra os dois mundos, antes e depois do contato. Foi escrito por um índio na língua maia iucateca:

> Então, não existia doença; eles não tinham os ossos doloridos; não tinham febre alta; não tinham varíola; nem dores de estômago; nenhuma tísica [...] Naquela época as pessoas permaneciam eretas. Mas então os *teules* [estrangeiros] chegaram e tudo desmoronou. Eles trouxeram medo, e eles vieram para murchar as flores.

CAPÍTULO 23
"QUATRO MEMBROS DA EXPEDIÇÃO FICARAM DOENTES E COM OS MESMOS SINTOMAS"

NAS SEMANAS APÓS o nosso retorno da selva, em fevereiro de 2015, eu e os outros membros da expedição regressamos para nossas vidas diárias. O poder da experiência ficou conosco; eu me sentia honrado e impressionado com o vislumbre que tivemos de um lugar completamente fora do século XXI. Todos nós também compartilhávamos uma sensação de alívio de termos emergido da selva ilesos.

Alguns dias depois do nosso retorno de Honduras, Woody enviou a todos um comunicado por e-mail. Era parte de seu acompanhamento padrão para qualquer expedição que levava para a selva, e incluía este trecho:

> Se você encontrar qualquer coisa que seja, sentir-se um pouco mal, desenvolver uma febre leve e passageira ou se uma de suas múltiplas picadas parecer não se cicatrizar, eu recomendo procurar uma consulta médica o quanto antes, explicando onde você esteve etc. Melhor prevenir do que remediar.

Na época, eu estava completamente coberto, como todo mundo, com picadas de insetos que coçavam terrivelmente, mas elas começaram a sumir. Um mês depois, em março, tirei férias com minha esposa na França, onde fomos esquiar nos Alpes e visitar amigos em Paris. Enquanto caminhava pela cidade, comecei a sentir uma rigidez nas pernas, como se estivessem doloridas pelo exercício excessivo. No começo atribuí isso ao esqui, mas com o passar dos dias a rigidez piorou, até que eu mal conseguia andar sem ficar exausto. Quando tive uma febre de mais de 39 graus, procurei o site do Centro para Controle de Doenças, a fim de verificar o período de incubação para várias doenças tropicais a que eu poderia ter sido exposto. Felizmente, estava além do período normal incubação da chikungunya, doença de Chagas e dengue. Mas estava no meio do período para a malária, e meus sintomas correspondiam aos descritos no site do CCD. Fiquei furioso comigo mesmo por ter interrompido prematuramente a minha medicação contra a malária. Que diabos eu estava pensando? Mas então me perguntei como poderia ter contraído malária, uma doença transmitida entre humanos via mosquitos, quando o vale do A1 era desabitado. Mosquitos não costumam viajar mais do que algumas centenas de metros em sua vida, e os seres humanos mais próximos potencialmente com malária estavam a muitos quilômetros de distância.

Meus amigos parisienses fizeram alguns telefonemas e encontraram um hospital que ficava a uma curta viagem de metrô com um laboratório de doenças infecciosas que poderia testar a malária. Fui até lá naquela noite, eles tiraram meu sangue e, noventa minutos depois, tive os resultados: negativo. O médico achou que eu tinha um vírus comum, não relacionado à viagem a Honduras, e me garantiu que não era nada para me preocupar. Minha febre desapareceu ainda enquanto eu aguardava os resultados do exame. Dois dias depois eu estava totalmente recuperado.

Mais um mês se passou. As picadas de inseto nas minhas pernas acabaram desaparecendo, junto com a coceira. Mas uma mordida não desapareceu. Estava no alto do meu braço esquerdo, a meio caminho entre o cotovelo e o ombro, e parecia estar ficando cada vez mais vermelha. Não me preocupei com isso no início porque, ao contrário das outras mordidas, ela não coçava nem me incomodava.

Em abril tive um surto de feridas na boca e na língua, acompanhada de outra febre súbita. Fui a um pronto-socorro local, em Santa Fé. O médico que me examinou pensou que era herpes e me deu uma receita para uma medicação antiviral. Mostrei a ele a picada de inseto no meu braço, que estava ficando mais feia. Ele sugeriu que a tratasse com uma pomada antibiótica. A febre foi embora rapidamente e as feridas da boca desapareceram logo depois. O creme antibiótico, no entanto, não fez nenhum efeito no meu braço.

Nas semanas seguintes, a picada de inseto se expandiu e desenvolveu uma crosta repugnante. Conversei sobre isso com Steve Elkins, e ele disse que Dave Yoder e Chris Fisher relataram ter mordidas similares que não se curavam. Steve sugeriu que todos nós fotografássemos nossas picadas e enviássemos as imagens por e-mail para comparação. Dave, que morava em Roma, enviou-me uma foto de sua mordida, que estava na parte de trás da perna. Parecia com a minha, só que pior. Dave estava frustrado: tinha ido ao pronto-socorro em Roma três vezes, e os médicos continuavam diagnosticando a picada como uma infecção e dando-lhe antibióticos, que não funcionavam. "Não *parece* uma infecção normal", me disse ele. "Parece uma miniatura de cratera vulcânica. Não sara de jeito nenhum."

Dave começou a pesquisar o que ele poderia ter. "Eu não costumava procurar imagens de doenças no Google", disse ele. "Eu havia dado a mim mesmo dois sustos de saúde causados por buscas no Google. Mas desta vez procurei porque eu *sabia* que meus médicos estavam errados."

As fotos que apareceram o fizeram pensar que ele poderia ter a doença tropical leishmaniose.

Enviou por e-mail fotos de sua picada de inseto para dois colegas fotógrafos na *National Geographic* que tinham tido leishmaniose enquanto estavam trabalhando. Um deles foi Joel Sartore, que contraiu a doença enquanto filmava na floresta tropical boliviana e que quase perdeu a perna como resultado. Ambos os fotógrafos disseram a Dave que o que ele tinha "com certeza parecia leish".

Dave me enviou um e-mail:

Você já considerou a possibilidade de leishmaniose? Pode ser uma coisa séria. Tenho certeza de que é o que eu tenho, neste momento. Estou investigando a situação agora.

Imediatamente pesquisei a doença e li sobre ela com fascínio e desgosto. As imagens de leish nos primeiros estágios de fato pareciam com a minha picada. As fotos também me mostraram como ela poderia se desenvolver, e isso era um horror completo. A leishmaniose é a segunda doença parasitária mais letal do mundo, ficando atrás apenas da malária, e afeta 12 milhões de pessoas em todo o mundo, com cerca de um ou dois milhões de novos casos a cada ano. Mata 60 mil pessoas por ano. Das mais destacadas "doenças tropicais negligenciadas" (DTNs) no mundo, a leishmaniose é uma das mais proeminentes, se não for a número um. Mas como quase sempre afeta as pessoas pobres nas áreas rurais dos trópicos, há pouco incentivo econômico para as empresas farmacêuticas desenvolverem vacinas ou tratamentos.

Enquanto isso, Bill Benenson e Steve começaram a circular e-mails para todo o grupo, perguntando se alguém tinha picadas de insetos que não estavam se curando. Mark Adams, o engenheiro de som, relatou que ele tinha uma lesão no joelho. Tom Weinberg tinha uma úlcera suspeita no nó do dedo. Mark Plotkin tinha uma erupção inexplicável. Sully e Woody tinham picadas de insetos que estavam se transformando em feridas.

Alguns dias depois – isso foi no final de abril de 2015 –, farto de seu médico local e do pronto-socorro italiano, Dave foi ao maior hospital em Roma e exigiu ver ali um especialista em doenças tropicais. No início do exame, quando Dave opinou que era leish, o médico disse: "Não, não é". Mas no final do exame, o médico concordou que ele realmente parecia ter a doença. Eu sugeri que Dave retornasse aos Estados Unidos para um diagnóstico mais preciso, já que leish é notoriamente difícil de ser identificada; não é uma doença única, mas um conjunto de doenças causadas por cerca de trinta diferentes espécies de parasitas carregadas por várias dúzias de tipos de moscas de areia.

Em 2 de maio de 2015, Dave enviou um e-mail para o grupo no qual relatava a sua visita ao médico especialista em doença tropical em Roma e oferecia alguns conselhos:

Irmãos na leish:
 Apesar do fato de ninguém do grupo ter sido diagnosticado com qualquer coisa, eu vou, talvez, me antecipar e abordar diretamente o elefante na sala. Pode haver motivos para explorar a possibilidade de leishmaniose no meu caso, e como eu vejo a situação, possivelmente em outros do grupo.

Ele disse que decidiu voltar aos Estados Unidos para um diagnóstico preciso e um tratamento.

Isso desencadeou um pequeno pânico. Dezenas de mensagens circularam entre os membros da expedição discutindo sintomas, reais e imaginários. Mesmo aqueles sem sinais evidentes de leish correram para seus médicos, preocupados com várias queixas – erupções, febres, dores de cabeça e outros sintomas. As fotografias de revirar o estômago das úlceras em expansão de todos eles circularam, e circularam novamente.

Steve Elkins permaneceu exasperantemente saudável, mas Bill Benenson encontrou dois carrapatos da selva na pele quando voltou para a Califórnia. Embora isso não tenha levado a nada sério, ele ficou abalado e estava muito preocupado com o que estava acontecendo com os outros. Ele enviou um e-mail:

> *Acho que todos nós devemos compartilhar juntos nossas informações médicas relevantes, se possível e confortável, para ajudar a nós mesmos e também a todos os exploradores futuros. Vamos nos lembrar, nós não só fizemos história juntos em fevereiro, mas ainda estamos descobrindo uma grande coisa que é nova e excitante sobre um lugar perdido em um ambiente muito ameaçado.*

Agora eu estava completamente alarmado com a minha própria chaga. Steve Elkins desenterrou o nome de um especialista em doenças tropicais no Novo México que podia ser capaz de me ajudar: Dr. Ravi Durvasula, no Centro Médico dos Assuntos de Veteranos, em Albuquerque. O Dr. Durvasula era especialista em leishmaniose do "Velho Mundo". Liguei para o hospital do Centro de Veteranos esperando falar com ele. Uma hora depois, após vários telefonemas e de um número espantoso de transferências de um escritório errado para outro, depois de me dizerem que tal médico não existia, que o médico trabalhava lá, mas não aceitava pacientes, que eu não tinha permissão para falar com seu escritório sem uma referência e que o médico não fazia indicações, desisti (não posso imaginar como nossos soldados feridos superam esse mesmo sistema telefônico).

"Esqueça o telefonema para o Centro de Veteranos", Steve disse para mim. "Envie-lhe um e-mail. Certifique-se de mostrar todas as coisas da expedição, a cidade perdida, a *National Geographic*, todo esse material sexy."

Então eu fiz:

> *Caro Dr. Durvasula,*
> *Sou jornalista das revistas National Geographic e New Yorker. Recentemente voltei de uma expedição em uma área extremamente*

remota na floresta tropical de La Mosquitia, explorando uma grande e desconhecida ruína pré-colombiana. Ficamos na selva de 17 a 26 de fevereiro. Desde então, quatro membros da expedição ficaram doentes com os mesmos sintomas. Moro no Novo México e ouvi dizer que você é um especialista em leishmaniose, e é por isso que eu estou entrando em contato com você, para ver se estaria disposto a aceitar meu caso.

O Dr. Durvasula me mandou um e-mail de volta imediatamente. Ele não podia ser mais útil e preocupado – em contraste com a equipe do Centro de Veteranos. Programamos uma conversa por telefone e ele me fez algumas perguntas.

"A área tem uma aparência esbranquiçada e perolada, circundada por vermelho?"

"Sim."

"Ela coça?"

"Não."

"Dói ou fica dolorida?"

"Não."

"Sem desconforto?"

"De modo algum."

"Ah, bem. Receio que esses *sejam* os sinais clássicos de leishmaniose."

Pediu-me que eu mandasse um e-mail com uma foto para ele. Quando ele o recebeu, confirmou que certamente parecia ser leish. Sugeriu que eu buscasse ajuda nos Institutos Nacionais de Saúde (NIH), o melhor lugar do mundo, disse ele, para o estudo e tratamento da leishmaniose.

Nesse meio tempo, Dave Yoder explorou as opções de tratamento nos Estados Unidos. Ele também se concentrou nos Institutos Nacionais de Saúde e contatou-os. No NIH, Dave chegou ao Dr. Thomas Nutman, vice-chefe do Laboratório de Doenças Parasitárias. Nutman ficou fascinado com a história da expedição da cidade perdida e com o surto em massa da doença. Ele escreveu para Dave:

Caro Dave,
Acho que há uma probabilidade muito alta de que seja Leishmaniose e por causa das cepas em Honduras há uma pequena, mas real chance de que isso possa se transformar em doença mucocutânea dependendo da cepa [...] A grande questão é definir qual linha de Leishmaniose você tem e adaptar o tratamento a essa cepa em particular [...] Nós cuidamos de várias pessoas da National Geographic no passado.

A missão geral dos Institutos Nacionais de Saúde é "procurar conhecimento fundamental sobre a natureza e o comportamento dos sistemas vivos", e depois alavancar esse conhecimento para "melhorar a saúde, prolongar a vida e reduzir a doença e a incapacidade". É uma instituição estritamente de pesquisa, e qualquer pessoa admitida para tratamento deve fazer parte de um estudo de pesquisa. Cada um dos seus projetos tem um conjunto de regras que delineia quem pode ser tratado, por que e como seu tratamento irá contribuir para o conhecimento médico. Se um paciente em potencial vai ao encontro dos critérios e está matriculado, o atendimento é gratuito. Inclui até mesmo ajuda financeira com transporte e hospedagem. Em troca, o paciente concorda em seguir as regras e doar para pesquisa médica quaisquer amostras de tecido, células, sangue, parasitas e assim por diante. Um participante pode se retirar a qualquer momento, por qualquer motivo.

Os médicos do NIH estavam muito interessados em nossa situação. O surto em massa da doença era incomum, o vale do A1 parecia extraordinariamente "quente", e a região era medicamente desconhecida; tudo isso fez da expedição um estudo médico atraente. Os médicos se ofereceram para nos tratar de graça. Foi bom ser desejado.

No final de maio, Dave voou de Roma até Washington para obter um diagnóstico seguro. "Tomara", brincou ele, "que todos os nossos exames deem negativos, e isso seja uma infecção simples por estafilococo da sopa de Woody na selva, facilmente tratada com uma dose de molho de pimenta caiena".

O médico encarregado do projeto, que estaria tratando de Dave, de mim e dos outros potenciais "irmãos na leish", era Theodore Nash, principal pesquisador da Seção de Parasitologia Clínica do Laboratório de Doenças Parasitárias, do Instituto Nacional de Alergia e Doenças Infecciosas. Nash era um dos mais experientes especialistas em tratamento de leishmaniose do país, tendo sido supervisionado pelo Dr. Frank Neva, um pioneiro no tratamento de leishmaniose que veio para o NIH de Harvard. Depois da aposentadoria de Neva, Nash tornou-se o pesquisador clínico chefe em leish no NIH e, ao longo das últimas décadas, avançou seu tratamento com novas drogas e formulações.

No NIH, os médicos fizeram uma biópsia da lesão de Dave, examinaram-na sob um microscópio e viram que estava repleta de parasitas redondos microscópicos de leishmaniose. Mas o tratamento de Dave dependeria de que tipo de leish era aquele. Um laboratório especial no NIH começou o processo de sequenciamento do DNA dos parasitas.

A leishmaniose tem uma longa e terrível história com seres humanos, estendendo-se até onde existem registros humanos e causando sofrimento e morte por milhares de anos.

Há alguns anos, descobriu-se que um pedaço de âmbar birmanês com 100 milhões de anos tinha prendido uma mosca de areia que havia sugado o sangue de um réptil, provavelmente um dinossauro. Dentro dessa mosca de areia, os cientistas descobriram parasitas leishmânia, e em sua probóscide, ou tubo sugador, encontraram células sanguíneas reptilianas misturadas com os mesmos parasitas.

Até os dinossauros tiveram leishmaniose.

A leishmaniose provavelmente já existia desde o término da separação do continente primordial conhecido como Pangeia. Como essas antigas massas de terra acabaram se separando para se tornar o Velho e o Novo mundos, as populações desses antepassados da mosca de areia foram separadas e continuaram a evoluir de forma independente, dando origem às duas cepas básicas da doença no Velho Mundo e no Novo Mundo. Em algum momento, a doença deu o salto dos répteis para os mamíferos (os répteis modernos ainda pegam leish, e tem havido um debate médico sobre se uma leish reptiliana pode ser transmitida para os seres humanos; a resposta provavelmente é não).

Ao contrário de muitas doenças que afligem os seres humanos, a leish era global desde o início, e foi temida por nossos antigos antepassados em ambos os hemisférios. Os arqueólogos encontraram parasitas de leish em múmias egípcias que datam de 5 mil anos, e em múmias peruanas que remontam a 3 mil anos. Uma descrição da leish aparece em um dos primeiros documentos escritos humanos: as tábuas cuneiformes do rei Assurbanípal, que governou o Império Assírio há 2.700 anos.

A leishmaniose vem em três variedades principais, cada uma com sintomas distintos.

A forma mais comum é leishmaniose cutânea (isto é, da pele), que é encontrada em muitas partes do Velho Mundo, especialmente na África, na Índia e no Oriente Médio. Também é difundida no México e na América Central e do Sul, e recentemente apareceu no Texas e em Oklahoma. Algumas tropas americanas que retornaram do Iraque e do Afeganistão contraíram leish cutânea durante seus deslocamentos e a apelidaram de "furúnculo de Bagdá". Este tipo de leish começa como uma úlcera no local da mordida, que cresce em uma lesão purulenta. Se for ignorada, geralmente desaparece, deixando apenas uma cicatriz feia. Pode ser normalmente tratada por cauterização ou por remoção cirúrgica.

Na leishmaniose visceral, o segundo tipo – também do Velho Mundo –, o parasita invade os órgãos internos do corpo, particularmente o fígado, o baço e a medula óssea. Às vezes é conhecido como "febre negra", porque pode deixar a pele da vítima mais escura. Essa variedade é mortal; se não tratada, é sempre fatal. Mas o tratamento de leish visceral é rápido e confiável, necessitando de uma infusão de um medicamento antibiótico que produz uma taxa de cura de cerca de 95%. A maioria das mortes por leish no mundo é causada pela forma visceral, entre crianças pobres que não têm acesso ao tratamento.

A forma final de leish é a mucocutânea ou variedade mucosa, a forma principal da doença no Novo Mundo. Começa com uma úlcera na pele como no tipo cutâneo. Meses ou anos depois, as feridas podem reaparecer nas membranas mucosas do nariz e da boca (as feridas que eu tive na boca, no entanto, provavelmente não eram relacionadas). Quando a leish se move para o rosto, a doença fica séria. As úlceras crescem, corroendo o nariz e os lábios de dentro para fora e, por fim, fazendo com que eles se soltem, deixando o rosto terrivelmente desfigurado. O parasita continua a devorar os ossos do rosto, o maxilar superior e os dentes. Essa forma de leish, embora nem sempre letal, é a mais difícil de tratar, e o tratamento em si envolve uma droga que tem efeitos colaterais tóxicos e por vezes fatais.

Os habitantes pré-colombianos da América do Sul foram atormentados pela leish mucosa, que eles chamavam de *uta*. A grotesca desfiguração do rosto aterrorizou os moches, incas e outras culturas antigas. Eles podem ter considerado isso uma punição ou uma maldição dos deuses. Os arqueólogos descobriram enterros, no Peru e em outros lugares, de pessoas cuja doença era tão avançada que elas tinham um buraco cavado onde costumava ser o rosto – a doença tinha comido tudo, incluindo os ossos faciais. Os antigos potes peruanos registraram tão fielmente as desfigurações que os pesquisadores puderam identificar neles os estágios clínicos da doença, desde a destruição precoce do tecido mole do nariz, à destruição geral do nariz e dos lábios, e finalmente a desintegração do palato duro, do septo nasal, da mandíbula superior e dos dentes. O costume peruano de punir pessoas mutilando o nariz e os lábios pode ter sido destinado a imitar as deformidades faciais causadas pela doença, talvez para emular o que eles acreditavam ser castigo divino.

O medo agudo da doença pode ter até mesmo motivado os padrões de assentamentos humanos na América do Sul. O arqueólogo James Kus, um professor aposentado da Universidade Estadual da Califórnia, em Fresno, acredita que o local inca de Machu Picchu pode ter sido escolhido, em parte, por causa da prevalência de leish da mucosa. "Os incas eram paranoicos com a leishmaniose", ele me disse. A mosca de areia que transmite a leish não pode viver em altitudes mais elevadas, mas é difundida nas áreas de planície onde o inca plantou a coca, uma colheita sagrada. Machu Picchu fica exatamente na altitude certa: muito alta para a leish, mas não muito alta para a coca; em Machu Picchu, o rei e sua corte poderiam governar de um lugar de segurança e presidir os rituais associados ao cultivo da coca, sem o risco de receber essa doença temida.

Quando os conquistadores espanhóis chegaram à América do Sul no século XVI, ficaram horrorizados com a deformidade facial que viram entre os povos nativos nas terras baixas dos Andes, especialmente entre os cultivadores de coca. Os espanhóis pensaram que estavam olhando para uma forma de lepra e chamaram a doença de *lepra blanca*. Ao longo dos anos, a leish mucosa tem adquirido muitos apelidos na América Latina: nariz de anta, voz rouca, ferida esponjosa, grande cancro.

A leish mucosa não existia no Velho Mundo. Mas mesmo a forma ainda mais mortífera, a visceral, do tipo que invade os órgãos internos, atormentou longamente o subcontinente indiano. No início ganhou a atenção da medicina ocidental conforme os britânicos estenderam seu império dentro da Índia. Escritores do século XVIII descreveram-na como "kala-azar" ou "febre negra". A leish visceral se espalha facilmente de pessoa para pessoa através da picada de mosca de areia, usando seres humanos como seu hospedeiro primário do reservatório. Foi tão mortal e se espalhou tão rapidamente que, em certas regiões da Índia no século XIX, a leishmaniose varreria toda uma área, matando a todos e deixando uma paisagem de aldeias vazias, inteiramente desprovidas de vida humana.

Os britânicos também notaram a forma cutânea da doença na Índia e no Oriente Próximo e deram a ela vários nomes: mal de Aleppo, botão de Jericó, febre de Déli, úlcera oriental. Mas os médicos não reconheceram uma conexão entre as duas cepas até 1901. William Boog Leishman, um médico de Glasgow que era general no exército britânico, foi designado para a cidade de Dum, perto de Calcutá, onde um dos seus soldados adoeceu com febre e um baço inchado. Depois que o homem morreu, Leishman examinou seções finas do baço do homem sob o microscópio e, usando um novo método de coloração, descobriu minúsculos corpos redondos nas células – o parasita leishmânia. Leishman chamou a doença de febre Dum. Algumas semanas depois de Leishman publicar sua descoberta, outro médico britânico, chamado Charles Donovan, também alocado na Índia, relatou independentemente os resultados de sua própria pesquisa. Também havia espiado o parasita agressor e entre os dois a doença "leishmaniose" foi identificada. Leishman conseguiu a duvidosa honra de ter a doença com seu nome, enquanto Donovan foi presenteado com o nome da espécie: *Leishmania donovani*. Os médicos descobriram em 1911 que ela era transmitida pela mosca de areia, e depois perceberam que um número desconcertante de mamíferos poderiam ser hospedeiros reservatórios da doença, incluindo cães, gatos, ratos, camundongos, roedores, hamsters, chacais, gambás, raposas, focas e, claro, humanos. Essa surpreendentemente ampla gama de animais hospedeiros faz com que seja uma das mais doenças mais bem-sucedidas no planeta.

* * *

Ainda estava tentando decidir se eu deveria ir para o NIH ou não quando a análise de DNA dos parasitas de Dave chegou. Ela mostrou que ele foi infectado com uma espécie de parasita leish conhecido como *Leishmania braziliensis*. Essa foi uma má notícia para Dave e o resto de nós, porque a *L. braziliensis* causa a terceira variedade mucosa da doença e é considerada uma das mais difíceis de todas para ser curada.

O Dr. Nash decidiu começar o tratamento de Dave imediatamente. Usaria uma droga chamada anfotericina B, administrada por infusão lenta. Os médicos apelidaram a droga de "anfoterrível", por causa de seus efeitos colaterais desagradáveis. É considerada um último recurso, mais comumente dada a pacientes com infecções fúngicas do sangue quando outras drogas falharam; a maioria desses pacientes está extremamente doente com AIDS.

O Dr. Nash daria a Dave e ao resto de nós uma formulação da droga chamada anfotericina lipossômica. Nesta forma, a droga tóxica é encapsulada em esférulas microscópicas feitas de lipídios (gorduras). Isso a torna mais segura, reduzindo alguns dos efeitos colaterais mais perigosos. Mas as gotículas lipídeas podem causar perturbadores efeitos colaterais por si próprias.

A duração do tratamento depende de quão bem o paciente tolera a droga e quão rapidamente a úlcera começa a cicatrizar. O curso ideal, que o Dr. Nash tinha determinado ao longo de muitos anos de experiência, era de sete dias – longo o suficiente para deter a doença mas não tão longo para prejudicar o paciente.

Pouco depois de Dave ser diagnosticado com leish, Tom Weinberg descobriu com o CDC que ele também tinha a doença. Chris Fisher, Mark Adams e Juan Carlos Fernández foram para o NIH, onde também foram diagnosticados com ela. Todos foram tratados, exceto Juan Carlos; Dr. Nash percebeu que o sistema imunológico dele parecia estar lutando contra a doença e decidiu adiar o tratamento. Foi a decisão certa, e Juan Carlos acabou livre da leish sem passar pelos rigores da anfotericina B.

Do Reino Unido, ouvimos que Woody havia contraído leish, assim como Sully, apesar de se enrolarem muito escrupulosamente todas as noites. Sully ia ser tratado no Royal Center for Defense Medicine no Birmingham Heartlands Hospital, enquanto Woody estava iniciando tratamento no Hospital for Tropical Diseases em Londres. Ambos receberiam uma nova droga, miltefosina. As notícias logo voltaram de Honduras informando que muitos membros hondurenhos da expedição também haviam adoecido com a leishmaniose. Esses incluíam Oscar Neil, o arqueólogo; o tenente-coronel Oseguera, oficial comandante do contingente militar; e nove soldados.

Quando a notícia da nossa miniepidemia começou a se espalhar entre os membros da expedição, acompanhadas de fotos horripilantes de úlceras lacrimosas, era difícil não pensar na lenda secular e em sua citada "maldição do deus macaco". Todas aquelas flores que nós cortamos! Humor mórbido à parte, muitos de nós ficaram particularmente consternados por termos andado tão alegremente para dentro daquela zona crítica, e depois termos nos parabenizado, prematuramente, por termos emergido da selva ilesos. As piadas se esgotaram rapidamente diante dessa doença dramática, que tinha o potencial de alterar o curso das vidas de cada um de nós. Aquilo era muito sério.

Como a anfotericina é cara e indisponível em Honduras, os membros hondurenhos da expedição estavam sendo tratados com uma droga mais antiga, um composto antimonial pentavalente. O antimônio, um metal pesado, está diretamente abaixo do arsênico na tabela periódica e é igualmente venenoso. Essa droga mata o parasita enquanto poupa (espera-se) o paciente. Por pior que a amfo B seja, esta é mais: mesmo nos melhores cenários tem efeitos colaterais terríveis. Ouvimos de Virgílio que Oscar, que tinha sido picado no lado direito do rosto, quase morrera por causa do tratamento e estava se recuperando em reclusão no México. Ele teria uma cicatriz desagradável pelo resto da vida; mais tarde deixou crescer a barba para cobri-la e se recusou a falar de sua experiência ou fazer mais trabalhos no A1.

Depois que Dave foi diagnosticado com leish mucosa, eu finalmente entendi que tinha que parar de procrastinar e me tratar. Por pior que o tratamento parecesse ser, eu não estava disposto a me arriscar com a doença em si, ou arriscar o meu rosto.

Então, finalmente, no final de maio, liguei para o NIH e agendei uma consulta para início de junho a fim de obter uma biópsia e um diagnóstico. A essa altura, minha picada tinha se transformado em uma cratera gotejante do tamanho de uma moeda de 25 centavos vermelha flamejante e repugnante ao olhar. Ela não me incomodou; não tive mais febres e me sentia bem. Dr. Nash disse que duvidava que minhas febres fossem causadas pela leish de qualquer maneira; elas foram, pensava ele, infecções virais coincidentes, talvez oportunistas porque meu sistema imunológico estava abalado pela leish, que sequestra as células brancas do sangue.

Quando minha consulta se aproximou, ouvi dizer que o tratamento de Dave com anfotericina lipossômica tinha ido muito mal. Ele havia sofrido uma grave lesão renal e Dr. Nash tinha parado após apenas duas infusões. Ele ficou hospitalizado no NIH em observação enquanto os médicos debatiam o que deveriam fazer em seguida.

CAPÍTULO 24
"MINHA CABEÇA PARECIA ESTAR EM CHAMAS"

O INSTITUTO NACIONAL DE SAÚDE ocupa um campus verdejante com centenas de hectares em Bethesda, Maryland. Cheguei sozinho no dia 1º de junho, um lindo dia de verão, com o cheiro de grama recém-cortada flutuando no ar, pássaros voando nas árvores. Sandálias e jeans pareciam superar em número os jalecos de laboratório, e o lugar tinha o ar descontraído de uma faculdade. Enquanto subia para o caminho do complexo do centro clínico, eu podia ouvir de longe um solitário trompetista executando alguns toques.

Entrei no centro e, depois de vagar mais perdido do que já estive na selva, consegui encontrar a área de processamento de pacientes. Lá assinei a papelada concordando em ser estudado, e uma enfermeira gentil tirou treze frascos do meu sangue. Eu conheci o Dr. Ted Nash e minha segunda médica, Dra. Elise O'Connell, e fui tranquilizado por seu calor e profissionalismo.

No laboratório de dermatologia, um fotógrafo chegou com uma câmera digital Canon. Ele afixou uma pequena régua logo abaixo da úlcera em meu braço e tirou dezenas de fotografias. Fui conduzido a uma sala de exames onde a lesão foi inspecionada por um bando de estudantes de medicina sérios, que se revezavam espiando, palpando e fazendo perguntas. Em seguida, no laboratório de biópsia, uma enfermeira cortou dois pedaços de carne, semelhantes a vermes, da lesão, e os buracos foram costurados.

Quando a biópsia voltou, não ofereceria surpresa: como Dave e todos os outros, eu tinha *Leishmania braziliensis*. Ou pelo menos foi isso que os médicos acreditaram inicialmente.

Nosso médico principal, Theodore Nash, tinha 71 anos de idade. Ele fazia suas rondas em um jaleco branco com um rolo de papéis precariamente enfiado em um bolso lateral. Tinha um cabelo grisalho encaracolado escovado para trás de uma testa abaulada, com óculos de aro de aço e o ar gentil e distraído de um professor. Mesmo que fosse, como a maioria dos médicos, extremamente ocupado, seus modos eram sem pressa e relaxados, e ele parecia sociável e feliz ao responder a perguntas demoradamente. Eu disse que queria ouvir a história verdadeira, sem qualquer atenuação. Ele disse que era assim que preferia trabalhar com todos os seus pacientes. Foi agradável e, ao mesmo tempo, alarmantemente direto.

Os Institutos Nacionais de Saúde têm conduzido estudos clínicos sobre a leishmaniose desde o início da década de 1970, tratando imigrantes e pessoas que haviam pegado a doença enquanto estavam viajando. Muitos dos pacientes eram voluntários do Corpo da Paz. O Dr. Nash participou do tratamento da maioria deles. Em 2001 ele tinha escrito o protocolo de tratamento de leishmaniose atualizado para o NIH, o qual ainda está em uso atualmente. Mudou o tratamento para uma droga diferente da que continha antimônio, que achava ser muito tóxica, passando a usar anfotericina e outras drogas, dependendo da espécie do parasita e da variedade geográfica. Nenhum médico nos Estados Unidos sabia mais sobre o tratamento da leish do que o Dr. Nash. Não é uma doença simples, e seu tratamento é mais uma arte do que uma ciência. Os dados clínicos não são suficientes para dar aos médicos uma fórmula precisa, existem muitas formas de leish e muitas delas são desconhecidas.

O Dr. Nash passou quase toda a sua carreira médica na seção de parasitologia do NIH – 45 anos – remontando, segundo ele, ao tempo em que a parasitologia era "o local afastado da ciência, ninguém estava interessado nela e ninguém queria trabalhar com você". Como a maioria das pessoas que pegam parasitas são pobres, e como a medicina da doença infeciosa não é geralmente baseada em honorários, a parasitologia é uma das mais mal pagas de todas as especialidades médicas. Para entrar nessa área, você realmente precisa se preocupar em ajudar as pessoas. Sua educação médica de dez anos extremamente cara lhe dá o privilégio de trabalhar longas horas com um pagamento modesto entre as pessoas mais pobres e mais vulneráveis do mundo, encontrando uma quantidade impressionante de miséria e morte. Sua recompensa é aliviar um pouquinho daquele sofrimento. É preciso ser um tipo raro de ser humano para se tornar um parasitologista.[21]

A pesquisa inicial de Nash focou na esquistossomose e depois na giárdia, um parasita comum no mundo inteiro, transmitido pela água. Hoje o foco principal de seu trabalho é uma doença parasitária chamada neurocisticercose, em que o cérebro é invadido por larvas de tênia que se originam na carne de porco mal cozida. As larvas circulam na corrente sanguínea e algumas ficam presas nos pequenos vasos do cérebro, onde formam cistos, deixando o cérebro salpicado de buracos do tamanho de uma uva e cheios de líquido. O cérebro fica inflamado e a vítima sofre convulsões, alucinações, falha de memória e morte. A neurocisticercose afeta milhões de pessoas e é a principal causa mundial de crises epilépticas adquiridas. "Se ao menos tivéssemos a menor fração do dinheiro que é dedicado à malária", declarou para mim em angústia, "poderíamos fazer muito para interromper essa doença!"

Em nosso primeiro encontro, Nash sentou comigo e explicou por que achava que nossa equipe havia se infectado, como a leishmaniose funciona, qual é o seu ciclo de vida e o que eu devia esperar

---

[21] Eu mostrei esse parágrafo para o Dr. Nash antes da publicação e ele se opôs. "Por favor, altere isso e tire o halo da minha cabeça", me escreveu ele. Eu diminuí, mas não consegui remover o halo.

do meu tratamento. A doença requer dois animais: um "hospedeiro reservatório" – um mamífero infectado cujo sangue esteja repleto de parasitas – e um "vetor", que é a mosca de areia fêmea. Quando a mosca de areia pica um hospedeiro e suga seu sangue, também atrai parasitas. Esses parasitas proliferam no intestino da mosca de areia até ela morder outro hospedeiro. Os parasitas são então injetados no novo hospedeiro, onde completam seu ciclo de vida.

Cada animal hospedeiro vive sua vida como uma Maria Tifoide, infectando as moscas da areia que bebem seu sangue. O parasita, ainda que possa devastar um ser humano, geralmente não "custa" muito ao animal hospedeiro, embora alguns adquiram lesões em seus narizes. Um bom convidado não incendeia a casa em que permanece; a leishmânia quer que seu animal hospedeiro viva por muito tempo e prospere, espalhando a doença o máximo possível.

No vale isolado do A1, longe da habitação humana, as moscas de areia e um hospedeiro mamífero ainda desconhecido – que podem ser camundongos, ratos, capivaras, antas, javalis ou até mesmo macacos – tinham sido bloqueados em um ciclo de infecção e reinfecção que acontecia por séculos. "E então", disse Nash, "você se intrometeu. Você foi um erro". Ao invadir o vale, estávamos como civis sem noção vagando em um campo de batalha e sendo metralhados no fogo cruzado.

Quando uma mosca de areia infectada morde uma pessoa, a mosca solta de centenas a milhares de parasitas no tecido dela. Esses minúsculos animais unicelulares têm flagelos para que possam nadar. São pequenos; seriam precisos cerca de trinta deles para alcançar a espessura de um fio de cabelo humano. Mas são positivamente colossais em comparação com bactérias e vírus que causam doenças. Quase um bilhão de vírus da gripe, por exemplo, podem caber dentro de um único parasita da leishmânia.

Como é um complexo animal unicelular, seus métodos são mais sutis e ardilosos do que os de um vírus ou uma bactéria. Quando a mosca de areia injeta a leishmânia, o corpo humano, sentindo a intrusão, envia um exército de glóbulos brancos para caçar, engolir e destruir os parasitas. As células de glóbulos brancos que vêm em muitos tipos geralmente lidam com bactérias e outros corpos estranhos engolfando-os e digerindo-os. Infelizmente, isso é exatamente o que o parasita leishmânia quer – ser engolido. Uma vez dentro do glóbulo branco, ele deixa cair seu flagelo, assume a forma de ovo e começa a se multiplicar. Logo as células de glóbulos brancos ficam inchadas como um saco de feijão cheio demais, e elas explodem, liberando parasitas para dentro dos tecidos da vítima. Mais glóbulos brancos correm para atacar e engolem os parasitas soltos, mas eles são sequestrados para produzir novos parasitas.

A úlcera que se forma em torno da área infectada não é causada pelo parasita em si, mas pelo sistema imunológico do corpo que o está atacando. A inflamação, não o parasita, é o que consome a pele da pessoa (na forma mucosa) e destrói o rosto. O sistema imunológico enlouquece tentando se livrar do parasita que está explodindo seus glóbulos brancos, e essa luta destrói o campo de batalha, inflamando e matando os tecidos na área da picada. Enquanto o parasita se espalha lentamente, a lesão se expande, destruindo a pele e deixando uma cratera que expõe a carne crua abaixo dela. A úlcera geralmente é indolor – ninguém sabe por quê – a menos que ocorra nas articulações, quando a dor pode ser intensa. A maioria das mortes por leish mucosa ocorre com a infecção invadindo o corpo através desta porta desprotegida.

Nash então falou sobre a droga que eu iria tomar, a anfotericina. Ele disse que ela era o padrão ouro, a droga principal para esse tipo de leish. Embora a miltefosina fosse mais nova e pudesse ser tomada em forma de pílula, ele não queria usá-la. E, além disso, não havia nenhuma disponível.[22] Havia muito poucos ensaios clínicos para deixá-lo

---

[22] Nash estava usando miltefosina em um ensaio clínico com a empresa farmacêutica que estava buscando sua aprovação, mas quando ela foi aprovada para uso nos Estados Unidos, a empresa encerrou os testes e a droga ficou repentinamente indisponível nos Estados Unidos, embora a empresa acelerasse a produção. Levaria mais dois anos para o remédio finalmente estar disponível

confortável com o remédio, e em uma tentativa na Colômbia, ela pareceu ser ineficaz contra a *L. braziliensis*. Também disse que você nunca sabia que tipo de efeitos colaterais podiam aparecer até que pelo menos dez mil pessoas tivessem tomado uma droga, e a miltefosina não tinha atingido esse valor de referência. Tinha longa experiência com a anfotericina B, e ela produzia uma taxa de remissão de aproximadamente 85%, que era "tão boa quanto se podia conseguir" em qualquer tratamento medicamentoso. O medicamento funciona se ligando à membrana celular do parasita e provocando nela a abertura de um pequeno orifício, que faz com que o organismo vaze e morra.

Nash me disse o que eu poderia experimentar ao tomar a droga. Não dourou a pílula com seus comentários. Os efeitos colaterais da anfotericina lipossômica, disse ele, podem ser dramáticos e são "quase numerosos demais para serem mencionados". Há reações agudas que ocorrem instantaneamente ao receber a droga, e há perigosos efeitos colaterais a longo prazo que acontecem dias depois. Muitos desses efeitos colaterais são complexos e mal compreendidos. Quando começou a usar a droga cerca de quinze anos atrás, as coisas correram bem no começo, e então, de repente, seus pacientes começaram a experimentar reações agudas quando o medicamento entrava em seus corpos. Acontece que algumas pessoas o toleram e outras não. Essas reações, disse ele, inicialmente o deixavam em pânico porque imitavam sintomas de uma infecção aguda – febre, calafrios, dor, aumento da frequência cardíaca, pressão no peito e dificuldade em respirar. Além disso, a droga tinha um misterioso efeito psicológico em alguns pacientes. Dentro de segundos depois de recebê-la eles se tornaram oprimidos por um sentimento de desgraça iminente que, nos piores casos, os fazia acreditar que estavam

---

para os americanos, graças a uma combinação maluca de lentidão na produção, incompetência burocrática do FDA [Food and Drug Administration, órgão análogo à Anvisa no Brasil] e o fato de o tratamento de leish nos Estados Unidos não ser rentável ou uma prioridade médica.

realmente morrendo. Nesses pacientes, ele teve que parar a infusão e às vezes administrar um narcótico para acalmar ou nocautear a pessoa. Essa reação aguda, no entanto, geralmente passava rapidamente, e Nash enfatizou que muitos pacientes não experimentavam reação alguma. Eu poderia ser um desses sortudos.

Ele citou outros efeitos colaterais comuns: náusea, vômito, anorexia, tontura, dor de cabeça, insônia, erupção cutânea, febre, tremores, calafrios e confusão mental; outros efeitos físicos incluem desequilíbrios eletrolíticos, diminuição da contagem de glóbulos brancos e anormalidades da função hepática. Esses resultados eram tão frequentes, explicou, que eu poderia esperar sentir pelo menos alguns deles. Mas o efeito colateral mais comum e perigoso é que a droga danifica os rins, degradando a função renal. O dano tende a ser pior quanto mais velho você for; pessoas idosas, ele disse, perdem a função renal naturalmente à medida que envelhecem. Eu perguntei a Nash, já que eu estava com 58 anos, se estava na categoria dos "velhos", e ele pensou que isso era engraçado. "Oh, não!", exclamou ele. "Então você ainda está dizendo a si mesmo que está na meia-idade? Sim, todos nós passamos por esse período de negação." Como regra geral nesses casos, ele pararia de administrar a droga quando a função renal caísse para 40% da linha de base.

Todo o processo, ele disse, é "estressante para o paciente e estressante para o médico".

Quando perguntei se a doença era curável, ele titubeou um pouco. É curável no sentido de que os sintomas desaparecem. Mas não é curável no sentido de que o corpo está completamente livre do parasita – o que os médicos chamam de "cura estéril". Como o sarampo, que pode voltar anos mais tarde como herpes-zoster, o parasita se esconde no corpo. O objetivo do tratamento é vencer o parasita o suficiente para permitir que o sistema imunológico do corpo assuma o comando e mantenha-o sob controle. Em vez de montar um ataque frontal no corpo, o parasita se esconde, torna-se instável e ataca maliciosamente detrás de um escudo. Mas os glóbulos brancos conversam um com o outro usando químicos chamados citocinas. As citocinas regulam como os glóbulos brancos respondem ao ataque da leishmânia, consequentemente "treinando-os" para montar uma defesa melhor.

No entanto, as formas mucosa e visceral da doença podem voltar se o seu sistema imunológico entrar em declínio. Isso pode acontecer, por exemplo, se você pegar HIV ou se submeter a um tratamento de câncer ou a um transplante de órgão. No caso da *L. braziliensis*, as recorrências da doença não são incomuns em pessoas com bom sistema imunológico. Mas mesmo no melhor dos casos seu corpo deve se envolver em uma guerra de baixo nível com o parasita para o resto de sua vida.

Enquanto eu estava no hospital para fazer minha biópsia, visitei Dave, que estava se recuperando de seu tratamento suspenso. Ele foi instalado em um grande quarto particular com uma bela vista de telhados, árvores e gramados. Ansioso para vê-lo pela primeira vez desde que saímos da selva, eu o encontrei sentado na cama, vestido em uma roupa do hospital. Mesmo sabendo que ele tinha passado por maus bocados, sua aparência foi um choque para mim: Dave parecia destroçado, muito longe do profissional robusto e sarcástico que, enfeitado com câmeras e contando piadas, alguns meses antes tinha vagueado pela selva debaixo de chuva empurrando lentes contra nossas caras. Mas ele conseguiu me cumprimentar com um sorriso pálido e um aperto de mão suado, não se levantando da cama, e me contou o que havia acontecido.

Como a anfotericina danifica os rins, antes de iniciar seu tratamento com a droga, Nash e sua equipe analisaram a função renal de Dave e decidiram que não era tão forte quanto eles gostariam que fosse. Eles o registraram no hospital durante a duração do tratamento para que sua função renal pudesse ser observada de perto. Há uma substância no sangue chamada creatinina, um produto residual de uso muscular, que os rins filtram a uma taxa regular. Quando os níveis de creatinina aumentam, isso significa que os rins não estão funcionando adequadamente. Ao verificar os níveis de creatinina diariamente, os médicos do NIH podem monitorar quanto dano renal está ocorrendo. Nos estágios iniciais, esse dano é quase sempre reversível.

Dave então descreveu como era tomar a droga, o que ecoou com muitos dos avisos de Nash. O processo total, ele disse, levou de sete a oito horas. Depois que as enfermeiras o acomodaram confortavelmente em uma poltrona e colocaram uma seringa intravenosa, elas realizaram uma bateria de exames de sangue para garantir que seus índices estivessem bons. Então aplicaram um litro de solução salina em seu corpo, diluindo seu sangue para que os rins pudessem eliminar a droga rapidamente.

O soro fisiológico levou uma hora, seguido por uma infusão de anti-histamínico que durou quinze minutos, para conter qualquer reação alérgica que pudesse ter com a anfotericina. Enquanto isso, as enfermeiras penduraram um saco marrom opaco de aspecto demoníaco, que continha a anfotericina lipossômica.

Quando tudo estava pronto, Dave disse, eles giraram uma válvula que começou a liberar a anfotericina. Espera-se que o líquido demore de três a quatro horas para sair da bolsa e entrar no braço do paciente.

"Então o que aconteceu quando você tomou a droga?", perguntei.

"Eu assisti àquela solução cor de *limoncello* descer pelos tubos e entrar em mim", disse Dave. "E em questão de segundos – *segundos!* – enquanto entrava em minhas veias, senti uma grande pressão no meu peito e uma dor nas minhas costas. Eu senti uma tensão enorme no meu peito, uma respiração realmente difícil, e minha cabeça parecia estar em chamas."

O Dr. Nash havia interrompido imediatamente o fluxo da droga. Estes eram, de fato, efeitos colaterais comuns ao se iniciar a infusão, não causados pela anfotericina em si, mas pelas minúsculas gotículas de lipídio que, por razões misteriosas, às vezes enganam o corpo fazendo-o em pensar que uma gigantesca invasão celular externa está ocorrendo. Os sintomas geralmente desaparecem rapidamente.

No caso de Dave, os médicos permitiram que ele se recuperasse por algumas horas, e depois o bombearam enchendo-o de mais anti-histamínicos e começaram novamente com a anfotericina, a um ritmo mais lento. Desta vez, ele conseguiu passar pelo tratamento. Deram-lhe uma segunda infusão no dia seguinte. Porém, mais tarde naquela noite, o Dr. Nash veio com más notícias. "Você foi reprovado na anfotericina." Os níveis de creatinina de Dave haviam subido; seus rins sofreram um sério ataque. Os médicos tinham decidido parar o tratamento definitivamente.

Eles iriam mantê-lo lá, disse ele, pelo resto da semana, monitorando sua função renal para se certificar de que estava se recuperando adequadamente.

"Então, o que será agora?", perguntei. "Como você vai se curar?"

Ele balançou a cabeça. "Não faço a mínima." Ele disse que os médicos iriam esperar e ver se as duas doses tinham acabado com a leish, o que era possível, embora improvável. Era uma doença de ação lenta e não havia necessidade de se apressar em outro tratamento potencialmente tóxico. Nesse meio tempo, o NIH tentaria obter a droga mais nova – a miltefosina – para ele. Uma porção de miltefosina podia ter um custo aproximado de 20 mil dólares, contra cerca de 6 a 8 mil dólares da anfotericina B. Mesmo que a miltefosina estivesse indisponível nos Estados Unidos, o Dr. Nash ia ver se poderia ser trazida sob uma licença especial como um tratamento experimental.

Eu estava ouvindo tudo isso com crescente desânimo, percebendo que não tinha alternativa a não ser fazer a mesma jornada. Meu próprio tratamento estava marcado para o final do mês.

CAPÍTULO 25
"ELES TENTAM TOMAR CHÁ COM O SEU SISTEMA IMUNOLÓGICO"

EM 22 DE JUNHO voltei ao Instituto Nacional de Saúde. Nesse ínterim, Chris Fisher também tinha passado pelo tratamento, enquanto a maioria dos outros estava agendada para depois de mim. Sua reação inicial ao medicamento foi tão ruim quanto a de Dave – dor repentina, sensação de pressão e sufocamento, e sensação de pânico de que poderia estar morrendo. Mas, felizmente, esses efeitos colaterais foram embora em menos de dez minutos. O corpo de Chris tinha tolerado a anfotericina melhor que o de Dave, e ele conseguiu seguir o curso máximo de sete dias. Mesmo assim, passou maus bocados. O tratamento fez com que ele se sentisse nauseado, exausto, espancado e "totalmente sem ambição". Depois que voltou para o Colorado, teve uma erupção no corpo tão terrível que os médicos do NIH queriam hospitalizá-lo (ele se recusou). Ficou doente durante todo o verão e incapaz de trabalhar no semestre do outono, o que lhe causou dificuldades profissionais com o seu departamento universitário. A úlcera da leish então começou a voltar, e só foi embora depois que Chris aplicou tratamentos térmicos para isso. Mais de um ano depois, a erupção ainda não estava completamente curada.

As experiências de Dave e Chris estavam na vanguarda dos meus pensamentos enquanto eu preenchia a papelada usual no NIH. Minha esposa, Christine, veio comigo e fomos escoltados a um dos quartos do hospital usado para infusões. Era um espaço muito agradável, embora os móveis fossem bizarramente superdimensionados. Eu me senti como se tivesse desembarcado no reino imaginário de Swift em Brobdingnag.[23] A enfermeira explicou que o NIH estava pesquisando a obesidade mórbida, e nós estávamos em um dos quartos especialmente construídos para aqueles pacientes.

Tomei meu lugar na cadeira de infusão, estressado e ansioso. Como as infusões levavam de seis a oito horas por dia durante sete dias, eu levei uma mochila com vinte quilos dos meus livros favoritos, muito mais do que eu conseguiria ler – Edgar Allan Poe, Arthur Conan Doyle, Wilkie Collins. Imaginei estar preso por horas com uma aterrorizante enfermeira Ratched[24] pairando por ali. Mas uma parte perversa de mim também estava curiosa sobre os efeitos da droga. Como seria acreditar que eu estava morrendo? Talvez eu visse o rosto de Deus ou a luz no final do túnel, ou o Monstro do Espaguete Voador.

Uma enfermeira agradável, totalmente não-Ratched, veio inserir o cateter intravenoso e colher meu sangue; então começou o gotejamento salino. Minha úlcera não seria tratada, embora a examinassem todos os dias para ver se ela começava a cicatrizar.

O exame de sangue voltou uma hora depois e tudo estava bem: eu tinha função renal forte. Com os dois médicos, Nash e O'Connell, observando atentamente, o saco marrom diabólico contendo anfotericina B foi pendurado no suporte intravenoso ao lado de uma bolsa de Benadryl (anti-histamínico). Quinze minutos de infusão de

---

[23] Brobdingnag faz parte do livro de Jonathan Swift, *As Viagens de Gulliver*. As terras de Brobdingnag correspondem ao segundo destino de Gulliver em suas viagens. [N.T.]

[24] A enfermeira Mildred Ratched é a principal antagonista no livro de Ken Kesey e no filme de Miloš Forman *Um estranho no ninho*. [N.T.]

Benadryl fez com que eu me sentisse grogue, e então a torneira de passagem foi aberta e a anfotericina começou a descer pelos tubos.

Dave, nosso italiano honorário, comparou-a ao *limoncello*. Para mim, parecia cor de urina. Assistir ao líquido rastejar do tubo para minha veia só aumentou meus níveis de ansiedade, então eu me forcei a desviar os olhos. Conversei com os médicos e com minha esposa, fingindo que nada estava acontecendo, mas o tempo todo me preparava para a dor súbita, a pressão, a cabeça irrompendo em chamas, Deus, ou Baal. Eu podia ver que meus dois médicos também estavam conversando sobre nada com alegria excessiva, tentando encobrir seu próprio nervosismo.

O líquido amarelo entrou e então – nada aconteceu. Eu não senti nenhum dos efeitos colaterais que Dave e Chris tiveram. Foi um anticlímax total. Todo mundo ficou aliviado, mas eu também estava ligeiramente desapontado.

A partir daí, o meu tratamento prosseguiu sem intercorrências. Eu chegava no centro clínico todas as manhãs por volta de 8 horas, ficava preso a uma sonda intravenosa, era submetido a uma bateria de exames de sangue e depois recebia a infusão. Após o terceiro dia, pedi aos meus médicos para interromper o Benadryl (destinado a bloquear uma reação alérgica ao medicamento) porque ele me fazia dormir. Eles fizeram isso sem problemas. Depois de alguns dias os inevitáveis efeitos colaterais desagradáveis da anfotericina começaram a se intrometer: eu sentia uma dor de cabeça persistente e comecei a me sentir nauseado. Além disso, tinha um mal-estar mental de que algo estava indo muito mal dentro de mim, mas eu não podia apontar o que era. Os efeitos colaterais pioraram até o sexto dia, quando senti que estava me arrastando na pior ressaca do mundo – dor de cabeça, náusea, letargia e pensamento confuso. Quando estava no final do meu tratamento, Mark Adams, o engenheiro de som, começou o dele. Mark tinha estado em ambas as expedições, a expedição *lidar* de 2012 e a incursão na selva de 2015. Ele tinha sido uma das minhas pessoas favoritas, de fala mansa e alegre, mesmo enquanto transportava vinte quilos de equipamento e um longo microfone direcional pela selva densa e debaixo de chuva torrencial. Pedimos para ficarmos juntos na mesma sala, onde passávamos o tempo conversando e relembrando as nossas aventuras. Mark também tolerou a anfotericina muito bem, não experimentando nenhum dos assustadores efeitos colaterais.

Por mais horrível que eu me sentisse, a náusea e a apatia estavam entre os efeitos colaterais mais comuns e mais brandos da anfotericina. Eu era extremamente sortudo. Meus médicos me deram remédios antináusea, ibuprofeno e uma bebida de gosto hediondo para restaurar meu equilíbrio eletrolítico. Mas, no sexto dia, Nash e O'Connell me disseram que a função de meus rins havia caído para a zona de perigo e eles iriam interromper as infusões. Eles queriam que eu esperasse e tivesse uma infusão final depois que meus rins se recuperassem. Eu a recebi algumas semanas depois, mais perto de casa, situação organizada pelo NIH e por meu irmão David, que é médico.

A ressaca foi embora depois de cerca de uma semana da rodada inicial, e nos meses seguintes a lesão secou, se estabilizou e se transformou em uma cicatriz brilhante. Em certo ponto eu perguntei ao Dr. Nash sobre os riscos de voltar para a selva, o que, apesar de tudo, parte de mim permanecia ansiosa por fazer se eu pudesse. Ele disse que a pesquisa indicou que entre 75% e 85% das pessoas que tiveram leish eram, a partir de então, imunes; ele achava que eu deveria estar muito mais preocupado com outras doenças que grassam na área para as quais não há preventivos – dengue, chikungunya e doença de Chagas (nesse ponto, a Zika ainda não havia chegado a Honduras).

Voltei ao NIH três meses depois, em setembro de 2015, para um acompanhamento. Nash e O'Connell me examinaram, cutucaram a cicatriz, colheram um pouco de sangue e concluíram que a doença tinha sido drenada até a remissão. Eu estava curado, pelo menos tanto quanto possível. Embora nem o médico pudesse falar sobre os outros membros da expedição devido à confidencialidade médica, eu soube que eu era um dos sortudos, e que alguns dos meus companheiros de viagem (que me pediram para não serem identificados) não foram curados e exigiram séries adicionais de tratamento com miltefosina ou com outras drogas. Alguns ainda estão lutando com a doença (infelizmente, no momento da redação deste texto, meu próprio leish parece estar retornando, embora eu ainda não tenha contado aos meus médicos).

Enquanto isso, fiquei curioso sobre a pesquisa da leishmaniose no NIH, considerada a mais avançada do mundo. Eu me perguntei o que seus cientistas aprenderam, se é que aprenderam alguma coisa, ao estudar nosso parasita em particular. Então aproveitei a oportunidade para fazer uma visita ao laboratório de leishmânia no campus, onde os pesquisadores mantêm uma colônia viva de moscas de areia e camundongos infectados. É um dos poucos laboratórios do mundo reproduzindo e criando moscas de areia infectadas – um negócio complicado e perigoso.

O laboratório leish é oficialmente chamado de Seção de Biologia de Parasita Intracelular. Mantém um arquivo biológico de parasitas leishmânia vivos e muitos tipos e espécies diferentes, alguns de décadas atrás. Os parasitas são cultivados a partir de amostras de tecido tiradas de pessoas como eu que passaram por biópsia. Esses pedaços de tecido são colocados em uma placa de ágar de sangue, onde os parasitas são instados a se multiplicarem. Então eles são transferidos para garrafas cheias de um líquido nutritivo e armazenadas a 25 graus, a temperatura corporal da mosca de areia. Nas garrafas, os parasitas continuam suas atividades, levados a pensar que estão nadando no interior do intestino de uma mosca hospedeira.

A mosca de areia tem uma temperatura corporal muito menor do que a dos seres humanos. Parasitas de leish cutâneos e mucosos não gostam do calor mais alto do corpo humano; é por isso que eles normalmente permanecem na pele ou procuram as membranas bucais e nasais, onde a temperatura do corpo é alguns graus mais baixa (isto não se aplica à leish visceral, que tolera o calor e entra profundamente no corpo).

Cada estirpe nessa biblioteca de parasitas deve ser regularmente reciclada através de ratos para manter a sua virulência. Caso contrário, torna-se "velha", fraca e inútil para o estudo. Os protocolos para a pesquisa animal tentam o máximo possível evitar o tratamento desumano; o sofrimento dos ratos envolvidos na pesquisa, embora seja mitigado o máximo possível, é necessário, a fim de se estudar e combater a doença. Não há alternativas para pesquisa viva.

As moscas de areia e os ratos são mantidos em um laboratório de biossegurança de nível 2. O BSL-2 é para agentes biológicos de "risco potencial moderado" (existem quatro níveis de biossegurança, BSL-1 a BSL-4). Cheguei ao laboratório durante o almoço das moscas de areia. Um assistente de laboratório me levou para dentro do laboratório BSL-2, uma pequena sala com uma porta selada e um sinal de aviso de risco biológico colado sobre ela. Abaixo do símbolo, colado na porta, havia um pedaço de papel sujo com uma foto gigante de uma mosca de areia e o nome PHIL'S PHLY PHARM escrito embaixo. Phil, eu descobri, era um cientista que há muito tempo tinha ajudado a desenvolver as técnicas de alimentação das moscas de areia.

Nenhum traje de risco biológico foi necessário. Entrei com alguma apreensão, olhando nervosamente para as moscas soltas, mas elas estavam fechadas com segurança em armários climatizados de aço inoxidável. No entanto, fora dos armários, uma caixa limpa de plástico estava acomodada numa mesa de laboratório, e no interior estava uma visão desagradável: dois ratos anestesiados deitados de barriga para cima, as patas no ar, contraindo-se. Eles estavam completamente cobertos com moscas de areia se alimentando, cujos minúsculos intestinos estavam se expandindo em bagas vermelhas e brilhantes de sangue. Estremeci, pensando em estar na minha própria barraca, de barriga para cima e dormindo, enquanto a mosca de areia chupava o meu sangue. Estas moscas de areia em particular ainda não haviam sido infectadas com a leish; uma vez infectadas, elas são tratadas com mais cautela, não só porque podem transmitir doenças, mas porque tornaram-se mais valiosas para a ciência.

Mais tarde, essas moscas de areia seriam infectadas artificialmente, um processo complicado. Um delicado frasco de vidro tem um pedaço de pele crua de galinha esticada sobre ela como uma pele de tambor. Ela é umedecida com sangue de rato para enganar as moscas, fazendo-as pensar que é uma pele de mamífero. O líquido dentro da garrafa é também sangue de rato semeado com o parasita. As moscas de areia inserem sua tromba através da pele de frango na garrafa e sugam o sangue com os parasitas. Uma vez que a mosca de areia é infectada, os trabalhadores do laboratório devem persuadi-la a picar um rato vivo, para transferir a infecção. O rato alvo é colocado em uma caixa de acrílico apertada e sua orelha é segura em uma braçadeira presa em um pequeno frasco contendo as moscas infectadas. As fêmeas famintas voam para um tubo, pousam na orelha do rato e chupam o sangue, transmitindo os parasitas para o animal.

No final da minha turnê, um assistente de laboratório trouxe dois frascos de parasitas vivos de leishmânia para que eu olhasse sob o microscópio. Eles estavam vivendo em um caldo nutritivo opaco laranja-avermelhado. Eu olhei dentro de um dos frascos com um microscópio binocular. Quando focalizei as oculares, os parasitas surgiram, milhares deles em um movimento incessante, esbarrando um no outro e indo para um lado e para o outro. Eles tinham corpos alongados, pontudos, parecidos com flagelos, que ficam na frente da célula e os puxam para a frente, em vez de impulsioná-los por trás. Por um tempo observei os pequenos cretinos se contorcendo em suas atividades, pensando no caos que nos causaram.

O chefe do laboratório é o Dr. David Sacks, um homem magro, bonito, um cientista que fala com clareza e que ocupa um escritório desordenado no porão. "Estas moscas estão desesperadas por sangue", ele me disse. "Estão procurando qualquer fonte, e vocês só calharam de estar no lugar certo na hora certa."

Por que, perguntei, não ficamos todos doentes? Por que apenas metade de nós?

"Acho que *todos* vocês foram mordidos e infectados", disse ele. "Eu não ficaria surpreso se cem por cento de vocês estivessem expostos, dada a frequência de picadas que vocês parecem ter recebido. Então é mais interessante o porquê de alguns de vocês *não terem desenvolvido* as lesões."

Ele explicou que um dos maiores mistérios da medicina é por que algumas pessoas adoecem e outras não, diante da mesma exposição. O ambiente e a nutrição desempenham um papel na infecção, mas a genética é primordial. Esta é a verdadeira questão no âmago de por que tantas pessoas do Novo Mundo morreram de doenças do Velho Mundo. Qual era a verdadeira maquinaria genética que tornava algumas pessoas mais suscetíveis que outras?

Com o sequenciamento de genes, disse Sacks, finalmente temos as ferramentas para descobrir por que algumas pessoas são mais vulneráveis do que outras. Os cientistas estão sequenciando os genomas completos das pessoas e comparando-os, um com o outro, para ver quais diferenças genéticas aparecem entre aqueles que, expostos a uma infecção, ficaram doentes e aqueles que não ficaram. Finalmente temos as ferramentas para entender a biologia por trás da grande morte e como tais pandemias podem ser prevenidas no futuro, mas a pesquisa ainda está engatinhando.

Durante a nossa troca, quando eu fiz um comentário impensado sobre o quão repugnante as moscas eram, ele me repreendeu: "Claro que *nós* não achamos que elas sejam nojentas de modo algum. Nós amamos nossas moscas".

O laboratório de leish, disse Sacks, tem trabalhado há anos mapeando todas as etapas do ciclo de vida da leishmânia, procurando por fendas em sua armadura que poderiam ser exploradas para uma vacina. É mais difícil projetar uma vacina contra um protozoário do que contra um vírus ou uma bactéria mais simples; de fato, nenhuma das principais doenças parasitárias tem uma vacina confiável. A leish é muito sofisticada no modo como infecta o corpo. É como disse um parasitologista, "a realeza do mundo da doença". Em vez de causar carnificina como muitas doenças virais e bacterianas e, assim, desencadear uma resposta de imunidade maciça, os parasitas "tentam tomar chá com seu sistema imunológico". Sacks e sua equipe identificaram as proteínas essenciais que o parasita usa durante seu ciclo de vida dentro da mosca de areia e criaram formas mutantes dessas proteínas que podem bloquear o desenvolvimento. Mas descobrir como explorar essas vulnerabilidades é difícil, e partir dali para uma vacina é ainda mais difícil.

Como é muitas vezes o caso, o maior obstáculo é o dinheiro. Vacinas custam centenas de milhões de dólares para serem desenvolvidas, testadas e trazidas para o mercado. Ensaios em humanos envolvem milhares de sujeitos. "É difícil fazer com que as empresas façam parcerias em testes", disse Sacks. "Elas não veem nenhum mercado, pois as pessoas que têm leishmaniose não têm dinheiro."

Na última década, a Organização Mundial da Saúde patrocinou uma série de ensaios clínicos para testar uma simples vacina de leish, nas quais os parasitas foram mortos pelo calor e injetados nas pessoas. Os médicos esperavam que os parasitas mortos preparassem o sistema imunológico para atacar os vivos quando eles chegassem. Os testes falharam, mas não está claro o porquê. Outras vacinas possíveis estão nos estágios iniciais de testes.

Uma das maiores descobertas que Sacks e sua equipe fizeram foi que os parasitas da leish fazem sexo dentro da mosca de areia. Anteriormente pensava-se que ele só poderia ser reproduzido por divisão – reprodução clonal. Por fazer sexo eles podem recombinar seus genes, o que lhes dá uma maneira de se hibridizar e se adaptar. Isso explica por que existem dezenas de espécies de leish e por que, mesmo dentro de uma espécie, existem tantas linhagens diferentes. A capacidade de fazer sexo dá à leishmânia uma tremenda vantagem evolutiva. É a principal razão pela qual ela prosperou e se espalhou por 100 milhões de anos, infectando dinossauros e pessoas, tornando-se uma das doenças mais bem-sucedidas no mundo (do seu próprio ponto de vista).

Com a leishmaniose tão prevalente no vale do A1, me perguntei como as pessoas antigas poderiam ter lidado com a doença. Poderiam elas controlá-la limpando a vegetação ou matando os animais que agiam como hospedeiros? Eu fiz essas perguntas para Sacks. Ele salientou que teria sido difícil para as pessoas do A1 identificar a mosca de areia como o vetor e provavelmente impossível que elas soubessem que era necessário um animal hospedeiro; assaltadas diariamente por picadas de insetos, elas não teriam feito a conexão entre uma picada de mosca de areia e uma lesão que se desenvolvia semanas depois (a ligação entre mosquitos e malária, por exemplo, não foi feita até 1897. Previamente, a malária era causada pelo "ar ruim" da noite – que é o que significa *mal aria* em italiano).

Nem a leishmaniose poderia ter sido motivo para o abandono do A1, uma vez que a doença também era difundida em tempos pré-colombianos; não havia lugar para onde as pessoas de A1 pudessem escapar. Elas teriam vivido com a doença, assim como centenas de milhões de pessoas fazem hoje.

Quando os membros da nossa equipe foram diagnosticados, as biópsias foram tiradas de nossos ferimentos e enviadas para outro laboratório no NIH, chamado de Seção de Parasitologia Molecular, cujo diretor, Michael Grigg, identificou o parasita como *L. braziliensis* pela primeira vez sequenciando parte do seu genoma. Eu liguei para Grigg para saber se ele tinha descoberto algo incomum.

"O tipo de leish que vocês têm é muito difícil de cultivar", recordou ele. De fato, como algumas cepas difíceis, ela não cresceria de modo algum. Ele esfregou amostras de tecido de nossas biópsias em placas de ágar de sangue, mas os parasitas se recusaram a se multiplicar. Por causa disso, seu laboratório não foi capaz de provocar o bastante deles para limpar o tecido humano para sequenciar todo o genoma naquele momento – havia muito DNA humano estragando o trabalho.

Em vez disso, explicou, eles inicialmente sequenciaram um gene ou marcador: um gene característico que revela a espécie. Aquele marcador combinava com o *braziliensis*. Mas, depois, Grigg sequenciou cinco marcadores – que descreveu como "cinco pequenas janelas para o parasita". Ele teve uma grande surpresa. Em duas "janelas" ele encontrou sequências genéticas diferentes de qualquer espécie conhecida de leish. Em outra janela, descobriu que o DNA se assemelhava a outra espécie chamada *L. panamensis*, uma cepa mucosa igualmente ruim. Mas esse gene também teve algumas mutações.

Nosso parasita, ele disse, pode ter sido um híbrido entre o *panamensis* e o *braziliensis*, em que as duas espécies se misturavam no intestino de uma mosca de areia, acasalando e produzindo descendentes híbridos. Aquele híbrido foi então isolado e começou a evoluir para uma nova estirpe ou possivelmente até mesmo uma nova espécie. Houve mutações suficientes, chamadas "recortes", nos cinco locais para indicar que essa espécie em particular tinha sido isolada por um período de tempo.

"Quanto tempo?", perguntei.

"Isso é uma pergunta difícil. Não há muitos recortes, então eu diria que tinha sido centenas de anos, e não milhares ou dezenas de milhares."

Eu tive uma ideia repentina. Expliquei a Grigg que o vale um dia tinha sido o local de uma cidade movimentada com redes comerciais ativas. Mas há cerca de quinhentos anos, a cidade havia sido abandonada e o vale havia sido de repente cortado do resto do mundo, com as pessoas não mais indo e vindo para espalhar a doença. Poderia esse abandono ser o momento em que o parasita foi isolado? E se assim fosse, poderia o relógio molecular ser usado para datar o momento do abandono?

Ele pensou sobre isso e declarou que essa era uma hipótese razoável. "Quando você tem taxas de mudança de um ou dois recortes, estamos diante de um isolamento de centenas de anos. É relativamente recente. É consistente com sua teoria."

Todas as espécies têm o que é conhecido como relógio molecular, que mede a rapidez com que as mutações aleatórias se acumulam ao longo de gerações. Algumas espécies, como o vírus do resfriado, têm relógios rápidos, enquanto algumas, como os humanos, têm relógios lentos. Contando o número de mutações, o relógio molecular dirá há quanto tempo essas espécies foram isoladas. É como a brincadeira do telefone sem fio; você pode dizer quão longe você está da mensagem original ao ouvir quão distorcida ela se tornou.

Mais tarde eu esbocei para Sacks a mesma ideia sobre datar a morte do A1 usando o relógio molecular do parasita.

"Isso faria sentido para mim", disse ele. "Essas árvores filogenéticas são publicadas, então quando você encontrar uma nova espécie você a afixa àquela árvore para encontrar a distância genética." E isso lhe dará o período de tempo de isolamento.

Se for verdade, esta pode ser a primeira instância em que um sítio arqueológico pode ser datado por um relógio molecular; nossa doença pode, na verdade, sugerir pistas sobre o destino de A1. A pesquisa, no entanto, ainda está por ser feita.

CAPÍTULO 26
"LA CIUDAD DEL JAGUAR"

DEPOIS DE NOSSA EXPEDIÇÃO partir do vale do A1 em fevereiro de 2015, as ruínas ficaram intactas por quase um ano. Um contingente rotativo de soldados hondurenhos permaneceu em nosso antigo acampamento, guardando a cidade. Dentro de semanas, os soldados começaram a voltar com leishmaniose, algo que os militares hondurenhos não tinham experimentado em nenhuma outra parte do país. Os militares consideraram buscá-los, mas no final lidaram com o problema fazendo um rodízio dos soldados com frequência na esperança de que isso fosse minimizar a exposição. Os soldados limparam o mato e a vegetação na área do acampamento, deixando apenas as árvores, em um esforço para reduzir o habitat das moscas de areia. Para tornar as rotações mais simples e mais rápidas, os militares construíram um quartel na pista de pouso do aeroporto de Aguacate.

A escavação do esconderijo de artefatos no A1 tornou-se uma prioridade. Até Chris entendeu que deixar tudo no chão não era uma opção a longo prazo. Com o problema da pilhagem arqueológica generalizada em Honduras, e o esconderijo valendo milhões de dólares, ele teria que ser guardado indefinidamente pelos militares. Isso não era realista, dadas as despesas, as mudanças frequentes no governo e a leishmaniose furiosa que tornava problemática a presença humana permanente no vale.

Ao mesmo tempo que lutava sua batalha contra a leish, Chris preparou um plano de trabalho e começou a montar uma equipe especializada de arqueólogos e técnicos para escavar o esconderijo. A ideia não era remover tudo o que ele ofereceria, mas apenas retirar os artefatos que estavam saindo do chão e em perigo de serem perturbados. Ele planejou deixar o resto do sítio coberto e escondido para que o material restante no subsolo estivesse seguro. Esperava que uma escavação parcial nos ajudasse a começar a entender o significado do esconderijo e as respostas que ele guardava para os muitos mistérios que cercavam essa cultura (mais tarde, os arqueólogos hondurenhos continuaram com a escavação e, no momento desta escrita, recuperaram mais de quinhentos artefatos).

A controvérsia acadêmica sobre a expedição não diminuiu, como muitos na equipe esperavam que acontecesse. Muitos meses depois da expedição de 2015, Juan Carlos deu uma palestra em Tegucigalpa sobre o trabalho do *lidar* da expedição e um grupo de manifestantes apareceu para atrapalhar. Sua líder, Gloria Lara Pinto, uma professora na Universidade Pedagógica Nacional Francisco Morazán, em Tegucigalpa, chegou atrasada. Levantou-se durante o momento de perguntas e respostas e desafiou Juan Carlos, dizendo que ele não era um arqueólogo e não tinha direito de se fazer passar por um, e que sua palestra (que era para o público em geral) carecia de rigor científico. Juan Carlos destacou que ele tinha feito precisamente essas ressalvas no início de sua palestra e que era uma pena que ela tivesse chegado tarde e perdido isso. "Eu reconheci", ele me disse mais tarde, "que eu não era um arqueólogo ou um antropólogo, mas que como hondurenho eu tinha o direito e a obrigação de entender mais e melhor a geografia e a história do meu país, e como pesquisador de doutorado eu tinha as ferramentas básicas para fazer pesquisa histórica". Depois de sua resposta, disse ele, o público vaiou a professora Pinto e seu grupo de desordeiros.

O custo da viagem de volta e da escavação foi de quase um milhão de dólares, muito disso novamente devido à despesa com os helicópteros operacionais. Com a ajuda de Chris, Steve Elkins e Bill Benenson trabalharam para levantar os fundos, recebendo contribuições do governo hondurenho e da National Geographic Society. A revista *National Geographic* mais uma vez me contratou para cobrir o trabalho da equipe. Eu estava apreensivo sobre voltar, mas intensamente curioso para ver o que havia no esconderijo. Sabiamente ou não, eu não estava mais preocupado com a leish: estava, de fato, muito mais preocupado com cobras venenosas e com a dengue. O tamanho, o poder e a letalidade daquela primeira ponta-de-lança que encontramos haviam sido uma experiência que eu nunca esqueceria. Em vez de reutilizar minhas velhas perneiras de Kevlar, procurei online e comprei um par de protetores contra cobras por 200 dólares que diziam ser a melhor que existia. O fabricante tinha postado um vídeo do protetor contra cobras repelindo repetidos ataques de uma grande cascavel de diamante. Eu liguei e perguntei a eles se já os haviam testado contra uma ponta-de-lança, e me disseram que não, nem garantiam contra esse tipo de cobra. De qualquer maneira, eu os comprei.

Eu também tinha um plano sobre a dengue: borrifaria minhas roupas com DEET por dentro e por fora, tiraria a roupa duas vezes por dia e me cobriria com DEET, e também iria me refugiar na minha barraca ao pôr do sol, antes de os mosquitos aparecerem, e não sairia de lá até depois do nascer do sol.

No início de janeiro de 2016, Chris Fisher e sua equipe de arqueólogos, hondurenhos e americanos, chegaram ao local, montaram um acampamento base e levaram seus suprimentos de helicóptero. Eles estavam trabalhando com a mais recente tecnologia de equipamento arqueológico, incluindo *tablets* reforçados e encaixotados para suportar os rigores da selva, unidades de GPS de última geração e uma máquina *lidar* portátil operada por Juan Carlos. Notavelmente, nem Juan Carlos nem qualquer outra pessoa que tivesse sido atingida por uma doença na expedição original foram dissuadidos de voltar, exceto Oscar Neil, que (por razões compreensíveis) informou ao Instituto Hondurenho de Antropologia e História que não iria pisar novamente na selva.

Dentro de uma semana, Fisher e sua equipe estavam prontos para começar a trabalhar no esconderijo. Romper o terreno na cidade perdida gerou muita comoção na imprensa hondurenha, embora até então a localização tivesse permanecido em segredo com sucesso – uma surpresa, dado quantas pessoas a conheciam agora. O presidente Hernández anunciou ao país que ele, pessoalmente, voaria para o sítio para remover os dois primeiros artefatos e levá-los para o novo laboratório sendo construído na pista de pouso do Aguacate. À parte de ter um profundo interesse pessoal no projeto, o presidente queria dar boas notícias para o país.

Como era de se esperar, a enxurrada de notícias sobre a escavação reviveu a briga acadêmica e também inflamou um segmento da comunidade indígena de Honduras. Os críticos do projeto mais uma vez correram para os blogs e reclamaram com a imprensa. O ex-chefe do IHAH, Dario Euraque, disse ao website *Vice.com* que os arqueólogos estavam levando crédito por uma descoberta que "não era deles" e que haviam ofendido os grupos indígenas, participando de um "diálogo racista". Disse que a publicidade tinha deixado as ruínas abertas para saques e que ele estava muito triste por ver Honduras transformada "em um *reality show*". Alguns arqueólogos e outros acusaram o presidente Hernandez de explorar a descoberta para distrair a atenção pública da corrupção, abusos dos direitos humanos e do assassinato de ativistas ambientais. Condenavam a expedição por cooperar com tal governo.[25]

---

[25] A corrupção é uma questão séria, e claramente há um problema agudo de abusos de direitos humanos em Honduras. Embora esteja além do escopo deste livro investigar a corrupção no país, pessoalmente, eu não vi nenhuma evidência direta disso em minha própria experiência limitada em relação à

No dia 13 de janeiro, um grupo de líderes indígenas hondurenhos, *los hijos de la Muskitia* ou os Filhos de Mosquitia, escreveram uma carta aberta criticando o governo e alegando que a escavação de A1 violava tratados indígenas. O comunicado tinha uma longa lista de demandas e se opunha ao uso do termo "Deus Macaco", que os escritores consideravam "depreciativo, discriminatório e racista". A carta concluía: "Nós, os filhos da Comunidade indígena Miskitu [...] exigimos o retorno imediato de todos artefatos saqueados do nosso local sagrado chamado Cidade Branca". A carta incluía um mapa do território miskito que parecia engolir as terras tradicionais de outras comunidades indígenas, tais como a Pech e a Tawahka, que se acredita serem os descendentes atuais dos povos antigos de Mosquitia. A questão dos direitos indígenas em Honduras não é simples; Honduras é uma robusta sociedade mestiça em que a maioria dos cidadãos, ricos e pobres, tem uma grande proporção de ancestralidade indígena. O povo miskito é formado por uma mistura de ancestrais indígenas, africanos, espanhóis e ingleses com raízes não nas montanhas do interior onde A1 está localizado, mas ao longo da costa.

Quando perguntei a Virgilio sobre a carta, ele disse que o governo estava bem ciente disso, há muito tempo estava esperando por isso e lidaria com isso (até onde eu pude averiguar, o governo lidou com isso ignorando a questão).

John Hoopes organizou uma palestra em sua universidade sobre o que ele chamava de "embuste da cidade perdida", intitulado

---

atual administração de Hernandez, nem no exército ou no IHAH. Deve ser dito que, em geral, se os arqueólogos se recusassem a trabalhar com os governos conhecidos pela corrupção, a maior parte da arqueologia no mundo iria chegar a um impasse; não poderia mais haver arqueologia na China, Rússia, Egito, México, na maior parte do Oriente Médio, e muitos países da América Central e do Sul, África e Sudeste da Ásia. Eu apresento isso não como uma justificativa ou desculpa, mas como uma observação sobre a realidade de se fazer arqueologia em um mundo complicado.

"A Cidade Perdida que não é". Quando eu perguntei a ele o que a palestra iria cobrir, explicou-me que a discussão seria principalmente destinada a ajudar os alunos a "pensar em como questões 'quentes', como aquelas do colonialismo, supremacia branca, hipermasculinidade, fantasia e imaginação [e] direitos indígenas [...] se cruzam com as narrativas que estiveram e estão girando sobre a Cidade Branca".

Em meados de janeiro eu voei para Tegucigalpa para retornar à selva e reportar a escavação para a *National Geographic*. Eu estava curioso para ver como o presidente, sua comitiva e a imprensa iriam lidar com as cobras e a selva infestada de doenças. Também me encontrei preocupado que a perfeição de tirar o fôlego da floresta tropical podia ter sido arruinada e a área degradada pela ocupação humana, para a qual eu havia contribuído.

Minha viagem de volta ao A1 começou na manhã de 11 de janeiro de 2016, quando um motorista me encontrou antes do amanhecer em Tegucigalpa para a longa viagem por terra até a pista do aeroporto, onde às 8 da manhã o voo militar me levaria para o vale. Virgilio me avisou para colocar na mala tudo o que fosse necessário para uma estadia noturna no vale, inclusive comida e água, pois o transporte de helicóptero seria incerto e eu provavelmente teria que passar pelo menos uma noite lá fora, talvez mais. Joguei minha mochila completamente cheia na parte de trás da velha caminhonete com um para-brisa rachado e logotipos do governo estampados ao lado. Nós arrancamos em alta velocidade, o veículo zunindo pelas ruas desertas e pós-apocalípticas da capital. Logo estávamos fora da cidade e rugindo para cima e para baixo das estradas montanhosas estonteantes. Uma hora depois, no alto das montanhas, fomos envolvidos em uma névoa densa. As luzes amarelas dos carros e caminhões se aproximavam ominosamente queimando como fogos de artifício, e depois passavam trovejando, as luzes traseiras piscando no escuro. Quando a luz do amanhecer subiu, trapos de nevoeiro agarravam-se às encostas e enchiam as planícies com névoa. O interior hondurenho é espetacularmente belo e acidentado, uma cadeia de montanhas após a outra, separadas por profundos vales verdejantes. Enquanto subíamos e descíamos, os nomes encantados das vilas passavam como raios – El Mago, Guaimaca, Campamento, Lepaguare, Las Joyas. Eram as mesmas cidades pelas quais passamos um ano antes, mas desta vez, envoltas na neblina matinal, pareciam ser de outro mundo e despertaram em mim a sensação de inescrutabilidade e "dissonância cognitiva" da Honduras de hoje.

Chegamos na pista de Aguacate bem a tempo para o voo, que foi atrasado por muitas horas. Fiquei surpreso ao ver quão rapidamente o gasto edifício do terminal tinha sido elegantemente renovado em um laboratório arqueológico. Ao lado dele estava um quartel militar novinho em folha, blocos de cimento amarelo-claro com telhado ondulado de zinco e quartos para os soldados que se revezavam no sítio.

O helicóptero hondurenho, um Bell UH-1 verde-oliva, estava esperando na pista de decolagem. Nós finalmente alçamos voo e uma hora depois atravessamos a passagem, o vale mágico do A1 mais uma vez se desenrolando diante de nós, pontilhado pela luz do sol. Mas quando desaceleramos para pairar acima do acampamento, meus medos pareceram se confirmar: do ar, a área ao longo do rio estava irreconhecível. Uma nova e maior zona de aterrissagem tinha sido escavada na vegetação densa no lado oposto do rio, com uma suja área de pouso marcada com um X vermelho gigante em tiras de plástico.

Nós pousamos e eu pulei com minha mochila, o helicóptero logo trovejando de volta para o céu. Tudo estava diferente. Abri caminho através de pilhas murchas de vegetação machetada e cruzei o rio sobre um conjunto de toras simples colocadas em ziguezague. Uma inundação maciça havia varrido o vale após a expedição de 2015, lavando a antiga zona de aterrissagem e transformando-a em uma ilha rochosa no meio do rio. O dilúvio também mudou o curso d'água, esculpindo um novo canal mais perto da margem que levava ao acampamento. Felizmente, o sítio arqueológico, localizado nos terraços altos acima da várzea, não foi afetado.

Quando escalei a margem, fiquei novamente chocado com a mudança do nosso antigo acampamento. Toda a vegetação do solo e pequenas árvores foram cortadas e limpas, deixando apenas as árvores maiores. Estava ensolarado, aberto, quente e batido. O mistério inefável de estar imerso na floresta tropical viva e natural se fora; a área estava encolhida e enlameada. Um ano de ocupação contínua cobrou seu preço. Não mais havia ali barracas individuais e redes aqui e acolá entre as grandes árvores sombrias, cada acampamento escondido em sua própria clareira. Em vez disso, uma cidade de tendas havia sido erguida. O acampamento dos soldados hondurenhos ficava nu e exposto no sol quente, uma série de barracas de lona verde e tecidos impermeáveis azuis erguidos em postes de madeira, envoltos na fumaça de fogueiras. Era mais seguro contra cobras, mas muito menos evocativo. Passarelas de bambu cortado e paletes de madeira foram colocadas sobre o chão lamacento, e um gerador fazia um ruído ao longe. Eu me senti angustiado mesmo quando compreendi que aquelas eram mudanças irrevogáveis, o resultado inevitável da exploração da nossa expedição do vale. Até os sons da selva eram diferentes; os gritos e chamados eram mais distantes, a vida selvagem havia recuado para o interior da floresta.

Mas na beira da clareira, fiquei feliz ao ver o virgem muro da selva ainda se erguendo por todos os lados, escuro, insondável, resmungando com sons de animais. Nosso acampamento estava ali, mas era apenas uma pequenina ferida na imensidão selvagem. Quando entrei no acampamento, cumprimentei Spud, que estava na área da cozinha fazendo café. Ele era o gerente de logística dessa expedição, enquanto Woody e Sully estavam envolvidos em outros projetos. Grandes melhorias haviam sido feitas; o mar de lama movediça que quase nos afogou da última vez estava agora sendo tratado por um caminho elevado e assoalhos feitos de paletes de madeira cobertos de borracha pesada.

Eu tentei armar minha barraca o mais longe possível da "cidade", mas enquanto eu preparava uma área na borda da clareira, um jovem soldado educado que estava em patrulha me parou e me conduziu de volta gesticulando. "Não, não, senhor", disse ele. "*Serpientes para allá*. Cobras ali."

Desapontado, montei acampamento em um lugar aberto no meio da cidade de barracas. Engatinhei para dentro, me despi e me lambuzei de DEET pela segunda vez naquele dia. Pulverizei minhas roupas e as coloquei de volta, com o fedor sufocante do repelente de insetos ocupando o interior da barraca. Peguei meu bloco de notas e câmera e subi para a cidade perdida. Uma boa trilha havia sido aberta até ela – não havia necessidade de uma escolta brandindo facões e nenhuma possibilidade de se perder. O dia estava lindo, o céu cheio de nuvens flutuantes.

Eu atravessei o rio por outra ponte de uma única tora e segui a trilha. Quando cheguei à encosta íngreme abaixo da pirâmide, encontrei um bando de soldados cavando uma escada na terra, que eles estavam escorando com estacas e troncos, para a visita do presidente. Uma corda de nylon servia como corrimão. À medida que eu subia as escadas e chegava à base da pirâmide, a trilha se estreitou mais uma vez, e eu estava de volta à selva intacta, grato por ver que ela era a mesma, exceto por um sinal que dizia, em espanhol: NÃO FUMAR DESTE PONTO EM DIANTE.

O sítio do esconderijo estava praticamente inalterado. Somente uma pequena quantidade de limpeza havia sido feita, apenas o suficiente para dar a Anna, a Chris e aos outros arqueólogos espaço de manobra. Chris tinha tomado o maior cuidado para mantê-lo o mais imperturbado possível.

Eu cumprimentei Chris e Anna, que estavam trabalhando em um único metro quadrado de terra, que continha os artefatos que o presidente iria remover no dia seguinte. Anna estava escovando com cuidado a terra do lado de fora de um vaso ritual espetacularmente esculpido com cabeças de abutre. Conheci os novos arqueólogos que trabalhavam no local, tanto hondurenhos quanto norte-americanos.

A área do esconderijo tinha sido isolada com fita amarela e dividida com fios em unidades de um metro quadrado. Nos poucos dias desde que o trabalho tinha começado, três desses quadrados tinham sido abertos. Dois estavam repletos de artefatos de tirar o fôlego. Um terceiro quadrado havia sido cavado ao lado do esconderijo, para determinar a estratigrafia natural do sítio – como as camadas de solo haviam se sedimentado sem artefatos – como controle.

Fiquei feliz em ver Dave Yoder, mais uma vez enfeitado com equipamento de câmera, tirando fotos. Ele estava cobrindo a escavação para a *National Geographic*, e parecia muito melhor do que na última vez que eu o vira. Perguntei a Dave sobre sua leish. As boas novas foram que, mesmo com apenas duas infusões, sua doença tinha se curado rapidamente e não houve necessidade de tratamento adicional. Mas sua recuperação da provação medicamentosa havia sido agonizante. "Eu me senti exausto e cansado nos meses seguintes", ele me disse. "Não tenho certeza se me recuperei mesmo, para ser honesto."

Como ele se sentia voltando para a selva? Estava preocupado com sua segurança?

"Eu sou fotógrafo", disse ele com um bufo. "Não venho para lugares como este para estar *seguro*." E ele não estava seguro: alguns dias depois, naquela missão, Dave escapou por um triz várias vezes. Uma noite, a caminho da latrina, ele se deparou com o que descreveu como uma cobra coral de 1,2 metros, "totalmente irritada", descendo por um talo de bambu. Quando chegou no chão, ela foi direto para o acampamento, mesmo quando Dave tentou piscar a lanterna e bater com o pé no chão para assustá-la. Os soldados hondurenhos correram para uma "patrulha de cobra" à noite, e chegaram bem a tempo de partir a cobra com um facão ("eu me senti mal com isso, mas era o meio da noite, você não pode transportá-la, o que você faz?" Ele acrescentou secamente: "Pelo menos isso salvou a vida de vários roedores").

Mais tarde naquele mês, Dave e Spud, juntamente com vários dos arqueólogos, quase morreram em um acidente de helicóptero. Eles estavam voando para fora do vale na mesma aeronave em que eu tinha viajado para lá, um velho Bell Huey que tinha estado em ação no Vietnã e ainda tinha suportes de porta para metralhadoras calibre .50. A porta estava aberta, uma prática comum para que Dave pudesse fotografar livremente. Mas quando ele terminou de fotografar e alguém foi deslizar a porta para fechá-la, ela foi arrancada da lateral do helicóptero. Em sua queda aos trambolhões para a selva, ela abriu buracos na fuselagem e quase atingiu o rotor da cauda e as barbatanas de estabilização. Se tivesse atingido qualquer um dos dois, haveria oito sacos com corpos deixando o A1. Chris era fanático por tentar minimizar os riscos para sua equipe e ficou extremamente chateado quando lhe contaram sobre a quase queda. A causa do incidente, eu descobri mais tarde, foi que as portas desse modelo de Bell Huey têm que ser fechadas de uma maneira específica durante o voo para evitar a criação de um diferencial de pressão forte o suficiente para arrancar uma porta de suas articulações.

Enquanto Dave fotografava os artefatos usando a técnica do "light-painting", um de seus assistentes filmou o sítio de cima usando um drone, que zumbia sobre a selva como um inseto gigante do período cretáceo. Chris caminhou pelo local do sítio, dando instruções sobre como iriam isolá-lo durante a visita do presidente no dia seguinte. O trabalho envolvia escorar as bordas do poço de escavação com pedaços de madeira compensada para reforçá-las contra o pisoteio, bem como amarrar uma fita policial em uma tentativa de controlar a multidão. Ele não queria ninguém andando entre os artefatos. Havia coreografado cuidadosamente a visita e tinha uma prancheta com uma lista dos poucos selecionados a quem seria permitido passar pela fita amarela para a foto protocolar.

Ele não estava de bom humor. Não estava feliz em saber que um soldado curioso havia, no mês anterior, desenterrado inocentemente alguns artefatos, incluindo a famosa cabeça de jaguar, para ver como eles eram por baixo (no entanto, nenhum saque aconteceu, ao contrário da previsão de Sully). Um perfeccionista obcecado por seu trabalho, ele não via com bons olhos uma potencial ameaça à integridade do sítio, mesmo se tratando do presidente do país. Acima de tudo, estava preocupado com seu prazo iminente. Agora estava claro para ele que seria impossível terminar a escavação, estabilizar e conservar os artefatos até 1º de fevereiro, quando sua concessão terminaria e ele teria que voltar para os Estados Unidos para reassumir suas aulas. O esconderijo era enorme – muito maior do que podia ser visto da superfície.

A nível profissional, também estava angustiado com a falta de apoio de sua universidade. Seu envolvimento na identificação e escavação do A1 havia atraído significativamente os olhares da mídia para o estado do Colorado, com Chris sendo retratado tanto na *New Yorker* quanto na *National Geographic* e destaque na revista dos ex-alunos da Universidade Estadual do Colorado. Seu trabalho em Angamuco também era bem conhecido e respeitado. Para a expedição de 2015, a universidade exigiu que Chris "comprasse uma de suas classes" – ou seja, teve que tirar dinheiro do próprio bolso para contratar um adjunto para dar suas aulas enquanto estivesse em Honduras, com a outra classe sendo ensinada em um cronograma acelerado. Steve Elkins deu à universidade um presente de 8 mil dólares para ajudar a tornar isso possível.

Durante a escavação de 2016, o departamento exigiu que Chris lecionasse as duas primeiras semanas de suas aulas on-line – diretamente da selva –, o que muitas vezes significava voar em um helicóptero para Catacamas, onde havia uma conexão com a internet. O presidente do departamento pediu-lhe que limitasse sua pesquisa de campo dali em diante para os meses de verão, quando não há aulas. O verão, no entanto, é a estação chuvosa em Honduras e no México, um período em que é difícil fazer escavações arqueológicas.

Apesar dessas frustrações, as dificuldades de ser um arqueólogo insolvente e subestimado foram, por um longo tempo, mais do que compensadas pela chance de participar de uma descoberta notável que acontece apenas uma vez na vida. Desde o começo, Chris tinha sido uma força motriz de energia e entusiasmo na equipe, um dedicado profissional tão ávido para explorar essa paisagem intocada que na nossa primeira viagem para as ruínas tinha disparado na frente, deixando Woody e eu comendo poeira, e mandando as cobras e os perigos da selva irem pastar. No entanto, na mesma proporção que era imprudente com a própria segurança, era ferozmente protetor com sua equipe. Quando a quase colisão do helicóptero que ameaçou seus arqueólogos foi seguida por vários casos de leish após aquela segunda viagem à selva, Chris concluiu que era simplesmente perigoso demais enviar qualquer pessoa a mais para o A1. "A moral disso", ele disse, "é muito clara, o risco de trabalhar no sítio é simplesmente muito grande". Depois desse segundo mês no sítio, ele não dirigiria mais nenhuma arqueologia no A1.

Enquanto o grupo trabalhava no local, meu olhar foi direcionado para a pirâmide de terra, cuja forma coberta de vegetação se erguia sobre a área do esconderijo. Três árvores monstruosas cresciam em grupo logo acima do esconderijo, e além delas a forma da pirâmide desaparecia em uma massa de vegetação. Eu me perguntei se ela permanecia a mesma. Depois do canteiro de escavação, passei pelas grandes árvores e logo me encontrei no crepúsculo esmeraldino da floresta tropical virgem. Fiquei contente de ver que ela continuou intocada desde o ano anterior. No topo da pirâmide eu parei, respirando o perfume fecundo e tentando me conectar com a cidade como ela poderia ter sido em seu ápice, antes de seu fim abrupto e trágico. A densidade da vegetação ainda elimina qualquer indicação da configuração ou do tamanho da cidade. Mesmo na cúpula eu ainda estava enterrado em meio a gigantes desgrenhados que se elevavam 30 metros ou mais acima da minha cabeça, envoltos em trepadeiras assassinas de árvores. Eu não podia ver os arqueólogos trabalhando abaixo, mas suas vozes se infiltravam através das folhas, distorcidas e ininteligíveis, soando como o murmurar de fantasmas.

Concentrei minha atenção no chão da cúpula. Estava exatamente como era um ano antes, quando subimos ali pela primeira vez. Havia uma depressão vaga e retangular, e outros blocos que devem ter sido os restos de um pequeno templo ou estrutura. Esse seria outro lugar para escavar, para tentar entender os rituais antigos desse povo desaparecido, mas uma parte de mim esperava que isso não acontecesse, que esse lugar nunca perdesse seu mistério. Eu me perguntei quais cerimônias aconteciam aqui. Os maias e outras culturas mesoamericanas praticavam sacrifício humano, presenteando os deuses com o mais sagrado e precioso alimento – sangue humano. O sacerdote decapitava a vítima ou dividia o esterno e arrancava o coração ainda batendo, oferecendo-o aos céus. Esses sacrifícios eram frequentemente conduzidos no topo de uma pirâmide à vista de todos. Será que as pessoas de Mosquitia também realizavam tais ritos? Quando a cidade do A1 foi varrida por epidemias, e as pessoas sentiram que tinham sido abandonadas por seus deuses, eu me perguntei que cerimônias poderiam ter apresentado em um esforço desesperado para restaurar a ordem cósmica. O que quer que tenham feito, não deu certo; sentindo-se amaldiçoados e rejeitados pelos deuses, eles deixaram a cidade para nunca mais voltar.

Com esses pensamentos sombrios em mente, desci a colina e fiz o caminho de volta ao acampamento enquanto o sol poente preenchia as copas das árvores. Depois do jantar, quando escureceu e os insetos vieram, eu esqueci minha promessa de me refugiar na minha barraca e, em vez disso, permaneci na área da cozinha com Chris, Dave, Anna, Spud e o resto do pessoal. Nós relaxamos sob a lona, contando histórias, ouvindo música e tomando chá sob a luz suave de uma lanterna Coleman. Há algo irresistível sobre uma noite no acampamento, quando a temperatura esfria e o ar suave da noite é preenchido com os sons da vida selvagem, enquanto todo mundo descansa do trabalho do dia. No acampamento dos soldados, lâmpadas de Natal piscavam, e ouvimos os sons de um filme de ação ecoando da barraca principal.

Na manhã seguinte, fiquei feliz ao ouvir o rugido familiar dos macacos bugios ao amanhecer, embora agora já tivessem recuado para o outro lado do rio. A névoa da manhã preenchia o ar. Os soldados estavam de volta ao trabalho, animados e nervosos, efetuando os toques de acabamento na escadaria para a visita do presidente mais tarde naquela manhã. Suas botas haviam sido polidas, as armas limpas e lubrificadas, os uniformes tão bem passados quanto possível no ambiente úmido da selva.

A névoa se dissipou no meio da manhã e uma breve chuva caiu na luz fraca do sol. Então o som dos helicópteros preencheu o ar, distante no começo e então ficando mais alto. Três deles aterrissaram em rápida sucessão, despejando membros da imprensa e oficiais hondurenhos – e Steve Elkins. Os oficiais superiores incluíam o comando geral do exército hondurenho; o ministro da Defesa; Ramón Espinoza, o ministro da Ciência e Tecnologia; e Virgilio. Do terceiro helicóptero, enfeitado com bandeiras hondurenhas, desceu o presidente do país, Juan Orlando Hernández, acompanhado pelo embaixador americano, James Nealon.

Chris Fisher saudou o presidente Hernandez no heliporto com um presente indispensável: um novo par de perneiras contra cobras para vestir antes que ele desse mais um passo. Nós ficamos parados enquanto o presidente alegremente as envolvia em torno das panturrilhas, conversando em inglês com Steve, Chris e o embaixador. Vestido com uma camisa esporte com vários bolsos e um chapéu Panamá, Hernandez não era um homem alto; ele tinha um rosto amistoso e juvenil, e se portava sem qualquer rigidez ou pompa que se poderia esperar de um líder do país. De fato, notei que quando as pessoas entravam no vale do A1, um lugar tão completamente apartado do mundo, as distinções e divisões hierárquicas pareciam desaparecer. Eu me encontrei, por exemplo, enrolando a manga da minha camisa e comparando minha cicatriz de leishmaniose com a do tenente-coronel Oseguera.

Segui o grupo à medida que o presidente e sua comitiva começaram a caminhada até o sítio, subindo a escada de terra e amontoando-se na área do esconderijo, cercados pela selva. A fita da polícia de Chris foi logo ignorada e todos se aglomeraram na área escavada, tropeçando e posando para fotografias. Eu pude ver Chris tentando manter a calma, com um sorriso nervoso emplastrado no rosto.

O presidente estava energizado. Isso era mais do que um dever oficial. O primeiro objeto a ser removido, o vaso de pedra com as cabeças de abutres, foi deixado no próprio local, em um pedestal de terra – exatamente como havia sido colocado como oferenda quinhentos anos antes. O presidente se ajoelhou ao lado dele, junto com Chris Fisher, Steve, Ramón Espinoza e Virgilio. Steve colocou a mão sobre o jarro e disse algumas palavras. "Foram longos 23 anos para este momento, finalmente! E provavelmente serão outros duzentos anos para descobrir o que existe aqui." Chris e o presidente Hernández, em seguida, agarraram as saliências do vaso maciço enquanto as câmeras pipocavam, desalojando-a de seu leito de séculos, e a ergueram do buraco raso.

Enquanto os artefatos estavam sendo embalados para a viagem, entrevistei Hernandez, que falou com entusiasmo sobre a descoberta e o que isso significaria para Honduras. Quando criança tinha ouvido lendas da Ciudad Blanca e ficado comovido pelas notícias de 2012, quando era presidente do Congresso hondurenho, de que nossa pesquisa às cegas em Mosquitia havia trazido à tona não uma, mas duas cidades perdidas. "Este é um evento arqueológico e histórico", disse ele. "Essa cultura é fascinante, mas temos muito a aprender, e vai levar algum tempo." Ele acrescentou, orgulhosamente: "Estamos felizes em compartilhar esse conhecimento com o mundo". Eu pensei na observação de Juan Carlos de que Honduras não tinha uma identidade nacional forte e um senso de sua própria história. Talvez todos nós compartilhássemos a esperança de que essa descoberta pudesse mudar isso.

Quando os artefatos estavam embalados e prontos, os arqueólogos e os soldados os carregaram pela estreita trilha da selva, uma pessoa em cada canto, imitando a técnica da liteira usada por Howard Carter no túmulo do rei Tut. Os dois artefatos, o jarro e o metate de jaguar, foram armazenados a bordo de um helicóptero.

Embora eu tenha esperado uma estadia um pouco mais longa, enquanto eu observava essas atividades de repente me disseram que minha passagem para fora da selva estava no terceiro helicóptero, partindo naquele minuto. Mais uma vez eu tive que pegar minha mochila e sair rapidamente do A1, com pouco tempo para uma cera sentimental. Logo estávamos no ar, acima da copa das árvores, rumo a Catacamas. Seria minha última visita ao vale.

Quando chegamos na pista de pouso, tudo estava preparado para uma importante cerimônia nacional. Uma tenda foi colocada atrás do laboratório, com cadeiras, alto-falantes, televisões com telas panorâmicas e comida. A informalidade da selva desapareceu em um mar de oficiais militares, dignitários, ministros e imprensa. Com pompa e fanfarra, os caixotes foram retirados dos helicópteros e carregados para a pista de pouso, em estilo de desfile, entre fileiras da imprensa hondurenha e de convidados ilustres. Enquanto um painel de tela plana passava um vídeo empolgante, Chris e um assistente, usando luvas de látex, desempacotaram os dois artefatos e os arrumaram em mostruários sobre um palco, especialmente construído para recebê-los. O metate de jaguar ficou de um lado e o jarro de abutre, do outro. Quando eles foram fixados em suas caixas e os tampos de vidro colocados de volta, a audiência aplaudiu os artefatos.

Chris fez um breve discurso, falando sobre o quanto era importante preservar o local e a floresta circundante e avisando sobre a grave ameaça do desmatamento clandestino. "Pela primeira vez", disse ele ao público, "somos capazes de estudar essa cultura sistematicamente".

O presidente Hernandez, em seguida, fez um discurso breve, mas comovente, e suas palavras assumiram um sentimento quase religioso. "Deus nos abençoou por estarmos vivos neste momento tão especial da história de Honduras", disse ele, acrescentando que todos ali reunidos tinham "grandes expectativas do que isso significará para Honduras e para o mundo". A descoberta do A1, ele disse, tinha uma importância além da arqueologia. Delineou uma visão do que significava para os hondurenhos: não só incentivaria o turismo e ajudaria a treinar uma nova geração de arqueólogos hondurenhos; também falava à verdadeira identidade do país e de seu povo. Mais tarde ele iria construir uma sala especial no palácio presidencial para exibir alguns dos artefatos.

Honduras é um país espetacularmente interessante, cujo povo tem uma história bifurcada que remonta tanto ao Velho Mundo quanto ao Novo Mundo. Enquanto a história espanhola de Honduras é bem conhecida, sua história pré-colombiana (além de Copán) ainda é um enigma. As pessoas precisam de história para se conhecerem, para construírem um senso de identidade e orgulho, continuidade, comunidade e esperança para o futuro. É por isso que a lenda da Cidade Branca corre tão profundamente na psique nacional hondurenha: é uma conexão direta com um passado pré-colombiano que era rico, complexo e digno de lembrança. Há quinhentos anos, os sobreviventes da catástrofe em A1 que deixaram a cidade não desapareceram simplesmente. A maioria deles continuou vivendo, e seus descendentes ainda são parte da vibrante cultura mestiça de Honduras dos dias de hoje.

Hernandez fechou seu discurso com uma dramática proclamação final. À cidade de A1 daqui em diante seria dado um nome real: La Ciudad del Jaguar, A Cidade do Jaguar.

CAPÍTULO 27
"NOS TORNAMOS ÓRFÃOS, OH MEUS FILHOS!"

QUANDO OS HUMANOS entraram pela primeira vez nas Américas pelo Estreito de Bering, 15 a 20 mil anos atrás,[26] nossa espécie existia em toda parte como pequenos bandos errantes de caçadores-coletores. Não havia vilas, nem cidades, nem agricultura ou criação de animais. Estávamos espalhados e nos movimentando o tempo todo, apenas raramente encontrando outros grupos. As baixas densidades populacionais impediam que a maioria das doenças potenciais tivessem um ponto de apoio. As pessoas sofriam com parasitas e infecções, mas não pegavam a maioria das doenças tão familiares na recente história humana – sarampo, catapora, resfriados, gripe, varíola, tuberculose, febre amarela e peste bubônica, para citar apenas algumas.

Nos últimos 10 mil anos, à medida que a densidade da população humana cresceu, a doença se mudou para o centro do palco dos assuntos humanos. Pandemias mudaram o próprio arco da nossa história. Apesar da nossa deslumbrante tecnologia, ainda estamos muito à mercê de patógenos, antigos e novos.

---

[26] O período de tempo e a rota de migração do povoamento inicial das Américas são muito discutidos.

Em seu livro inovador *Guns, Germs and Steel* [Armas, germes e aço], o biólogo Jared Diamond coloca a seguinte questão: por que as doenças do Velho Mundo devastaram o Novo Mundo e não o contrário? Por que a doença se move em apenas uma direção?[27] A resposta está em como as vidas das pessoas do Velho Mundo e do Novo Mundo divergiram após essa migração transcontinental há mais de 15 mil anos.

A agricultura, que permitiu que as pessoas se estabelecessem em cidades e aldeias, foi inventada de forma independente no Velho Mundo e no Novo Mundo. A principal diferença estava na criação de animais. No Velho Mundo, uma grande variedade de animais foi domesticada, começando com o gado, cerca de 8 a 10 mil anos atrás, e movendo-se rapidamente para porcos, galinhas, patos, cabras e ovelhas. Os agricultores do Novo Mundo também domesticaram animais, notadamente porquinhos da Índia, cães e perus. Mas na Europa (e na Ásia e África), o aumento e a reprodução de animais tornou-se um aspecto central da vida, uma atividade essencial em quase todos os lares. Por milhares de anos, os europeus viveram de perto com seu gado e foram continuamente expostos aos seus micróbios e doenças. No Novo Mundo, talvez porque tivessem mais espaço e menos animais domesticados, as pessoas não viviam lado a lado com seus animais.

Humanos geralmente não pegavam doenças infecciosas dos animais; os patógenos tendem a confinar seu trabalho desagradável para uma única espécie ou gênero (a leishmaniose é uma exceção marcante). Mas os micróbios sofrem mutação o tempo todo. De vez em quando, um patógeno animal se transforma de tal maneira que de repente infecta uma pessoa. Quando as pessoas no Oriente Próximo começaram a domesticar o gado, com um tipo de boi

---

[27] A única exceção notável é a sífilis, que os homens de Colombo provavelmente levaram para o Velho Mundo no retorno da primeira viagem.

selvagem chamado auroque, uma mutação no vírus da varíola bovina permitiu que ele saltasse para os humanos – e assim nasceu a varíola como a conhecemos. A peste bovina no gado migrou para as pessoas e se tornou sarampo. A tuberculose provavelmente se originou em bovinos; a gripe, em aves e porcos; a coqueluche, em porcos ou cães, e a malária, em galinhas e patos. O mesmo processo acontece hoje: o ebola provavelmente saltou para humanos dos morcegos, enquanto o HIV colidiu com nossa espécie vindo dos macacos e chimpanzés.

Juntamente com a domesticação de animais, os humanos no Velho Mundo começaram a se estabelecer em aldeias, cidades e vilas. As pessoas viviam juntas em números muito mais densos do que antes. Cidades, com sua azáfama, comércio, sujeira e vizinhança, criaram um maravilhoso lar para patógenos e um terreno ideal para epidemias. Então, quando as doenças migraram do gado para as pessoas, as epidemias estouraram. Essas doenças encontraram bastante combustível humano, correndo de cidade para cidade e de país para país, e até atravessando os oceanos a bordo dos navios. Os biólogos chamam-nas de "doenças de multidão", porque é exatamente disso que elas precisam para se propagar e evoluir.

As epidemias varreram periodicamente os assentamentos europeus, matando o suscetível e poupando o robusto, eliminando a mistura genética. Como sempre, as crianças foram maioria entre as vítimas. Quase nenhuma doença é totalmente fatal: algumas vítimas sempre sobrevivem. Os sobreviventes tendem a ter genes que os ajudaram a resistir à doença um pouco melhor, e eles passam essa resistência para seus filhos. Ao longo de milhares de anos e incontáveis mortes, as pessoas no Velho Mundo gradualmente construíram uma resistência genética para muitas doenças epidêmicas brutais.

No Novo Mundo, por outro lado, nenhuma doença significativa parece ter saltado dos animais para a população humana. Ainda que as Américas tivessem cidades tão grandes quanto as da Europa, elas eram muito mais novas na época em que os espanhóis chegaram.

As pessoas no Novo Mundo não tinham vivido próximas por tempo o suficiente para que as doenças da multidão crescessem e se propagassem. Os nativos americanos nunca tiveram a oportunidade de desenvolver resistência a uma miríade de doenças que atormentavam os europeus.

Essa resistência genética, por sinal, não deve ser confundida com a imunidade adquirida. A imunidade adquirida é quando um corpo se livra de um patógeno e depois mantém um estado de alerta alto para esse mesmo micróbio. É por isso que as pessoas normalmente não pegam a mesma doença duas vezes. A resistência genética é algo mais profundo e mais misterioso. Não é adquirida através da exposição – você nasce com ela. Algumas pessoas nascem com maior resistência para certas doenças do que outras. A experiência da nossa equipe no vale do A1 é um exemplo perfeito. Os médicos acreditam que todos na expedição foram picados e expostos. Somente a metade, no entanto, passou a ter a doença. Alguns, como Juan Carlos, foram capazes de lutar contra ela sem remédios. Outros ficaram seriamente doentes e alguns, mesmo quando eu escrevo isto, ainda estão lutando com a leish.

Os genes que resistem a doenças só podem se espalhar em uma população através da loteria impiedosa da seleção natural. As pessoas com sistemas imunológicos mais fracos (especialmente as crianças) devem morrer, enquanto as mais fortes vivem, para que uma população ganhe resistência generalizada. Uma quantidade incrível de sofrimento e morte ao longo de milhares de anos serviu para construir a resistência europeia (e africana e asiática) às doenças de multidão. Um biólogo me disse que o que provavelmente salvou muitas culturas indígenas da completa extinção foram os estupros em massa das mulheres nativas por homens europeus; muitos dos bebês oriundos desses estupros herdaram a resistência genética europeia à doença (o cientista, depois de me contar sobre essa teoria aterradora, disse: "Pelo amor de Deus, não vincule meu nome a essa ideia)".

No Novo Mundo, esses muitos milhares de anos de angústia e morte foram comprimidos em uma janela de 1494 até cerca de 1650. O assassinato em massa por um patógeno aconteceu naquele cruel século e meio, e atingiu precisamente o pior momento, quando a população do Novo Mundo se reunia recentemente nas grandes cidades e atingia os níveis de densidade necessários para essas epidemias se espalharem furiosamente. Foi uma tempestade perfeita de infecção.

Nós não ouvimos muitas das vozes dessas vítimas. Apenas um punhado de relatos de nativos americanos que foram testemunhas oculares do cataclisma sobreviveu. Um deles, em particular, se destaca, um texto notável intitulado os *Annals of the Cakchiquels* [Anais dos Coqchiqueles], que descreve uma epidemia, provavelmente de varíola ou de gripe, que varreu uma área na Guatemala a noroeste de Mosquitia. Esse manuscrito extraordinário, descoberto em um remoto convento no ano de 1844, foi escrito em uma língua maia chamada Cakchiquel por um índio de nome Francisco Hernández Arana Xajilá. Na adolescência, Arana Xajilá sobreviveu à epidemia que destruiu seu povo.

> Aconteceu que durante o vigésimo quinto ano [1520] a peste começou, ó meus filhos! Primeiro eles ficaram doentes com uma tosse, eles sofriam de sangramentos no nariz e doença na bexiga. Foi realmente terrível, o número de mortos que houve nesse período. Então o príncipe Vakaki Ahmak morreu. Pouco a pouco sombras pesadas e noite escura envolveram nossos pais e avós e também, oh meus filhos! [...] Grande era o fedor dos mortos. Depois que nossos pais e avós sucumbiram, metade das pessoas fugiu para os campos. Os cães e os abutres devoraram os corpos. A mortalidade foi terrível [...] Então foi assim que nos tornamos órfãos, oh meus filhos! Assim nos tornamos quando éramos jovens. Todos nós éramos assim. Nascemos para morrer!

Gostaria de pedir ao leitor que parasse por um momento e ponderasse as estatísticas. Estatísticas são meros números; eles precisam ser traduzidos para a experiência humana. O que uma taxa de mortalidade de 90% significaria para os sobreviventes e sua sociedade? A Peste Negra na Europa, na pior das hipóteses, levou de 30 a 60% da população. Isso foi devastador o suficiente. Mas a taxa de mortalidade não foi alta o suficiente para destruir a civilização europeia. Uma taxa de mortalidade de 90% é alta o suficiente: ela não apenas mata pessoas; ela aniquila sociedades; destrói idiomas, religiões, histórias e culturas. Ela sufoca a transmissão de conhecimento de uma geração para a próxima. Os sobreviventes são privados dessa conexão humana vital com seu passado; são roubados de suas histórias, de sua música e dança, de suas práticas e crenças espirituais – eles são despojados de sua própria identidade.

A taxa global de mortalidade nessa onda de epidemias foi, de fato, de cerca de 90%. Para colocar essa estatística em termos pessoais, faça uma lista das dezenove pessoas mais próximas a você: todas menos uma vão morrer (isso obviamente também conta você como um sobrevivente). Pense como isso seria para você, como foi para o autor do manuscrito de Cakchiquel, assistir a todas essas pessoas morrendo – seus filhos, pais, avós, irmãos e irmãs, seus amigos, seus líderes comunitários e autoridades espirituais. O que significaria para você vê-los perecer nas mais agonizantes, humilhantes e terríveis formas possíveis? Imagine a ruptura de todos os pilares de sua sociedade; imagine o terreno baldio deixado para trás, as vilas e cidades abandonadas, os campos cobertos de ervas, as casas e ruas cheias de mortos; imagine a riqueza tornada sem valor, o mau cheiro, as moscas, os animais procurando comida no lixo, a solidão e o silêncio. Amplie esse cenário para além das vilas e cidades; amplie-o para além dos reinos e civilizações; amplie-o até além dos continentes – até abraçar metade do planeta. Este inferno de contágio destruiu milhares de sociedades e milhões de pessoas, do Alasca à Terra do Fogo, da Califórnia a Nova York, da Amazônia até a tundra da Baía do Rio Hudson. É o que destruiu o A1, a Cidade do Jaguar, e os povos antigos de Mosquitia.

Esse é o tipo de coisa que os escritores de ficção pós-apocalíptica se põem a imaginar, o material do nosso maior pesadelo sendo transmitido pelos telejornais – mas esse Armagedom muito real está além do alcance das mais sombrias fantasias de Hollywood. Foi a maior catástrofe que já afligiu a espécie humana.

Deveriam os europeus dos séculos XVI e XVII serem culpados? Se alguém pode culpar os mortos, eles são responsáveis. O espanhol, o inglês e outros contribuíram poderosamente para o número de mortos por meio de crueldade, escravidão, estupro, abuso, fome, guerra e genocídio. Os europeus mataram muitos nativos diretamente, sem o auxílio de doenças. Em alguns casos, eles usaram intencionalmente a doença como arma biológica, por exemplo, dando aos índios cobertores infectados com varíola. E mais milhões de índios morreram de doenças às quais poderiam ter sobrevivido, não tivesse a brutalidade europeia os deixado enfraquecidos e suscetíveis.

É tentador argumentar que se os europeus não tivessem chegado ao Novo Mundo, essas pandemias mortais não teriam acontecido. Mas o encontro do Velho Mundo e do Novo Mundo era inevitável. Se os europeus não tivessem carregado a doença para o Novo Mundo, os asiáticos ou os africanos o teriam feito; ou os marinheiros do Novo Mundo teriam alcançado o Velho Mundo. Não importa de que forma, o desastre teria acontecido. Esse foi um acidente geográfico monstruoso que estava esperando para acontecer. Era uma bomba-relógio que estava armada havia 15 mil anos – contando até aquele momento fatídico em que um navio com passageiros doentes finalmente se lançou no oceano vasto.

Isto não é de forma alguma uma desculpa para o genocídio. Ainda assim, a catástrofe foi em grande parte um evento natural, um imperativo biológico, uma vasta migração de patógenos mudos de um lado do planeta para o outro.

Há muita ironia na história de nossa própria doença. A estirpe de leishmaniose que se abateu sobre nós é um exemplo raro de uma nova doença mundial atacando (principalmente) pessoas do Velho Mundo. Embora eu, obviamente, não acredite em maldições, há um senso inescapável de ameaça no fato de uma cidade do Novo Mundo, destruída por uma doença do Velho Mundo, causar estragos em sua redescoberta do Velho Mundo com uma doença do Novo Mundo. Mas a essa ironia escapa a lição moderna: essa era uma doença do Terceiro Mundo atacando as pessoas do Primeiro Mundo. A sociedade está agora dividida em Terceiro e Primeiro, não em Velho e Novo. Os patógenos, uma vez confinados ao Terceiro Mundo estão agora fazendo incursões mortais no Primeiro. Este é o futuro da história da doença no planeta Terra. Patógenos não têm fronteiras; eles são os viajantes finais; vão aonde quer que haja combustível humano. Nós, do Primeiro Mundo, nos tornamos muito complacentes com a ideia de que doenças, especialmente DTNs (Doenças Tropicais Negligenciadas), podem ser colocadas em quarentena para o Terceiro Mundo, e que podemos viver com segurança em nossas comunidades supostamente fechadas contra patógenos, ignorando o sofrimento dos pobres e doentes em terras distantes.

A crise médica do HIV já provocou a leishmaniose em novas áreas do globo, especialmente no sul da Europa. O HIV aumenta enormemente o poder destrutivo da leish e vice-versa. Uma coinfecção leishmânia/HIV é uma combinação terrível, considerada como sendo uma "nova" doença em si própria, quase impossível de se tratar e geralmente fatal. O HIV e a leishmânia ficam presos em um ciclo vicioso de reforço mútuo. Se uma pessoa com leishmaniose pega o HIV, a leish acelera o início da explosão da AIDS, enquanto bloqueia a eficácia dos medicamentos anti-HIV. O contrário também é verdade: uma pessoa com HIV que mora onde há leishmaniose é de cem a mil vezes mais suscetível a contrair a doença do que uma pessoa saudável, devido ao enfraquecimento do sistema imunológico. As pessoas que sofrem da coinfecção leish/HIV são tão cheias do parasita que se tornam super-hospedeiros, potentes reservatórios acelerando sua disseminação. E a leish visceral, como o HIV, é comprovadamente transmitida por agulhas contaminadas entre usuários de drogas intravenosas; dois estudos no final dos anos 1990 encontraram parasitas de leish em cerca de 50% das agulhas descartadas pelos usuários de drogas em Madrid, em dois locais diferentes, com vários anos de diferença. 68% de todos os casos de leishmaniose visceral na Espanha estavam entre usuários de drogas intravenosas.

A leishmaniose é uma doença que se desenvolve entre os detritos da miséria humana e a negligência: moradias em ruínas, ratos, favelas superlotadas, lixões, esgotos a céu aberto, cães selvagens, subnutrição, vício, falta de assistência médica, pobreza, guerra e terrorismo. A leish cutânea agora está correndo solta nas áreas do Iraque e da Síria controladas pelo Estado Islâmico – tanto que as famílias estão escolhendo inocular intencionalmente suas filhas pequenas com leishmaniose em uma parte coberta de seu corpo para que elas não venham a tê-la em seus rostos, onde vão deixar uma cicatriz (este tipo de leish é uma variedade moderada que geralmente desaparece sozinha, deixando a pessoa imune).

Desde 1993, o parasita leishmânia vem se espalhando, não só por causa da coinfecção pelo HIV, mas também porque as pessoas se mudam de áreas rurais para as cidades. Está atacando pessoas que se aventuram na floresta tropical para projetos como construção de represas e estradas, corte de árvores e contrabando de drogas, bem como turismo de aventura, fotografia, jornalismo e arqueologia. Histórias estranhas são abundantes. Quase todos os membros de uma aventura de yoga na selva da Costa Rica foram derrubados pela leish. Um participante de um programa de sobrevivência na selva perdeu parte da orelha para a doença. Uma equipe de cineastas que filmava um vídeo turístico de aventura foi atingida por ela.

A leish agora está se espalhando nos Estados Unidos. Ao longo do curso de todo o século XX, apenas 29 casos foram relatados no país, todos ocorrendo no Texas perto da fronteira mexicana. Mas em 2004, um jovem de uma pequena cidade no sudeste de Oklahoma, a 16 quilômetros da fronteira do Arkansas, visitou seu médico reclamando de uma ferida no rosto que não queria se curar. O médico a cortou e enviou a um patologista em Oklahoma City, que não conseguiu determinar o que ela poderia ser e armazenou o tecido congelado. Um ano depois, esse mesmo patologista, por acaso, obteve outra amostra de tecido de outro paciente que morava na mesma cidade pequena. O patologista imediatamente ligou para o Departamento de Saúde do Estado de Oklahoma e conseguiu falar com a Dra. Kristy Bradley, a epidemiologista do estado. Ela e sua equipe pediram que as duas amostras de tecido fossem enviadas para os Centros de Controle de Doenças em Atlanta. O diagnóstico voltou: leishmaniose cutânea, de um tipo leve que geralmente pode ser curada removendo-se cirurgicamente a úlcera (ambos os pacientes foram, de fato, curados dessa maneira).

Na época em que o Dr. Bradley estava investigando a doença em Oklahoma, um surto de leishmaniose cutânea ocorreu no nordeste do Texas e em uma série de subúrbios na área metropolitana de Dallas–Fort Worth; mais ou menos uma dúzia de vítimas incluíam uma garotinha que tinha lesões no rosto e, em um caso, um gato e outra pessoa na mesma casa pegaram a doença. Os médicos dos departamentos de saúde do Texas e de Oklahoma juntaram forças para rastrear a fonte. Eles estavam especialmente preocupados porque nenhuma das vítimas tinha viajado: elas tinham adquirido a doença em seus próprios quintais.

A Dra. Bradley liderou a investigação dos dois casos em Oklahoma. Ela montou uma equipe que incluía um entomologista e um biólogo. Quando a equipe visitou os pacientes e pesquisou suas propriedades, eles notaram tocas de ratos de madeira [do gênero neotoma] e populações de moscas de areia, que concluíram serem o hospedeiro e o vetor. Os investigadores prenderam vários ratos e moscas de areia e os testaram para leish. Nenhum tinha a doença, mas a essa altura, o minissurto havia diminuído.

Liguei para Bradley e perguntei se a leish realmente tinha morrido ou se ainda estava por aí. "Tenho certeza de que não foi embora", disse ela. "Está latente em algum lugar, vagando tranquilamente na natureza", esperando a combinação certa de circunstâncias para sair novamente. Quando ela e sua equipe mapearam casos de leish nos Estados Unidos ao longo do tempo, revelaram uma expansão inexorável em direção ao nordeste de todo o Texas e Oklahoma, apontando para outros estados a nordeste.

Por quê?

Sua resposta foi imediata: "Mudança climática". À medida que os Estados Unidos se tornam mais quentes, disse ela, o alcance da mosca de areia e do rato de madeira estão ambos aumentando em direção ao norte, e o parasita da leish os segue de perto. O gênero da mosca de areia conhecido por espalhar esse tipo de leish foi encontrado agora nos Estados Unidos, uns oitocentos quilômetros ao noroeste e trezentos quilômetros a nordeste de sua faixa previamente estabelecida.

Um estudo recente modelou a possível expansão de leishmaniose através dos Estados Unidos nos próximos 65 anos. Como são necessários tanto o vetor quanto o hospedeiro para disseminar a doença, os cientistas quiseram saber onde a combinação mosca de areia/rato de madeira iria migrar em conjunto. Eles olharam para dois futuros cenários climáticos, o melhor caso e o pior caso. Para cada um, eles extrapolaram para os anos 2020, 2050 e 2080. Mesmo nos melhores pressupostos climáticos, descobriram que o aquecimento global levaria a leishmaniose a todo o território dos Estados Unidos até o sudeste do Canadá em 2080. Centenas de milhões de americanos poderiam ser expostos – e isso apenas pelos ratos de madeira. Como muitas outras espécies de mamíferos podem hospedar o parasita leish – incluindo gatos e cachorros –, sabemos que o problema potencial é muito maior do que o que foi descrito por esse estudo.²⁸ Uma disseminação similar da doença é esperada na Europa e na Ásia.

Parece que a leishmaniose, uma doença que tem incomodado a raça humana desde tempos imemoriais, tem, no século XXI, atingido sua maturidade. Anthony Fauci, diretor do Instituto National de Alergia e Doenças Infecciosas do NIH, disse à nossa equipe sem rodeios que, indo para a selva e pegando a leishmaniose, "você tem um vislumbre realmente frio do que é para o bilhão de pessoas mais pobres da Terra". Nós fôramos, ele disse, confrontados de uma maneira muito dramática com o que muitas pessoas têm que viver a vida inteira. Se há um lado bom para o nosso problema, disse ele, "é que você agora estará contando sua história, chamando atenção para uma doença que é muito predominante e muito séria".

Se a leish continuar a se espalhar como foi predito nos Estados Unidos, por volta do fim do século, ela pode não estar mais confinada ao "bilhão mais pobre", em terras distantes. Ela estará em nossos próprios quintais.

O aquecimento global abriu a porta do sul dos Estados Unidos não apenas para a leish, mas para muitas outras doenças. As grandes que agora estão entrando em nosso país incluem a zika, o vírus do Nilo Ocidental, a chikungunya e a dengue. Mesmo doenças como a cólera, o ebola, a doença de Lyme, a babesiose e a peste bubônica potencialmente infectarão mais pessoas à medida que o aquecimento global aumentar.

As viagens modernas deram às doenças infecciosas novas formas de se espalhar. A peste bubônica no século XIV viajou da Ásia Central ao

---

[28] Recentemente, tem havido sérios surtos de leishmaniose visceral mortal em canis ao longo dos Estados Unidos, com a possibilidade muito real de transmissão do cão para o homem.

Levante e à Europa a cavalo, camelo e barco; o vírus Zika no século XXI saltou da Ilha de Yap, na Micronésia, para a Polinésia Francesa, o Brasil, o Caribe e a América Central por volta de 2015, todos de avião. No verão de 2016, o Zika chegou a Miami, novamente em um avião. O surto mortal de gripe suína H1N1 de 2009, no México, pegou carona em aviões para atacar tão longe quanto o Japão, a Nova Zelândia, o Egito, o Canadá e a Islândia. Como Richard Preston observou em seu aterrorizante livro *The Hot Zone* [A zona quente]: "um vírus perigoso da floresta tropical está a 24 horas de avião de qualquer cidade no mundo".

A última grande pandemia do mundo foi o surto de gripe espanhola em 1918, que matou 100 milhões de pessoas – cerca de 5% da população do mundo. Se uma pandemia como essa acontecesse novamente, ela se espalharia mais rápido e poderia ser impossível de conter. De acordo com a Fundação Bill & Melinda Gates, em tal pandemia "o número de mortos pode chegar a 360 milhões" – mesmo com a plena implementação de vacinas e drogas modernas poderosas. A Fundação Gates estimou que a pandemia também devastaria o mundo financeiramente, precipitando um colapso econômico de 3 trilhões de dólares. Isso não é alarmismo: a maioria dos epidemiologistas acredita que tal pandemia um dia irá acontecer.

A arqueologia contém muitos contos de advertência para nós ponderarmos no século XXI, não apenas sobre doença, mas também sobre o sucesso e o fracasso humanos. Ensina-nos lições sobre degradação ambiental, desigualdade de renda, guerra, violência, divisão de classes, exploração, agitação social e fanatismo religioso. Mas a arqueologia também nos ensina como as culturas prosperaram e se sustentaram, superando os desafios do meio ambiente e o lado mais sombrio da natureza humana. Ela nos mostra como as pessoas se adaptaram, viveram suas vidas e encontraram satisfação e sentido sob condições fantasticamente diversas. Ela rastreia tanto os fracassos quanto os sucessos. Nos diz como as culturas enfrentaram as dificuldades e os desafios, às vezes de forma bem-sucedida e às vezes de maneiras que, embora bem-sucedidas a princípio, semearam as sementes de eventuais colapsos. Os maias criaram uma sociedade vibrante e brilhante que, no final, fracassou em se adaptar a um ambiente mutante e às necessidades do seu povo; o mesmo aconteceu com o Império Romano e os antigos Khmer, para tirar aleatoriamente civilizações da cartola. Mas as pessoas da Cidade do Jaguar *conseguiram* se adaptar aos desafios da floresta tropical, e continuaram a prosperar em um dos ambientes mais inóspitos do planeta, transformando-o em um belo jardim – até sua morte abrupta.

Lembro-me do momento em que tropeçamos no esconderijo e eu vi pela primeira vez a cabeça do jaguar apontando no chão. Brilhando com a chuva, ergueu-se rosnando, como se estivesse lutando para escapar da terra. Foi uma imagem que falou diretamente comigo através dos séculos – forjando uma conexão imediata e emotiva com aquele povo desaparecido. O que era teórico para mim tornou-se real: aquela imagem espirituosa foi criada por pessoas que eram confiantes, realizadas e formidáveis. De pé na escuridão entre os montes antigos, quase pude sentir a presença dos mortos invisíveis. No seu apogeu, as pessoas da cidade do A1, a Cidade do Jaguar, devem ter se sentido quase invulneráveis em seu reduto cercado por montanhas. Que poder poderia derrubar seus vigorosos deuses e potentes rituais? Mas o invasor invisível moveu-se como um fantasma e infligiu sobre eles a destruição, à qual foi tão difícil resistir quanto foi prevê-la. Às vezes, uma sociedade pode ver o seu fim se aproximando de longe e mesmo assim não ser capaz de se adaptar, como os maias; em outros momentos, a cortina cai sem aviso e o show acaba.

Nenhuma civilização sobreviveu para sempre. Todas se movem rumo à dissolução, uma após a outra, como ondas do mar caindo sobre a costa. Nenhuma, incluindo a nossa, está isenta do destino universal.

AGRADECIMENTOS

ALÉM DAS PESSOAS apresentadas neste livro, gostaria de agradecer muitas outras não mencionadas que tornaram possível este projeto.

Gostaria de expressar minha profunda gratidão pela cooperação, permissão e apoio do Governo de Honduras: em particular, o presidente Porfirio Lobo Sosa; o presidente Juan Orlando Hernández Alvarado; o secretário do Interior e População Áfrico Madrid Hart; o ministro da Ciência e Tecnologia Ramón Espinoza; Virgilio Paredes Trapero, diretor do Instituto Hondurenho de Antropologia e História (IHAH); Oscar Neil Cruz, chefe da Divisão de Arqueologia do IHAH; e os arqueólogos Ranferi Juárez Silva, Norman Martínez e Santiago Escobar. Sou grato ao ministro da Defesa Samuel Reyes e às forças armadas de Honduras sob o comando do general Fredy Santiago Díaz Zelaya; Gen. Carlos Roberto Puerto; o tenente-coronel Willy Joe Oseguera e os soldados da TESON, Forças Especiais hondurenhas.

Eu também gostaria de agradecer aos meus vários excelentes editores: Millicent Bennett e Melanie Gold na Grand Central Publishing; Alan Burdick e Dorothy Wickenden na *New Yorker*; Jamie Shreeve e Susan Goldberg na *National Geographic*; e Jaime Levine. Um obrigado especial também a Eric Simonoff, Raffaella De Angelis e Alicia Gordon no William Morris Endeavor; Jeremy Sabloff, Santa Fe Institute; Michael Brown, Escola de Pesquisas Avançadas; David Hurst Thomas, Museu Americano de História Natural; William Fash, Universidade de Harvard; o falecido Evon Z. Vogt, Universidade de Harvard; George Rossman, Caltech; Ann Ramenofsky, Universidade do Novo México; Timothy D. Maxwell, Escritório de Estudos Arqueológicos do Novo México; Fredrik Hiebert, National Geographic Society; e Robert Crippen, Laboratório de Propulsão a Jato da NASA.

Sou sempre e eternamente grato aos meus amigos e colegas no Hachette Book Group: Michael Pietsch, Jamie Raab, Caitlin Mulrooney-Lyski, Brian McLendon, Deb Futter, Andrew Duncan, Beth de Guzmán, Oscar Stern, Shelby Howick, Flamur Tonuzi e Jessica Pierce. Agradecimentos sinceros adicionais a Barbara Peters, Poisoned Pen Bookstore; Devereux Chatillon; Garry Spire; Maggie Begley; Wendi Weger; Myles Elsing; Roberto Ysais; e Karen Copeland, que mantiveram tudo funcionando. E um agradecimento muito especial a minha esposa, Christine, e Selene, Josh, Aletheia, e Isaac e minha mãe, Doffy.

Finalmente, gostaria de expressar meu grande agradecimento aos Institutos Nacionais de Saúde, que, através de seus extraordinariamente valiosos e eficazes programas de pesquisa médica, aliviaram o ônus da doença e da miséria de milhões de pessoas na América e em todo o mundo. Eu observaria que na última década, devido ao corte insensato do orçamento do Congresso, o NIH viu seu financiamento ser reduzido em mais de 20%, o que comprometeu e até mesmo fechou alguns dos seus mais importantes programas de pesquisa em questões de saúde que afetam a todos nós: doenças infecciosas, câncer, diabetes, acidente vascular cerebral, doenças cardíacas, artrite, sofrimento mental, vício e muito mais. Não pode haver melhor uso do dinheiro dos contribuintes do que no financiamento do NIH; ele é um exemplo brilhante de algo que nosso governo faz extremamente bem, que por causa dos requisitos financeiros e de lucro não pode ser realizado pelo setor privado.

FONTES E BIBLIOGRAFIA

AS CONVERSAS RELATADAS neste livro foram gravadas em fita ou registradas no momento em que ocorreram. Os eventos foram narrados em tempo real, em notas contemporâneas ou em vídeo. Nenhum detalhe, evento, descoberta ou conversa foi reconstruído após o fato ou imaginado. Para evitar confusão e complexidade desnecessária, algumas citações de entrevistas realizadas em ocasiões separadas foram combinadas na mesma conversa.

As fontes são listadas na ordem aproximada em que aparecem em cada capítulo.

Os capítulos sem fontes baseiam-se apenas experiência pessoal do autor.

CAPÍTULO 2: EM ALGUM LUGAR NAS AMÉRICAS

Entrevista do autor e correspondência com Ron Blom e Bob Crippen, Laboratório de Propulsão a Jato, Agosto e Setembro de 1997.

Entrevista do autor com David Stuart, Universidade de Harvard, 1997.

Entrevista do autor com Gordon Willey, Universidade de Harvard, 1997.

Entrevista do autor e correspondência com Steve Elkins, 1997.

CAPÍTULO 3: O DIABO O HAVIA MATADO

The Fifth Letter of Hernan Cortes to the Emperor Charles V, traduzida do original espanhol por Don Pascual de Gayan. Originalmente publicada pela Hakluyt Society. New York: Lenox Hill Publishers (Burt Franklin), reeditada em 1970. Disponível no website da Library of the University of California

Christopher Begley e Ellen Cox, "Reading and Writing the White City Legend: Allegories Past and Future." *Southwest Philosophy Review*, Vol. 23, No. 1, Janeiro 2007.

John L. Stephens, *Incidents of Travel in Central America, Chiapas and Yucatan*, Vols. 1 e 2. New York: Dover Publications, 1969.

Eduard Conzemius, "Los Indios Payas de Honduras: Estudio Geográfico, Histórico, Etnográfico y Linguístico," *Journal de la Société des Américanistes*, Vol. 19, 1927. Recuperado de persee.fr.

William Duncan Strong, "1936 Strong Honduras Expedition," Vols. 1 e 2. Washington, DC: Smithsonian Institution. Diários inéditos.

William Duncan Strong, "Honduras Expedition Journal 1933." Washington, DC: Smithsonian Institution. Diários inéditos.

Ralph Solecki e Charles Wagley, "William Duncan Strong, 1899–1962." *American Anthropologist*, Vol. 65, No. 5, 1963. Pdf disponível na Wiley Online Library.

CAPÍTULO 4: UMA TERRA DE SELVAS IMPLACÁVEIS

Christopher S. Stewart, *Jungleland*. New York: Harper Collins, 2013 (edição em e-book).

Lawrence M. Small, "A Passionate Collector." Washington, DC: *Smithsonian Magazine*, Novembro de 2000.

"George Heye Dies; Museum Founder." *New York Times*, Janeiro 21, 1957.

Leona Raphael, "Explorer Seeks Fabled Lost City; Spurns Weaker Sex Companionship." Calgary Daily Herald, 16 jun. 1934.

"Frederick Mitchell-Hedges Dies; British Explorer and Author, 76." *New York Times*, 13 jun. 1959.

J. Eric S. Thompson, *Maya Archaeologist*. London: Robert Hale, 1963.

"Seek Cradle of Race in American Jungle." *New York Times*, 24 jan. 1931.

"Hold-Up of Explorer in England Proves Hoax." New York Times, 17 jan. 1927.

CAPÍTULO 5: UM DOS POUCOS MISTÉRIOS REMANESCENTES

"'City of Monkey God' Is Believed Located." *New York Times*, 12 jul. 1940.

"Honduran Jungles Yield Indian Data." *New York Times*, 2 ago. 1940.

"TV Producer a Suicide." *New York Times*, 28 jun. 1954.

Christopher S. Stewart, *Jungleland*, op. cit.

National Museum of the American Indian, Smithsonian Institution. Cinquenta e duas fichas de catálogo de acesso não publicadas e fotografias da Terceira Expedição Hondurenha de Theodore Morde.

Theodore Morde, "In the Lost City of Ancient America's Monkey God." *Milwaukee Sentinel*, 22 set. 1940.

"Seek Long Lost City of Monkey God." *Sunday Morning Star*, United Press, 7 abr. 1940.

"Theodore Ambrose Morde, 1911-1954." Inédito, volume encadernado de documentos originais, cartas, artigos, fotografias e transcrições de ou relacionadas a Theodore Morde. Em posse da família Morde.

Theodore Morde e Lawrence Brown, diários inéditos da Terceira Expedição de Honduras (3 vols.), 1940. Em posse da família Morde.

E-mail de Christopher Begley, 4 nov. 2015, confirmando Lancetillal como a cidade presumida de Morde.

Correspondência com Derek Parent, 2015, 2016.

CAPÍTULO 6: O CORAÇÃO DAS TREVAS

Entrevista do autor e correspondência com Steve Elkins, 1977.

Entrevista do autor com Bruce Heinicke, 2012.

Entrevista de Steve Elkins com George Hasemann, 1994.

Correspondência do autor com a University of Pennsylvania e Penn State, 2015, 2016.

Bhupendra Jasani, "Remote Monitoring from Space: The Resolution Revolution." In *Verification Yearbook*, 2000. London: Vertic, 2000. Disponível em www.vertic.org/media/Archived_Publications/Yearbooks/2000/VY00_Jasani.pdf.

Entrevista de Steve Elkins com Sam Glassmire, 1997.

Sam Glassmire, *The Bush*. Livro publicado em particular, 2002.

Sam Glassmire, "He Found a Lost City." *Denver Post Sunday Empire Magazine*, 27 nov. e 4 dez. 1960.

Sam Glassmire, mapa desenhado à mão, datado de 2 fev. 1960.

"Obituary for Glassmire." *Albuquerque Journal*, 1 dez. 2002.

Thomas H. Maugh II, "Ubar, Fabled Lost City, Found by L.A. Team." *Los Angeles Times*, 5 fev. 1992.

CAPÍTULO 7: O PEIXE QUE ENGOLIU A BALEIA

Philip Sherwell, "Welcome to Honduras, the Most Dangerous Country on the Planet." *Telegraph*, 16 nov. 2013.

Rich Cohen, *The Fish That Ate the Whale*, New York: Farrar, Straus and Giroux, 2012.

Boston Fruit Company, Boston Fruit Company Records, 1891-1901. Baker Library, Harvard Business School. Disponível no Online Archival Search Information System.

United Fruit Company, "Andrew W. Preston Biography." Disponível em unitedfruit.org.

William Finnegan, "An Old-Fashioned Coup." *New Yorker*, 30 nov. 2009.

CAPÍTULO 8: *LASERS* NA SELVA

"The Loot of Lima Treasure Story." Disponível em aqvisions.com.

Arlen F. Chase, Diane Z. Chase, e John F. Weishampel, "Lasers in the Jungle." *Archaeology*, Vol. 63, No. 4 jul. /ago. 2010.

Arlen F. Chase et al., "Geospatial Revolution and Remote Sensing LiDAR in Mesoamerican Archaeology." *Proceedings of the National Academy of Sciences*, Vol. 109, No. 32, 25 jun. 2012. Recuperado de pnas.org.

Arlen F. Chase et al., "Airborne LiDAR, Archaeology, and the Ancient Maya Landscape at Caracol, Belize." *Journal of Archaeological Science*, Vol. 38, No. 2, fev. 2011.

Juan Carlos Fernández Díaz, "Lifting the Canopy Veil." *Imaging Notes*, Vol. 26, No. 2, Primavera 2011.

CAPÍTULO 9: ALGO QUE NINGUÉM HAVIA FEITO

Entrevista do autor e correspondência com Bruce Heinicke, 2012, 2013.

Entrevista do autor com Mabel Heinicke, 2013.

Entrevista do autor com Ramesh Shrestha, 2013.

Entrevista do autor com William Carter, 2013.

Entrevista do autor com Michael Sartori, 2012, 2013.

Entrevista do autor com Steve Elkins, 2012-2016.

Entrevista do autor com o presidente Porfirio Lobo e o ministro África Madrid, 2013.

CAPÍTULO 10: O LUGAR MAIS PERIGOSO DO PLANETA

Entrevista do autor com Bill Benenson, 2012, 2013, 2016.

Entrevista do autor com Juan Carlos Fernández, 2012, 2013, 2016.

Entrevista do autor com Tom Weinberg, 2016.

Entrevista do autor e correspondência com Bruce Heinicke, 2012, 2013.

CAPÍTULO 11: TERRITÓRIO INEXPLORADO

Entrevista do autor com Chuck Gross, 2012, 2013.

Entrevista do autor com Juan Carlos Fernández, 2012, 2015.

Entrevista do autor com Ramesh Shrestha, 2013.

Entrevista do autor com William Carter, 2013.

Entrevista do autor com Michael Sartori, 2012, 2013.

Ramesh L. Shrestha e William E. Carter, "In Search of the 'Lost City' by Airborne Laser Swath Mapping in Honduras, Final Report." Houston: GSE Research Center, University of Houston, 18 jul. 2012. (Relatório inédito.)

CAPÍTULO 12: NÃO HÁ COINCIDÊNCIAS

Entrevista do autor com Áfrico Madrid, 2013.

"The Government of Honduras and UTL Scientific, LLC Announce Completion of First-Ever LiDAR Imaging Survey of La Mosquitia Region of Honduras." Press release, UTL Scientific, 15 mai. 2012.

"UH Research Team Uses Airborne LiDAR to Unveil Possible Honduran Archaeological Ruins." Press release, University of Houston, 5 jun. 2012.

Entrevista do autor com Rosemary Joyce, 2012.

"Mythical Ciudad Blanca," 20 mai. 2012. Disponível em hondurasculturepolitics.blogspot.com. Um dos autores anônimos dos posts desse blog é Rosemary Joyce.

Rosemary Joyce, "Good Science, Big Hype, Bad Archaeology," 7 jun. 2012. Disponível no Berkeley Blog, blogs.berkeley.edu.

Entrevista do autor com Chris Fisher, 2013, 2015, 2016.

Entrevista do autor com Alicia González, 2013.

CAPÍTULO 19: CONTROVÉRSIA

Entrevista com Trond Larsen, 2016.

Carta de Harrison Ford ao Presidente Hernández, 22 abr. 2016.

"Letter from International Scholars: Archaeological Finds in Honduras." Postada em 6 mar. 2015. Disponível em realhonduranarchaeology.wordpress.com.

"Who Signed the Letter from International Scholars?" Disponível em real-honduranarchaeology.wordpress.com. A lista de assinantes é: Christopher Begley, PhD, Transylvania University; Eva Martinez, PhD, Universidad Nacional Autónoma de Honduras; Rosemary Joyce, PhD, University of California-Berkeley; John Hoopes, PhD, University of Kansas; Warwick Bray, PhD, Emeritus Professor of Latin American Archaeology, University College London; Mark Bonta, PhD, Pennsylvania State University; Julia Hendon, PhD, Gettysburg College; Pastor Gomez, PhD, Honduran Archaeologist and Historian; Alexander Geurds, PhD, University of Leiden and University of Colorado-Boulder; Carmen Julia Fajardo, Licda, Universidad Nacional Autónoma de Honduras; Gloria Lara Pinto, PhD, Universidad Nacional Autónoma de Honduras; Jorge G. Marcos, PhD, Centro de Estudios Arqueológicos y Antropológicos, Escuela Superior Politécnica del Litoral, Guayaquil, Ecuador; Geoff McCafferty, PhD, University of Calgary; Adam Benfer, MA, University of Calgary, PhD candidate; Ricardo Agurcia, MA, Asociación Copán; Karen Holmberg, PhD, New York University; Roberto Herrera, MA, Hunter College, City University of New York, PhD candidate, University of New Mexico; Christopher Fung, PhD, University of Massachusetts-Boston; Brent Metz, PhD, University of Kansas; Jeb Card, PhD, Miami University; Ronald Webb, PhD, Temple University; Karen O'Day, PhD, University of Wisconsin-Eau Claire; Antoinette Egitto, PhD, Haskell Indian Nations University; Grant Berning, BA, University of Kansas, MA candidate; Roos Vlaskamp, MA, Leiden University, PhD candidate; Silvia Gonzalez, MA, Universidad Nacional Autónoma de Honduras.

Charles C. Poling, "A Lost City Found?" *American Archaeology, Vol. 19, No. 2, Verão 2015*. (Algumas das passagens citadas vieram da correspondência com Poling e os editores da *American Archaeology* que não foi publicada no artigo final.)

Becca Clemens, "Transy Professor Gets Grant to Search for 'Lost City' in Honduras." *Lexington Herald Leader*, 5 jul. 2011. Disponível em www.kentucky.com/news/local/counties/fayette-county/article44114496.html.

Chris Kenning, "Kentucky Professor a Real-Life Indiana Jones." *Louisville Courier-Journal*, 10 jun. 2016.

Sarah Larimer, "The Very Real Search for an Ancient City that Probably Doesn't Exist." *Washington Post*, 11 jan. 2016.

Chris Begley, "The Pech and Archaeology in the Mosquitia." Postado em 15 mar. 2015. Disponível em realhonduranarchaeology.wordpress.com.

Alan Yuhas, "Archaeologists Condemn National Geographic over Claims of Honduran 'Lost Cities.' " *Guardian*, 11 mar. 2015.

"Media FAQ: Under the LiDAR Expedition." Fev. 2015. Disponível em resilientworld.com.

Entrevista do autor com Virgilio Paredes, 2015, 2016.

CAPÍTULO 20: A CAVERNA DOS CRÂNIOS BRILHANTES

Timothy Berg, "Digging 3,000 Years into the Past." Disponível em old.planeta.com.

Entrevista do autor com James Brady, 2015.

James E. Brady, George Hasemann, e John H. Fogarty, "Buried Secrets, Luminous Find." *Americas*, Vol. 47, No. 4 jul. /ago. 1955.

John Noble Wilford, "Age of Burials In Honduras Stuns Scholars." *New York Times*, 26 jan. 1995.

Joel Skidmore, "Copan's Founder." Disponível em mesoweb.com.

William L. Fash, *Scribes, Warriors and Kings: The City of Copán and the Ancient Maya*. New York: Thames & Hudson, 1991.

Ellen E. Bell, Marcello A. Canuto, e Robert J. Sharer, eds., *Understanding Early Classic Copan*. Philadelphia: University of Pennsylvania Museum of Archaeology and Anthropology, 2004.

B. L. Turner e Jeremy A. Sabloff, "Classic Period Collapse of the Central Maya Lowlands: Insights about Human-Environment Relationships for Sustainability." *PNAS*, Vol. 109, No. 35 ago. 2012. Disponível em pnas.org/content/109/35/13908.

Marilyn A. Masson, "Maya Collapse Cycles," PNAS, Vol. 109, No. 45, nov. 2012. Disponível em pnas.org/content/109/45/18237.

Simon Martin e Nikolai Grube, *Chronicle of the Maya Kings and Queens*, 2. ed. London: Thames & Hudson, 2008.

Zach Zorich, "The Man under the Jaguar Mountain." *Archaeology*, Vol. 62, No. 5, set./out. 2009.

David Stuart, "The Arrival of Strangers." Extrato de um trabalho apresentado na Universidade de Princeton, out. 1996, revisado fev. 1998. Disponível em mesoweb.com.

Fray Diego Durán, *Book of the Gods and Rites and the Ancient Calendar*, trad. e editado por Fernando Horcasitas e Doris Heyden. Norman, OK: University of Oklahoma Press, 1975.

M.R., "Palace Coop." *Economist*, 14 mar. 2014.

Jared Diamond, *Collapse*. New York: Penguin, 2011 (edição de e-book).

Evon Z. Vogt, *Fieldwork among the Maya*. Albuquerque: University of New Mexico Press, 1994.

Entrevista do autor com John Hoopes, 2016.

Entrevista do autor com Christopher Begley, 2012, 2015, 2016.

Christopher Taylor Begley, "Elite Power Strategies and External Connections in Ancient Eastern Honduras." Dissertação inédita, University of Chicago, 1999.

Oscar Neil Cruz, *Informe Exploración en la Mosquitia*. Tegucigalpa: IHAH Archives, fev. 2015. Relatório inédito.

Christopher T. Fisher et al., "Identifying Ancient Settlement Patterns through LiDAR in the Mosquitia Region of Honduras." *PLOS/one*, Vol 11, No. 8, ago. 2016. Disponível em journals.plos.org/plosone/article?id=10.1371%2Fjournal.pone.0159890.

Dealbook, "Blankfein Says He's Just Doing 'God's Work.'" *New York Times*, 9 nov. 2009.

David Grann, *The Lost City of Z*. New York: Doubleday, 2009.

Entrevista do autor com Chris Fisher, 2015, 2016.

Entrevista do autor com Oscar Neil Cruz, 2015.

CAPÍTULO 21: O SÍMBOLO DA MORTE

George R. Rossman, "Studies on Rocks from the UTL Archeology Site in Honduras." Relatório inédito, 19 dez. 2015.

Entrevista do autor com Chris Fisher, 2016.

Entrevista do autor com John Hoopes, 2016.

Correspondência do autor com Rosemary Joyce, 2016.

Anne Chapman, *Masters of Animals: Oral Traditions of the Tolupan Indians, Honduras*. Philadelphia: Gordon and Breach, 1992.

David E. Stuart, *Anasazi America: Seventeen Centuries on the Road from Center Place*. Albuquerque: University of New Mexico Press, 2014.

CAPÍTULO 22: ELES VIERAM PARA MURCHAR AS FLORES

Noble David Cook, *Born to Die: Disease and New World Conquest, 1492-1650*. Cambridge, UK: Cambridge University Press, 1998.

Bartolomé de las Casas, *A Brief Account of the Destruction of the Indies*. London: Printed for R. Hewson at the Crown in Cornhill, 1689. Disponível no Projeto Gutenberg. Também pesquisado na versão original de língua espanhola, disponível no Projeto Gutenberg.

William M. Denevan, ed., *The Native Population of the Americas in 1492*, segunda edição. Madison, WI: University of Wisconsin Press, 1992.

David Henige, *Numbers from Nowhere: The American Indian Contact Population Debate*. Norman, OK: University of Oklahoma Press, 1998.

Alfred W. Crosby Jr., *The Columbian Exchange: Biological and Cultural Consequences of 1492*, edição do trigésimo aniversário. Westport, CT: Praeger Publishers, 2003.

Richard Preston, *The Demon in the Freezer: A True Story*. New York: Random House, 2002.

Hugh Thomas, *Conquest: Montezuma, Cortés, and the Fall of Old Mexico*. New York: Simon & Schuster, 1994.

Linda Newson, *The Cost of Conquest: Indian Decline in Honduras under the Spanish Rule*. Dellplain Latin American Studies No.20. Boulder, CO: Westview Press, 1986.

Ann F. Ramenofsky, *Vectors of Death: The Archaeology of European Contact*. Albuquerque: University of New Mexico Press, 1988.

CAPÍTULO 23: LEPRA BRANCA

G. Poinar Jr. e R. Poinar, "Evidence of Vector-Borne Disease of Early Cretaceous Reptiles." *Vector Borne Zoonotic Disease*, Vol. 4, No. 4, Inverno 2004. Disponível em ncbi.nlm.nih.gov/pubmed/15682513.

F. F. Tuon, V. A. Neto, e V. S. Amato, "Leishmania: Origin, Evolution and Future since the Precambrian." *FEMS Immunology and Medical Microbiology*, Vol. 54, No. 2, nov. 2008. Disponível em ncbi.nlm.nih.gov/pubmed/18631183.

F. E. G. Cox, ed., *The Wellcome Trust Illustrated History of Tropical Diseases*. London: Trustees of the Wellcome Trust, 1996.

Centers for Disease Control and Prevention, "Leishmaniasis." Disponível em cdc.gov.

Elizabeth Martinson et al., "Pathoecology of Chiribaya Parasitism." *Memórias do Instituto Oswaldo Cruz*, Vol. 98. Rio de Janeiro, jan. Disponível em scielo.br.

Maria Antonietta Costa et al., "Ancient Leishmaniasis in a Highland Desert of Northern Chile." *PLOS/one*, Vol. 4, No. 9, set. 2009. Disponível em journals.plos.org.

Alun Salt, "Ancient Skulls Haunted by Their Past." 28 set. 2009. Disponível em alunsalt.com.

Entrevista do autor com James Kus, 2016.

Daniel W. Gade, *Nature and Culture in the Andes*. Madison: University of Wisconsin Press, 1999.

Obituary Notices of Fellows Deceased, Proceedings of the Royal Society of London, Series B, Containing Papers of a Biological Character, Vol. 102, No. 720, 2 abr. 1928. (Biografia de William Leishman.)

CAPÍTULO 24: OS INSTITUTOS NACIONAIS DE SAÚDE

Entrevista do autor com Dr. Theodore Nash, 2015, 2016.

Entrevista do autor com Dr. Elise O'Connell, 2016.

Entrevista do autor com Dave Yoder, 2015, 2016.

CAPÍTULO 25: UMA ESPÉCIE ISOLADA

Entrevista do autor com Dr. David Sacks, 2015.

Benenson Productions, entrevista gravada com Dr. David Sacks, 2015.

Entrevista do autor com Dr. Michael Grigg, 2016.

CAPÍTULO 26: A CIDADE DO JAGUAR

Entrevista do autor e correspondência com Juan Carlos Fernández, 2016.

Gabriela Gorbea, "Looters, Tourism, and Racism: Controversy Surrounds 'Discovery' of Lost City in Honduras." Vice.com, 31 mar. 2016. Disponível em news.vice.com/article/honduras-rainforest-controversy-white-city-lost-civilization.

MASTA, "Comunicado Publico," Disponível em www.mastamiskitu.org/files/ COMUNICADO_PUEBLO_MISKITU- CASO_CIUDAD_BLANCA.pdf. (Traduzido pelo autor.)

Comunicação com John Hoopes, 2016.

Entrevista do autor com o presidente Juan Orlando Hernández, 2016.

CAPÍTULO 27: NOS TORNARMOS ÓRFÃOS

Jared Diamond, *Guns, Germs, and Steel: The Fates of Human Societies*. New York: W. W. Norton, 1999 (edição de e-book).

Adrián Recinos e Delia Goetz, translators. *The Annals of the Cakchiquels*. Norman, OK: University of Oklahoma Press, 1953.

R. Molina, L. Gradoni, e J. Alvar, "HIV and the Transmission of Leishmania." *Annals of Tropical Medicine and Parasitology,* Vol. 97, Supp. 1, mai. 2003. Disponível em www.who.int/leishmaniasis/burden/hiv_coinfection/ATMP3.pdf.

World Health Organization, "Leishmaniasis and HIV Coinfection." Disponível no website da World Health Organization, who.int.

Entrevista do autor com Dr. Kristy Bradley, 2016.

Carmen F. Clarke et al., "Emergence of Autochthonous Cutaneous Leishmaniasis in Northeastern Texas and Southeastern Oklahoma." *American Journal of Tropical Medicine and Hygiene,* Vol. 88, No. 1, jan. 2013. Disponível em ncbi.nlm.nih.gov/pmc/articles/PMC3541728/.

Christine A. Petersen e Stephen C. Barr, "Canine Leishmaniasis in North America: Emerging or Newly Recognized?" *Veterinary Clinics of North America: Small Animal Practice*, Vol. 39, No. 6, nov. 2009. Disponível em ncbi.nlm.nih.gov/pmc/articles/PMC2824922/.

Bill & Melinda Gates Foundation, "Preparing for Pandemics." 10 jul. 2016. Disponível em paidpost.nytimes.com/gates-foundation/preparing-for-pandemics.html.

Camila González et al. "Climate Change and Risk of Leishmaniasis in North America: Predictions from Ecological Niche Models of Vector and Reservoir Hosts." *PLOS/Neglected Tropical Diseases,* Vol. 4, No. 1, jan. 2010. Disponível em ncbi .nlm.nih.gov/pmc/articles/PMC2799657/.

Benenson Productions, entrevista gravada com Dr. Anthony Fauci, 2015.

SOBRE O AUTOR

DOUGLAS PRESTON trabalhou como escritor e editor para o Museu Americano de História Natural e ensinou escrita na Universidade de Princeton. Escreveu para o *New Yorker*, *Natural History*, *National Geographic*, *Harper's*, *Smithsonian* e *Atlantic*. Autor de vários livros de não-ficção aclamados incluindo *Cities of Gold* e *The Monster of Florence*, Preston é também o co-autor com Lincoln Child da série *best-seller* de romances com o agente do FBI Pendergast.

CRÉDITOS DAS FOTOS

PÁGINA 1 (no alto) Fotografia de Douglas Preston; (embaixo) Honduras 1933 Caderno de campo #1, caixa 20, William Duncan Strong Papers, National Anthropological Archives, Smithsonian Institution

PÁGINA 2 (no alto) Fotografia cortesia de Bonita Brody Stewart; (embaixo) Imagem de mapa cortesia de Bonita Brody Stewart

PÁGINA 3 (no alto) sem crédito; (embaixo) Fotografia de Dave Yoder/ National Geographic Magazine

PÁGINA 4 (no alto) UTL,LLC/BENENSON PRODUCTIONS, fotografia de Roberto Ysais; (no meio) UTL,LLC/BENENSON PRODUCTIONS, fotografia de Douglas Preston; (embaixo) UTL,LLC/BENENSON PRODUCTIONS, fotografia de Roberto Ysais

PÁGINA 5 (no alto) UTL,LLC/BENENSON PRODUCTIONS; (no meio) UTL,LLC/BENENSON PRODUCTIONS, fotografia de Roberto Ysais; (embaixo) UTL,LLC/BENENSON PRODUCTIONS, fotografia de Roberto Ysais

PÁGINA 6 (no alto e no meio) UTL,LLC/BENENSON PRODUCTIONS, crédito da imagem para NCALM; (embaixo) UTL,LLC/BENENSON PRODUCTIONS, crédito da imagem para NCALM, anotações à imagem por Chris Fisher

PÁGINA 7 (no alto) UTL,LLC/BENENSON PRODUCTIONS, fotografias de Roberto Ysais; (embaixo) fotografia de Douglas Preston

PÁGINA 8 (no alto) Fotografia de Dave Yoder/National Geographic Magazine; (embaixo) UTL,LLC/BENENSON PRODUCTIONS, quadro de imagem de vídeo gravado por Lucian Read

PÁGINA 9 (no alto e embaixo) Fotografias de Douglas Preston

PÁGINA 10 (no alto e embaixo) Fotografias de Douglas Preston

PÁGINA 11 (no alto e embaixo) Fotografias de Douglas Preston

PÁGINA 12 (no alto) UTL,LLC/BENENSON PRODUCTIONS, quadro de imagem de vídeo gravado por Lucian Read; (embaixo) Fotografia de Dave Yoder/National Geographic Magazine

PÁGINA 13 (no alto e embaixo) Fotografias de Douglas Preston

PÁGINA 14 (no alto) Fotografia de Douglas Preston; (embaixo) Fotografia de Dave Yoder/National Geographic Magazine

PÁGINA 15 (no alto e embaixo) Fotografias de Dave Yoder/National Geographic Magazine

PÁGINA 16 (no alto) Fotografias de Dave Yoder/National Geographic Magazine; (embaixo) Fotografia de Douglas Preston

Este livro foi composto com tipografia Adobe Garamond e
impresso em papel Pólen Bold 70 g/m² na Assahí.